資優教育與課程設計模式

張世彗、林業盈　著

五南圖書出版公司 印行

初 版 序

　　各教育階段的資優教育不像高中、國中及國小等普通教育一樣，並沒有教育部審定的各類教科書可供教學使用。絕大部分的課程與教學內容都要依賴資優班教師的規劃設計與安排。

　　「資優教育模式」是特殊教育學系資賦優異類師資職前培育會修習的一門科目。資優教育係指一種教育類型，它為有資優和特殊才能的學生提供專門針對他們的社交、情意和學業性需求而設計的教育環境；或意指透過特殊設計的教學，以迎合資賦優異學生的獨特需求。而課程設計則是課程工作者從事的一切活動，包含對達成課程目標所需的因素、技術和程序，進行構想、計畫、選擇的慎思過程。如果有一種結構化的組織架構，用以規劃課程設計與發展特殊學習活動及教學環境，對於資優班教師在構思課程架構與規劃教學內容上將會有莫大的助益，亦有利於引領資賦優異學生朝向預期的目標和方向發展。

　　是故，筆者乃搜尋國內外有關資優教育與課程設計模式的文章、叢書和期刊論文，撰寫《資優教育與課程設計模式》專書，藉以提供職前資賦優異類師資培育、資優班教師、一般學生能夠對於資優教育模式進行深入的認識和學習。

　　基本上，全書共計分為十三個主題來探究。第一個主題為緒論，包含資優教育與課程設計、模式與教育模式、資優教育與課程設計模式的種類；第二個主題為認知與情意分類模式，包含認知分類模式與情意分類模式、兩種模式的評析與示例；第三個主題是問題本位學習，包含 PBL 課程的目標與結構要素、PBL 課程的設計步驟、評析與示例；第四個主題是普度三階段模式，包含模式之描述、模式在中學的應用與研究支持；第五個主題為道德兩難模式，包含模式之基本要素與評析；第六個主題為創造性問題解決模式，包含 CPS 模式的發展演變與階段、教學策略、應用要項和技能培養及評析；第七個主題是三合充實模式與全校性充實模式，包含三合充實模式的基本假定、三合充實模式的內涵與評析；第八個主題是平行課程模式，包含 PCM 之構成要素、PCM 之課程設計要素、PCM 應

用的程序和過程，以及評析；第九個主題為自主學習者模式，包含 ALM 之涵義與基本原理、ALM 之向度與內涵及評析；第十個主題為多重榮單模式，包含 MMM 之概述、MMM 之要素與運用及評析；第十一個主題是為改變而設計，包含 DFC 源起與發展、DFC 的步驟與挑戰故事鼓勵議題、DFC 之實徵性研究；第十二個主題為自我引導學習模式，包含基本觀點、基本要素，以及評析；第十三個主題是多元智能模式，包含對智能的概念、八又二分之一個智能、在教育上的啟發、對資優教育的看法、應用多元智能理論於資優課程設計之步驟、多元智能理論之評析等。

　　事實上，基於 Joseph S. Renzulli 等人 2009 年所著之《SYSTEM & MODELS-for developing programs for the gifted & telanted》，從該書中可以發現共列舉了二十多種資優教育與課程設計模式。另外，由於 Barbra Clark 所倡導之「統整教育模式」（Integrative Education Model, IEM），國內已有該種模式的完整翻譯：《啟迪資優──如何開發孩子的潛能》。顯然，本書所提供的資優教育與課程設計模式僅是部分，使用者有需要可以參酌前述所列書中的其他內容。

　　最後，本書得以順利完成，首先要特別感謝臺北市立大學附屬實驗小學資優班退休教師蔡淑英，在三合充實模式課程規劃與設計實例上的協助，以及提供示例的學生與老師，在多元智能模式撰寫上的鼎力支援；其次是五南圖書出版有限公司的大力支持，使得本書能夠順利出版。雖然筆者們已勉力撰寫本書，惟因才智有限，謬誤和缺失之處，恐無法避免，尚祈方家不吝評論和指教。

張世彗

臺北市立大學特殊教育學系暨碩士班

E-mail: hwi@utaipei.edu.tw

林業盈

臺北市立萬大國民小學

E-mail: t301@wtps.tp.edu.tw

謹識

2022/06

目 錄

緒論

　　以下分別就「資優教育與課程設計的涵義」、「模式與教育模式的涵義」，以及「資優教育與課程設計模式的種類」進行描述。

資優教育與課程設計

　　「**資優教育**」（gfifted education）也稱為「**資優和特殊才能教育**」（gifted and talented education, GATE）、「**資優和特殊才能計畫**」（gifted and talented programs, TAG）是一組廣泛的特殊實務、程序和理論，用於教育已確定的資優或特殊才能兒童（https://en.wikipedia.org）。資優教育的主要方法是「**充實**」（enrichment）和「**加速**」（acceleration）。充實課程教授額外的相關材料，但讓學生以與其他學生相同的速度完成課程。例如：在資優學生完成普通課程中後，充實課程可能會為他們提供有關某一學科或領域的額外信息。加速計畫使學生比正常更快地通過標準課程，這是透過調整入學或縮短修業年限等不同的方法完成的。

　　資優學生是什麼，存在多種定義但是沒有全球性的標準定義。大多數定義選擇在特定領域最有技能或最有學術才華的學生，例如：在藝術、語言、邏輯推理或數理方面最有技能或才能的學生。但是，由於學生的才能和成就各不相同，因此在美術等一個領域沒有天賦的學生，可能會被認為在數理等另一個領域有天賦。

　　至於「**課程**」（curriculum）的定義也是相當紛歧的，狹義可為教授的學科或教材；廣義可包括學習者在學校引導下，發生於學校內、外的所有經驗（方德隆，2005；Oliva et al., 2019）。大致上，課程定義共分五大類，如圖 1-1。

　　「課程設計」（curriculum design）是指課程工作者從事的一切活動，包含對達成課程目標所需的因素、技術和程序，進行構想、計畫、選擇的慎思過程（黃政傑，2014）。Klein（1985）與 Gay（1985）則認為課程設計係指課程的組織型式或結構，也就是課程的選擇、安排與組織。就課程設計的性質而言，課程設計是撰寫教學目標、學生的學習具體目標、選擇組織安排教學活動、執行評鑑工作的科學技術。

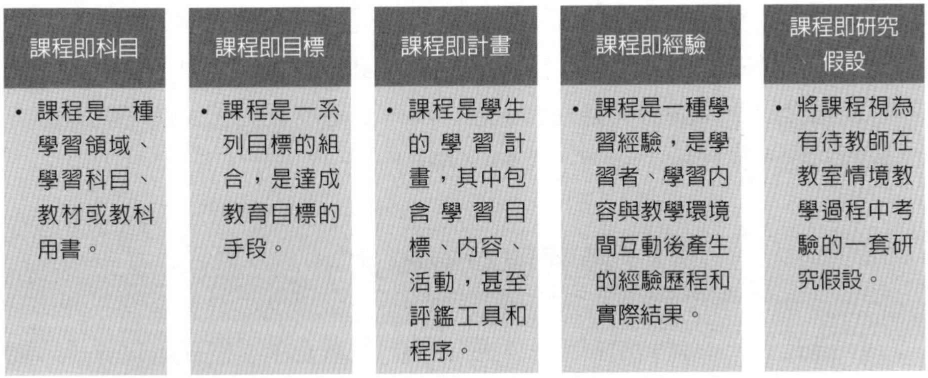

課程即科目	課程即目標	課程即計畫	課程即經驗	課程即研究假設
• 課程是一種學習領域、學習科目、教材或教科用書。	• 課程是一系列目標的組合，是達成教育目標的手段。	• 課程是學生的學習計畫，其中包含學習目標、內容、活動，甚至評鑑工具和程序。	• 課程是一種學習經驗，是學習者、學習內容與教學環境間互動後產生的經驗歷程和實際結果。	• 將課程視為有待教師在教室情境教學過程中考驗的一套研究假設。

圖 1-1　課程的定義

　　此外，Klein（1985）認為課程設計包含兩個層面：(1) 理論基礎；(2) 技術方法。前者包括學生中心、學科中心和社會中心等基本觀點。課程設計者應該依照這些理論基礎，據以形成均衡的課程，但實際運用時常有所偏重；後者是指依據理論基礎，安排各課程因素。這些課程因素就是知名 Tyler（1949）所指出，進行課程設計時需要回答的四項根本問題，包含目標、內容、組織和評鑑。如圖 1-2：

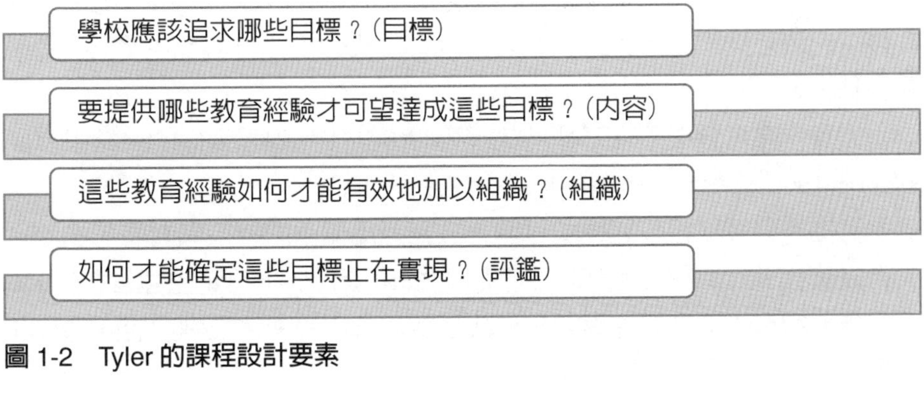

學校應該追求哪些目標？（目標）

要提供哪些教育經驗才可望達成這些目標？（內容）

這些教育經驗如何才能有效地加以組織？（組織）

如何才能確定這些目標正在實現？（評鑑）

圖 1-2　Tyler 的課程設計要素

　　課程設計與課程發展常會遭到混用，實際上它們並不相同。「**課程發展**」（curriculum development）是指課程經過發展的歷程與結果，強調演進、成長的課程觀念，即課程發展是將教育目標轉化為學生學習的方案，並強

調實際行動與發展演進，以顯示課程並非只是純粹思辨的理論產物，而是付諸教育行動的歷程與結果。課程發展的重點是強調課程目標、內容、活動、評鑑程序所發展的「過程」，包含課程決定的互動和協商，與強調方法技術的課程設計是不同的（蔡清田，2000）。

模式與教育模式

「**模式**」（model）是對象、人或系統的訊息表示。模式可以分為「**物理模式**」（physical model），例如：成功的學生作為學校其他人的榜樣；和「**概念模式**」（conceptual model）。概念模式是系統的理論表示，例如：為了天氣預報的目的，試圖描述大氣運作的一組方程（https://en.wikipedia.org）。系統或歷程的模式是一種理論描述，可以協助我們了解系統或歷程是如何運作的。重要的是，要強調模式不是真實世界，而只是人類構造，以幫助我們更好地理解真實世界系統。

至於「**教育模式**」（educational model）則是由不同理論和教學方法綜合組成，引導教師準備學習計畫和系統化教學過程。換句話說，教育模式是一種概念模式，藉由該模式，學習計畫的各個部分和要素被模式化。透過了解教育模式，教師可以學習如何制定和實施學習計畫，同時考慮到教學計畫中的決定性因素。因此，教師對教育模式的了解越多，課堂上的效果就會越好。

充實方案可分成下列三種型式：內容導向的、過程導向的、結果導向的（Howley et al., 1986），如圖 1-3。

資優教育與課程設計模式可能會被劃分為偏重於結果導向的，例如：三合充實模式；或者是過程導向的，例如：創造性問題解決模式。事實上，多數的資優教育與課程設計模式通常都會涵蓋或涉及到內容、過程和結果導向的內涵與目的。

內容導向的

此種方案強調學習內容的呈現，透過教材本身的學習活動，同時發展思考技能

過程導向的

此種方案主要在於發展資優學生的問題解決能力、創造力等

結果導向的

此種方案強調有形和無形的教學結果，方案的評價以學習結果之成品而定

圖 1-3　充實方案的型式

資優教育與課程設計模式的種類

依據 Maker 和 Schiever（2005）所著之《資優教育教學模式》（*Teaching models in education of the gifted*），以及 Renzulli、Gubbins 和 McMillen（2009）所著之《發展資優和特殊才能方案之系統與模式》（*Systems and models for developing programs for the gifted and talented*）可以發現，資優教育與課程設計模式的種類至少多達 32 種以上，其中包含非專為資優和特殊才能學生而設計的模式（標示＊者），如下所示：

- 促進卓越：加速透過充實（Promoting Excellence: Acceleration through enrichment）（Assouline et al., 2009）
- 以特殊才能為中心的雙重特殊學生模式（Talent Centered Model for Twice Exceptional Students）（Baum, 2009）
- 自主學習者模式（Autonomous Learner Model, ALM）（Betts & Kercher, 1999）
- 沒有資優課程或資優學生的資優教育：反模式（Gifted Education Without Gifted Programs or Gifted Students: An Anti-Model）（Borland, 2009）
- 決策評鑑：方案評鑑實務者指南（Evaluation for Decision-Making: The Practitioner's Guide to Program Evaluation）（Callahan, 2009）
- 統整教育模式（Integrative Education Model, IEM）（Clark, 2009）

■ 資優和特殊才能區分性模式（The Differentiated Model of Giftedness & Talent）（Gagné, 2009）

■ 問題本位學習 *（Problem based learning）（Gallagher, 2009）

■ 認知和情意分類模式 *（cognitive & affective Classification Model）（Bloom, 1956; Anderson & Bourke, 2000; Krathwohl et al., 1964）

■ 普度三階段模式（Purdue Three-Stage Model, PTSM）（Moon et al., 2009）

■ 道德兩難模式 *（Kohlberg, 1971）

■ 創造性問題解決模式 *（Creative Problem Solving, CPS）（Treffinger, Isaksen, & Dorval, 2000）

■ 三合充實模式與全校性充實模式（The Enrichment Triad Model & The School-wide Enrichment Model）（Renzulli, 1977; Reis & Renzulli, 2009）

■ 平行課程模式（Parallel Curriculum Model, PCM）（Tomlinson, 2016）

■ 多重菜單模式（Multiple Menu Model, MMM）（Renzulli et al., 2016）

■ 自我引導學習模式（Self-Directed Learning Model）（Treffinger & Barton, 1979）

■ 學校集群分組模式（The Total School Cluster Grouping Model, TSCG）（Gentry & MacDougall, 2009）

■ 框架：爲資優學生構建差異化課程的模式（The Grid: A Model to Construct Differentiated Curriculum for the gifted）（Kaplan, 1986）

■ 發現評量和課程開發模式（The Discovery Assessment & Curriculum Development Model, DACDM）（Maker, 1986）

■ 預防和扭轉低成就的三焦點模式（The Trifocal Model for Preventing & Reversing Underachievement）（Rimm, 2009）

■ 阿肯色州資優教育評估計畫（The Arkansas Evaluation Initiative in Gifted Education）（Robinson, Cotabish, Wood & Biggers, 2009）

■ 統整課程模式（Integrated Curriculum Model, ICM）（VanTassel-Baska & Wood, 2009）

■ 無限天賦模式（Talents Unlimited: Thinking Skills Instruction for All Students）（Schlichter, 2009）

■ 催化劑模式：資優教育中的資源諮詢與協同（The Catalyst Model: Resource Consultation & Collaboration in Gifted Education）（Slade, 2009）

■ 智慧、智力、創造力、綜合的資優模式（The WICS Model of Gifted-
ness）（Sternberg, 2003）

■ 充實矩陣模式：定義、確定、發現和發展卓越（Enrichment Matrix
Model: Defining, Determining, Discovering & Developing Excellence）（Tannen-
baum, 2009）

■ 區分化：透過回應式規劃和教學使課程適用於所有學生（Differentia-
tion: Making Curriculum Work for All Students Through Responsive Planning & In-
struction）（Tomlinson & Jarvis, 2009）

■ 多層次服務：特殊才能培養計畫的當代方法（Levels of Service: A Con-
temporary Approach to Programming for Talent Development）（Treffinger & Selby,
2009）

■ 調整潛能和對承諾的熱情：教育有智慧特殊才能青年的模式（Align-
ing Potential & Passion for Promise: A Model for Educating Intellectually Talented
Youth）（Wai, Lubinski & Benbow, 2009）

■ 教學策略模式 *（Teaching Strategies Program）（Maker & Schiever, 2005）

■ 多元才能發展模式（Multiple Talent Approach）（Maker & Schiever, 2005）

■ 思考與情意教學模式（Teaching Strategies for Thinking & Feeling）（Maker
& Schiever, 2005）

　　綜上可知，資優教育與課程設計模式相當多元，每一個模式皆有其特
徵、目標與著重點，並不盡相同。顯然，迄今我們可能也找不到一種全然
為資優領域學者專家所共識的資優教育與課程設計模式，因此資優教育實
務工作者可以依據本身的信念與教學現場需求，選擇特定的一種或融合二
種以上的模式內涵，來進行課程規劃／設計與實施資優教育。

　　另外，Maker 和 Schiever（2005）亦曾指出資優學生的適性課程就是質
量上與普通兒童不同的課程，而強調一般課程須改變和調整，可提供運用
上述模式規劃與設計資優學生最適當的課程之參考。這些調整如下表1-1：

表 1-1 設計資優學生最適性課程之調整向度與要素

向度	要素	內涵
學習內容	抽象化	所教導的應是抽象觀念及通則的理念。
	複雜化	抽象理念應儘量複雜化。
	多樣化	應教給資優學生在一般課程未提供的重要概念和內容。
	組織與經濟性	應選擇最有價值的教材,教材應組織以助長學習、記憶、理解和類化能力。
	人的研究	須研究具創造性、生產性的人物。
	方法的研究	應研究各學派所用的探究方法,並在情境中練習使用。
學習歷程和方法	高層思考	應強調資訊應用而非只是獲得而已。
	開放性	問題或活動應盡可能開放。
	發現性	學習活動應促使學生採用演繹推理的方法,以發展理念、類型、原理原則等。
	推理的證據	教育過程中要學生理出結論,更要他們說明導出結論的各種推理依據。
	選擇的自由	應給予選擇研究題材和方法的自由。
	團體互動	結構化活動或模仿遊戲應為資優課程的一部分,以發展社交及領導能力。
	速度與種類	教材呈現速度快以保持資優學生學習興趣且具挑戰性;教師要採用各種方法以維持學生興趣並適應其學習風格。
學習環境	學生中心或教師中心	學習環境應以資優學生理念和興趣為中心,而非以教師為中心;強調討論,互動以學生為中心。
	獨立或依賴	鼓勵自己解決問題。
	開放或閉鎖	開放性環境可容納更多的人事物。
	接納和判斷	評估學生想法前,應先能接納並澄清,然後再挑戰。應強調評量而非判斷(判斷看正誤,評量認好壞)
	複雜和單純	需有較複雜的物理和心理環境,包含挑戰性工作、複雜理念和精細方法。
	活動量高低	活動環境含自由選擇和探索、教室內外移動、分組安排等。
學習結果	實際問題	應針對實際問題,避免失真虛無的材料。
	實際聽眾	最少應有學生當聽眾。
	評量	應由適當聽眾來評量,而非只由教師評量,並鼓勵學生自評。

結語

　　不像普通教育一樣，有教育部頒布之《十二年國民基本教育課程綱要總綱》，總綱中有「基本理念」、「課程目標」、「核心素養」，以及「各教育學習階段的重點」，同時還有出版商經教育部審定之各領域／年級的教材（含課本、習作、教師手冊、語文習寫簿、練習簿或各類參考書等）。在資優教育方面，除了「資賦優異相關之特殊需求領域課程綱要」中有「基本理念」、「課程目標」、「核心素養」，以及「學習重點」之外，並沒有配套且經教育部審定之各領域／年級的教材。換言之，資優教育教師必須自行規劃資優班的課程架構，並依據學生特質與特殊需求，進行區分性教學，這對於資優教育教師來說，是一項充滿挑戰性的工作。

　　良好的資優教育與課程設計模式則可用來協助資優教育教師面對這項艱鉅的工作，以求有效因應資優學生的特殊需求。透過這些模式，教師可以學習制定和實施學習計畫的方法，同時較為周延地考量到教學計畫中的關鍵因素，以達成資優教育的理念與目標。

本章重點

1. 資優教育是一組廣泛的特殊實務、程序和理論，用於教育已確定的資優或特殊才能兒童。
2. 資優教育的主要方法是充實和加速，而充實課程教授額外的相關材料，但讓學生以與其他學生相同的速度完成課程。
3. 課程的定義相當紛歧，狹義可為教授的學科或教材；廣義則包括學習者在學校引導下，發生於學校內、外的所有經驗。
4. 課程定義共分五大類：(1)課程即科目；(2)課程即目標；(3)課程即計畫；(4) 課程即經驗；(5) 課程即研究假設。
5. 課程設計係指課程的組織型式或結構，也就是課程的選擇、安排與組織。就課程設計的性質而言，課程設計是撰寫教學目標、學生的

學習具體目標、選擇組織安排教學活動、執行評鑑工作的科學技術（Klein,1985; Gay,1985）。

6. 課程發展的重點是強調課程目標、內容、活動、評鑑程序所發展的過程，與強調方法技術的課程設計不同。

7. 進行課程設計時需要回答的四項根本問題：(1) 學校應該追求哪些目標？（目標）(2) 要提供哪些教育經驗才可望達成這些目標？（內容）(3) 這些教育經驗如何才能有效地加以組織？（組織）(4) 如何才能確定這些目標正在實現？（評鑑）

8. 教育模式是一種概念模式，由不同理論和教學方法綜合組成，引導教師準備學習計畫和系統化教學過程。

溫故知新專欄 ....

※選擇題

1. 下列有關資優教育教學模式的敘述，哪些較為適切？甲、內容模式重結構　乙、歷程模式重精熟　丙、結果模式重問題解決　丁、概念模式重類化統整　(A) 甲乙丙　(B) 乙丙丁　(C) 甲乙丁　(D) 甲丙丁　【☆ 100 教檢，第 25 題】

※問答題

1. 選擇合適的資優教育教學模式時，宜參考哪些原則？請寫出原則並說明之。　【☆ 96 教檢，第 1 題】

※ 選擇題答案
1.(D)

☆表示教檢舊制「課程教學與評量」應試科目，整理自 https://tqa.ntue.edu.tw/

認知與情意分類模式

　　分類學的目的在於提供一套規準，以利於根據思考的複雜度來將教育目標作適當分類。「**認知領域**」（cognitive domain）的分類模式通常指的是Bloom（1956）的分類學，惟此項分類模式近來已有若干調整；而「**情意領域**」（affective domain）分類模式則是指 Krathwohl 等人（1964）的分類學。前者已經提供了一種簡易的教學活動結構，引導學生順利通過概念發展和關係學習的過程。如果這些基本假定是有效的，也就是說每一較高層次都包含並繫於下一層次的行為，那麼有系統地引導學生通過這項層次之後，就能夠在較高的層次進行更有效的思考和行動。

認知與情意分類的基本假定與關聯

基本假定

學習方面

1. 認知和情意領域是具有階層性的

　　分類學最基本的假定就是階層性。也就是每一較高的階層都是繫於其下一個階層。第四個層次的「分析」必須有記憶、理解和應用作為基礎才有可能；同樣地，除非學生已考量過何種事物是有價值的，以及價值和價值之間如何比較，否則就無法發展出價值體系。對教學來說，依據這項假定，教師應該了解學生先要能做到較低層次的行為，然後才有可能去學習較高層次的行為。

2. 所有學習者都能做到認知和情意分類學上的每一個階層

　　如果時間充足，所有學生都能達到價值化、組織價值和內化價值的情意過程；也能做到分析、評鑑和創造的思考歷程。教師應該以最終的階層為目標，卻須採取按部就班的方式，在每個階層協助學生務必達到精熟水準。

3. 思考或情意過程或教學目標都能以行為來界定

　　這個假定所包含的信念是在教育和心理學家的共同努力下，能夠發展出一種接近真實的邏輯分類系統。

教學方面

1. 設計良好的每一階層思考型式的活動，可以改善思考和情意過程

將分類學衍生運用為教學工具的基本要點，就是設計能夠激發每一階層思考型式的活動，將能改善思考和情意過程。從最低階層開始，每個階段的重點都做系統設計，那麼學生終究會變成較佳的高階層思考。

2. 設計特定型式思考的教學活動

教師也可設計某些教學活動，來激發學生某些特定型式的思考，並準確地了解其過程。

3. 任何學習都可分成較小的單位和步驟

任何學習都可以且也應分成較小的單位和步驟，這些單位要做適當次序的安排，然後有系統地引導學生通過這項歷程。

資優學生的特性與教學

分類學的作者相信所有兒童都可透過各種不同的歷程來學習，但是從事資優教育工作者認為資優教育應該花費更多時間在高層次的學習。惟教師往往也因專注於高層次學習，而忘記檢查一下，兒童對學習中所含概念的知識和了解到底有多少。另外，資優兒童之所以應花更多時間在高層次學習，是因高層思考對他們來說具有更大的挑戰性（Maker & Schiever, 2005）。

認知和情意分類的關聯

認知分類模式包含記憶、理解、應用、分析、評鑑及創造等六個層次。情意分類模式則包括接受或注意、反應、價值化、組織及根據某種價值複合體予以人格化。由於人類行為是很難截然劃分的，尤其是高層的行為。情意的歷程，特別是那些有關學習之價值部分的歷程，將會影響到兒童發展思考歷程的動機。

認知目標也可以視為達成情意目標的一項必需方法。例如：為了讓個體能夠發展一個價值的複合體，他必須就已有的選擇來作衡量。在任何活動中，認知和情意之間似乎有下列三種基本關係存在：

1. 每一情意目標中都有認知成分，反之亦然

在認知分類的每個層次，「接受」這種情意行為是種先決的條件，

而每個學生如果被要求來回答問題或參與一種活動，也等於在作一種「反應」。而在情意分類中除了「接受」這個層次外，「知識」這個層次的認知行為乃是其先決條件。一個學習者必須先「知道」才能「反應」、「評價」、「組織」及「價值化」等。

2. 可運用其中一個領域來達成另一個領域的目標

教師通常會用認知目標來達成情意目標。例如：教師給學生有關別的社會和人們對社會約束的反應，以協助學生省察他們本身的感覺和價值。情意目標也可用來達成認知的教學目標。例如：教師可發展學生對於某種事物的興趣，藉此來激勵他們學習更多的知識。

3. 認知和情意目標可同時達成

Krathwohl 等人曾指出在探索訓練中，教師只扮演一個資料提供者的角色，教師也觀察學生策略的型式，並提供意見以改進學生的型式。在這種方式裡，改進兒童探索技巧的這種認知目標，是在兒童有興趣的情境中完成的，透過這種探索技巧對兒童策略批評的意見，教師也能夠激發在其他情境中使用類似技巧的動機。

認知分類模式

1956 年，Bloom 發表了「**認知領域教育目標分類**」（Taxonomy of Educational Objectives: Cognitive Domain），他將認知過程從最簡單的「知識回憶」，到最複雜的「針對某個思想觀點的價值判斷」，分類為「知識、理解、應用、分析、綜合及評鑑」等六個層次。此後這六個層次的思考模式便受到廣泛引用。雖然分類法最大的優點是關注於思考技能這個重要主題，建立可供運用的架構。依據 Bloom 分類的不同層次來規劃問題，比起沒有使用此類方法的教師，更能鼓勵激發學生的高層次思考。不過，這種由低至高的分類層次：應用奠基於知識與理解，並未獲得研究支持；認為幾乎所有複雜的學習活動，都需要運用數種不同的認知技能（Anderson & Bourke, 2000）。

因此，Bloom 的學生 Anderson（1999）出版了認知分類法的修訂版，試圖修正原本存在的某些問題，考慮到影響教學的更廣泛的因素。與

1956 年版本不同的地方是，修訂版區分了「**知道什麼（思維的內容）**」和「**知道怎樣做（解決問題時採取的步驟）**」。「知道什麼」屬於知識向度，分為四大類：事實知識、概念知識、程序知識和後設認知知識。修訂後分類法中的「認知歷程」向度，與原分類法一樣有六種技能，從最簡單到最複雜依序為記憶、理解、應用、分析、評鑑、創造。以下分別就知識與認知歷程向度的內涵，以及應用架構與方法做進一步的描述：

知識向度

知識向度分為四大類，如圖 2-1 與表 2-1。

事實知識 （factual knowledge）	概念知識 （conceptual knowledge）	程序知識 （procedural knowledge）	後設認知知識 （meta-cognitive knowledge）
• 指學習科目後和解決問題時應知的基本要素。	• 指存於較大型結構中能共聚產生功能的各基本要素之相互關係。	• 指有關如何完成某事的流程、探究方法，以及使用技巧、演算、技術和方法的規準。	• 指認知和知覺的知識及對自己認知的知識。

圖 2-1　知識向度的類型

表 2-1　認知分類法之知識向度的內涵

向度	次類別	定義	示例
A. 事實知識	AA. 術語的知識	特定語文或非語文形式的標題和符號	樂符、植物、注音符號、分數、幾何圖形
			英文字母、元素表、數學符號
	AB. 特定整體和元素的知識	有關事件、位置、人、資料、資訊來源等知識，可包括具精確和特定或約略性的資訊	新聞事件、自然資源、社區文化
			原住民文化、飲食文化
B. 概念知識	BA. 分類和類別的知識	用於確定不同事物的類別、等級、劃分和排列情形	地質年代、臺灣原住民族群、季節、方位
			氣候分布、世界礦產分布
	BB. 原則和通則化的知識	有關觀察現象總結的摘要，可用描述、預測、解釋、決定最適行動	供需法則、重力加速度公式、生活規範、法律
			槓桿原理、作用力與反作用力

（續表 2-1）

向度	次類別	定義	示例
	BC. 理論、模式和結構的知識	對複雜的現象、問題和事物，提出清楚、完全和系統性的觀點	進化論、認知架構、家庭結構、消費型態、經濟模式
			天擇論、馬斯洛需求理論
C. 程序知識	CA. 特定學科技能和演算的知識	多指有固定最終結果，或具固定順序或步驟的知識	運用水彩畫圖的技巧、整數的除法運算
			蒸餾法、製造雙氧水、運用英文文法
	CB. 特定學科技術和方法的知識	大部分為一些對結果具共識或是學科規範的知識，多反映出專家思考和解決問題的方式	面談技巧、科學方法
			資訊處理、演繹法
	CC. 決定何時使用適當程序的規準知識	指知道何時使用程序和過去使用該程序的知識，通常為歷史紀錄或百科全書形式	評斷使用特殊方法估算學校經營成本的規準、羽球打法、自網路查資料的方法
			判斷數學題目使用哪種算法可以最有效率解開問題
D. 後設認知知識	DA. 策略的知識	指用於學習、思考和解決問題的一般性策略知識，會因工作和學科性質而異	應用四則運算為工具，以計算購物問題的知識
			運用 C-14 定年法推估化石的年齡、利用抽樣法估計森林中物種多樣性
	DB. 有關認知任務的知識，包括適當脈絡和狀態的知識	即情境知識，包括何時正確使用和為何使用某知識的策略，其與當時情境、社會、傳統和文化規範有關	考察學生數學學習成就及其生活情境和認知發展狀態的知識
			評估臺灣原住民狩獵文化與法律規範間的衝突、討論社會道德標準的今昔變化
	DC. 自我的知識	包括對自己在認知和學習方面優劣的知識、動機信念（含自我效能信念、對目標和理由的信念、對價值和興趣的信念）	評斷自己解決數學問題的優點、缺點和能力等級、了解自己的價值觀
			了解自己的學習風格、設定個人目標

來源：修改自 Anderson, W. & Krathwohl, D. R. (2001). *A taxonomy for learning, teaching, and assessing: A revision of Bloom's educational objectives*. New York, NY: Longman.

認知歷程向度

修訂後分類法中的認知歷程向度，依序包含記憶、理解、應用、分析、評鑑及創造等六個層次，分別敘述如下（Anderson & Krathwohl, 2001）：

■ **記憶**。這一個層次是記憶（remember），指從長期記憶取回有關知識，包含確認（recognizing）和回憶（recalling），如表 2-2。

表 2-2　認知分類法的修訂版之記憶向度內涵

向度	次類別	相關詞	定義	示例
1. 記憶	1.1 確認	識別（identifying）	確認長期記憶中和現有事實一致的知識	指出哪天是中秋節
	1.2 回憶	取回（retrieving）	自長期記憶中，取回有關知識	說出哪天是中秋節

■ **理解**。認知目標的第二個層次是理解（understand），是指從口述、書寫和圖像溝通形式的教學資訊中建構意義。此時，學習者能夠使用他已獲得的資料或觀念，能用他自己的話語重新敘述，但是他仍然不能把這個資料與個別資料或觀念結合起來。理解包含下列觀念：說明（interpreting）、舉例（exemplifying）、分類（classifying）、總結（summarizing）、推論（inferring）、比較（compare），以及解釋（explaining），如表 2-3。

表 2-3　認知分類法的修訂版之理解向度內涵

向度	次類別	相關詞	定義	示例
2. 理解	2.1 說明	釐清、釋義、陳述、轉釋	由一種呈現資訊方式，轉換成另一種方式	畫出日蝕的成因
				演出莎士比亞的《羅密歐與茱麗葉》、將《天鵝湖》的曲子編成芭蕾舞步
	2.2 舉例	舉例、舉實例	找出特定的例子或對概念或原則的說明	舉出端午節的重要活動
				舉出奧運的比賽項目、舉出浪漫主義時期的經典文學作品

（續表 2-3）

向度	次類別	相關詞	定義	示例
	2.3 分類	分類、歸類	決定將某些事物歸屬為同一類	將中秋節視為中國傳統的節慶
				將恐龍歸為爬蟲類、將思覺失調納入精神疾病
	2.4 總結	摘要、建立通則	將一般性主題或要點，加以摘要	摘要提出「賞月記」的文章大意
				簡述電影的內容、整理出愛因斯坦生平中的重要事件
	2.5 推論	推斷、插補、預測	根據現有資訊，提出一個具邏輯性的結論	依資料推斷端午節也是中國傳統節慶
				依資料推測企鵝屬於鳥類、依資料推測冰是水的其他型態
	2.6 比較	對照、模比、配對	檢視二觀點、事物或其他類似物中的一致性	比較中秋節和端午節的異同
				比較鑽石和石墨的異同、比較烏賊和小卷的異同
	2.7 解釋	建構、建立模式	建立一個系統的因果模式	解釋颱風發生原因
				解釋石灰岩洞的成因、解釋臺灣島的形成

■ **應用**。應用（apply）是指面對某情境執行一個程序或是把抽象或一般原理原則應用到新的具體的情境，就是第三個層次的認知行為。應用層次包含下列觀念：執行（executing）和實行（implementing），如表 2-4。

表 2-4　認知分類法的修訂版之應用向度內涵

向度	次類別	相關詞	定義	示例
3. 應用	3.1 執行	進行	應用一個程序於已熟悉的工作	應用習得的二位數加法，計算二位數加法問題
				應用習得的四則運算規則，計算四則運算的題目，或解決複雜的應用題

（續表 2-4）

向度	次類別	相關詞	定義	示例
	3.2 實行	運用	應用一個程序於陌生的工作	應用至雜貨店購物經驗於超市購物
				應用習得的線鋸機使用方法，切割木頭

■ **分析**。分析（analyze）就是分解整體為許多部分，並決定各部分彼此與整體結構或目的關係。分析層次包含下列觀念：辨別（differenti-ating）、組織（organizing），以及歸因（attributing），如表 2-5。

表 2-5　認知分類法的修訂版之分析向度內涵

向度	次類別	相關詞	定義	示例
4. 分析	4.1 辨別	區別、分別、聚焦、挑選	自現有材料中區分出相關和不相關或重要和不重要的部分	分辨直角三角形和正三角形的不同
				從岩層層狀構造分辨沉積岩和變質岩
	4.2 組織	尋找、連結、概述、剖析、結構化	確定要素在結構中的適合性和功能	製作圖表，呈現當地的動植物如何互相影響。
				整理有關馬雅文明的傳說，說明馬雅文明可能是怎麼樣的文明
	4.3 歸因	解構	確定現有材料中隱含的觀點、偏見、價值觀或意圖	說明司馬遷寫作《史記》的用意
				說明李清照寫〈一翦梅〉的用意、說明某新聞想表達的事情

■ **評鑑**。評鑑（evaluate）就是對某一事物的價值作判斷。這些判斷活動是基於學生所選的價值標準，或別人給予他們的價值標準，這些標準可能是量化或質化的。評鑑層次包含下列觀念：檢查（check-ing）和評論（critiquing），如表 2-6。

表 2-6　認知分類法的修訂版之評鑑向度內涵

向度	次類別	相關詞	定義	示例
5. 評鑑	5.1 檢查	協調、檢視、監視、施測	檢視某程序或產品中的不一致性或錯誤，確定某程序或產品的內部一致性，察覺正實行程序的效能	檢查重力加速度實驗結果和該定律的一致性
				檢查畢氏定理計算結果與該定理的一致性
	5.2 評論	判斷	檢視產品和外部規準的不一致性，確定產品是否有外部一致性，察覺解決問題的方式適切性	評論大禹和鯀的治水方法
				評論政府對疫情的處理方式

- **創造**。創造（create）是集合要素以組成一個具協調或功能性的整體，重組要素為一個新的模型或結構。這個層次包含下列觀念：通則化（generating）、規劃（planning），以及製作（producing），如表 2-7。

表 2-7　認知分類法的修訂版之創造向度內涵

向度	次類別	相關詞	定義	示例
6. 創造	6.1 通則化	提出假設	根據許多規準，建立假設	綜合養殖小雞的紀錄，提出小雞的生長歷程看法
				根據多項全球暖化數據，預測未來數年的氣溫變化
	6.2 規劃	設計	建立一個操作程序以完成某些工作	撰寫一個關於蝴蝶生態的計畫
				建立人才篩選的機制
	6.3 製作	建立	發明新產品	創作歌曲和樂曲
				製作一個溝通輔具

應用架構與方法

應用架構

Bloom 認知分類法修訂版所提出的二個向度，可形成一個認知領域教

育目標「知識」與「認知歷程」雙向度的分類表（two-dimensional Taxonomy
Table），如表 2-8。通常該表細格內能夠置入教學／教育目標、教學活
動、評量等項目，以呈現教學和評量的設計構思。

表 2-8　Bloom 認知分類法修訂版之應用架構

認知歷程向度　　知識向度	記憶	理解	應用	分析	評鑑	創造
A. 事實知識						
B. 概念知識						
C. 程序知識						
D. 後設認知知識						

應用方法

　　應用此認知領域教育目標「知識」與「認知歷程」雙向分類表，可以
從教學歷程的角度，採取確定教學／教育目標、安排教學活動、教學評量
等三個教學步驟，思考應該放入的內容。首先應放入的是教學目標，其次
是達成教學目標所要實施的教學活動，最後是預定由此形成一個完整的教
學活動。表 2-9 是 Anderson 和 Krathwohl（2001）所列舉的一項構想，根據
一個教學目標，設計出包含多項教學活動和評量的應用方式。

表 2-9　Bloom 認知分類法修訂版之應用方式

認知歷程向度　　知識向度	記憶	理解	應用	分析	評鑑	創造
A. 事實知識						
B. 概念知識		教學活動 1 評量 1A		教學活動 2 評量 1B	教學活動 7	
C. 程序知識			教學活動 3	評量 1C	教學活動 6	
D. 後設認知知識	教學活動 4		教學活動 5			

　　基本上，一個為期 2 小時甚至 1 週的教學活動內容頗為複雜，如果將教學／教育目標、教學活動、評量等全數列入表 2-9 中，可能會顯得繁瑣，不易解讀；而且各項教學活動和評量工作的實施順序與彼此關係也沒有說明，會造成無法解讀、誤解或疏忽的情形。因此，可採取下列改善的方式：

> • 一張分類表只呈現一個或少數幾個教學目標為核心，所發展的教學活動設計。
> • 使用其他圖形符號，以輔助解讀教學活動設計的邏輯，並避免衍生更多複雜難解的問題。

　　當然，分類表可用於呈現一個達幾小時或幾天的教學活動，亦能適用於陳述一個達幾週或幾個月的教學單元活動，此時則要將教育目標放入；另外，也可以同時放入多個具關聯性的教學活動，以利於呈現完整的教學活動內容構思。

情意分類模式

情意分類層次與舉例

■ **接受**。在這個層次，學習者只是敏銳地察覺到，確實有些事情存在。接受這個層次依序可分成三個層次：(1) 覺察：即對某些事情他已經意識到其存在，並把它列入考慮；(2) 接受的意願：也就是對事情現象暫時不作判斷，但學生已有注意的傾向；這個時候學習的個體並沒有刻意要找到或迴避什麼；(3) 選擇性的注意：在這個層次，學生選擇一個他所喜歡的刺激，而對足以使他分心的其他刺激，不加以注意。以下是接受層次的例子：

接受層次的例子

活動	1. 認識各式植物 　(1) 由教師播放植物的圖片，並簡述每種植物的特性，引導學生認識各種植物。 　(2) 帶學生去農場或市集參訪，看看常見的蔬果，了解它們的種植過程。 2. 小農夫體驗 　(1) 教師或學生準備植物的種子，請學生栽種他們喜愛的蔬果。 　(2) 請學生記錄植物每天的變化。
問題	1. 在介紹植物的時候，先問問學生認識哪些植物。 2. 生活中有哪些常見的植物？哪些是可以食用的？ 3. 有沒有哪些場合會出現特定植物？那些植物又有哪些？ 4. 你最喜歡什麼植物？該植物的生長過程如何？ 5. 栽種植物的時候可能會面臨什麼困難？

■ **反應**。在這個層次，學生對一個學科或某科活動非常投入。因此，他急於要找到什麼或學會什麼，同時也因參與而獲得滿足。反應包含三個範疇：(1) 在反應中保持沉默，可描述為順服或答應；(2) 願意反應，也就是學生依他們的意願做某些事情，他們選擇想要的活動或參與學習歷程；(3) 在反應中獲得滿足，學生在參與這種活動時，有著滿足、快樂或熱誠的表現。以下是反應層次的例子：

反應層次的例子

活動	1. 引導活動：教導學生設計問卷的方法（人文社會），或是如何根據想要觀察的現象設計出一個實驗並記錄結果（自然科學）。學生可以在兩種之間選擇自己想要學的。兩個部分教師各設計一個簡易的問題讓學生在學習之後做簡單的練習。結果都記錄之後，教導學生如何排除極端值，並歸納結果，試分析與提出結論。 2. 實際操作：在前面這個引導活動結束後，學生或小組可以找自己有興趣的領域或學科，利用引導活動中所學，設計問卷、實驗或研究。（如果沒有想法的同學，可以就利用老師設計的主題做延伸，更深入的探究。） 3. 成果的展現：可以做成書面資料、成品的呈現或是製作過程的紀錄等，向大家介紹個人或小組的成果，以及在過程中對於所選的領域或學科有什麼新的認識與發現。
問題	1. 問卷或實驗在研究裡有什麼功用？ 2. 在過程中問卷或實驗中遇到了什麼困難？ 3. 是否透過研究的過程加深自己對有興趣的科目或領域的認識？ 4. 對於有興趣的科目或領域還有什麼好奇的，之後會想要運用這次所學的技能自發性地去探索嗎？

■ **價值化**。價值化就是決定一件事情、現象或觀念有其價值，它是重要的。在這個層次的行為是一致而穩定的，具有信念或態度的特質。價值化這個層次又分成三個次層次：(1) 價值的接受。雖然個體在此時已有依某種方式來表現行為的傾向，但他仍然想再重新檢討和評價他所採取的立場。(2) 對某一價值的偏好。個體不但認同某一種價值而且他已經採取實際的行動，要形成哪一種價值的觀點。(3) 價值系統的新組織。此時學生要把一些即使相反或衝突的態度、信念和價值組合在一起，形成一個有秩序的關係。以下是價值化層次的例子：

價值化層次的例子

活動	帶領學生進行閱讀治療 1. 引導一則道德與現實間衝突的故事。 2. 透過問題的引導，讓他們在閱讀中觀照自己的思緒情感，並權衡兩者的利弊得失。 3. 在掙扎後採取最終的行動。 4. 老師帶著大家共同反思，並引導出正確價值觀。
問題	1. 如果你是主角，你願意幫助老奶奶嗎？ 2. 在內心掙扎的過程中，你如何取得平衡？ 3. 你會對你的決定感到後悔嗎？

■ **組織**。價值內化後，就會產生一種以上的價值情境。此時就須將這些價值組織，決定它們彼此之間的關係，來建立一個最完整的型式。組織這個層次又分成二個次層次：(1) 價值的概念化。即發展一種價值的觀點，使個體能看清楚這個特殊價值與其他已有價值的關係或跟正在發展中的新價值之間的關係。(2) 價值系統的新組織。此時學生要把一些即使相反或衝突的態度、信念和價值組合在一起，形成一個有秩序的關係。

組織層次的例子

活動	帶領學生觀看有關螢火蟲的文章和影片 1. 請學生討論關於螢火蟲減少的原因。 2. 透過討論，引導學生思考人類對環境的破壞與螢火蟲數量的關聯性。

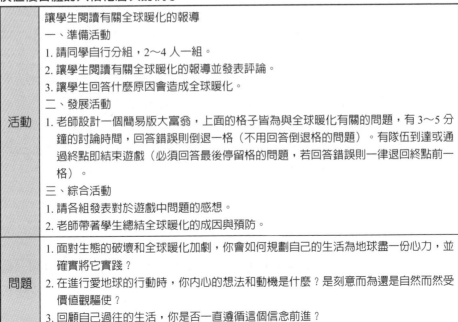

	3. 將環境汙染分為河川汙染、空氣汙染及過度開墾三大主題，請同學選擇自己認為關聯性最大的原因，上網找資料並做分享。 4. 老師帶著學生反思如何幫助螢火蟲，總結出「螢火蟲保育」和已知觀念「環境保育」的關聯性。
問題	1. 你覺得許多動物的滅絕與人類有關嗎？ 2. 人類該如何保護環境呢？ 3. 你認為河川汙染、空氣汙染及過度開墾哪一個跟螢火蟲的減少最有關呢？

■ **價值複合體的人格化**。在這個層次，價值已內化，且組織成一個有階層的系統，使得個體能夠做好調適工作，依照這個價值系統來行動。這個層次包括價值類化和人格化等二個層面。價值類化是種基本取向，是對相同情境或事物之持續而一致的反應。它通常是種無意識的價值系列，引導個體的行為，而不為個體所覺察。至於價值的人格化，行為所關係到的是種人生哲學和世界觀。這個次層次所含的目標，比起類化的次層次來得寬廣，且更著重內在一致性。以下是價值或價值複合體的人格化層次的例子：

價值複合體的人格化層次的例子

	讓學生閱讀有關全球暖化的報導
活動	一、準備活動 1. 請同學自行分組，2～4 人一組。 2. 讓學生閱讀有關全球暖化的報導並發表評論。 3. 讓學生回答什麼原因會造成全球暖化。 二、發展活動 1. 老師設計一個簡易版大富翁，上面的格子皆為與全球暖化有關的問題，有 3～5 分鐘的討論時間，回答錯誤則倒退一格（不用回答倒退的問題）。有隊伍到達或通過終點即結束遊戲（必須回答最後停留格的問題，若回答錯誤則一律退回終點前一格）。 三、綜合活動 1. 請各組發表對於遊戲中問題的感想。 2. 老師帶著學生總結全球暖化的成因與預防。
問題	1. 面對生態的破壞和全球暖化加劇，你會如何規劃自己的生活為地球盡一份心力，並確實將它實踐？ 2. 在進行愛地球的行動時，你內心的想法和動機是什麼？是刻意而為還是自然而然受價值觀驅使？ 3. 回顧自己過往的生活，你是否一直遵循這個信念前進？

認知與情意分類模式之評析

優點方面

使用分類學，尤其是認知分類，最明顯的優點是使用它們的教育工作者很多，可促進教育工作者之間的溝通。使用分類學的第二個優點是它們的簡易性和可應用性。教師要學會使用分類學並不難，而且在一切的內容領域和層次的教學都能應用。除可增進學習者的高層思考和情意發展外，分類學還有其他用處如下：

用處 I
• 幫助教師發展更明確、更可評量的教育目標。

用處 II
• 可作為指引，協助教師做比較好的測驗，以包含多樣層次的思考或情意。

弱點方面

目前最大的弱點是缺乏兒童學習效果的研究，尤其是資優兒童方面。目前尚未有足夠的證據，能證明使用分類學可以改進高層思考的效果，情意分類學方面亦同。

第二個弱點是有關課程改變應用範圍的有限性，使用分類學來改變課程主要是在歷程和內容。使用情意分類學把情意的內容融入學術的領域中，並提供如此融入的結構，都能促進學習內容的改變。有些心理環境的改變，也能藉著情意分類學的應用而達成。變化應用分類學或與其他教育模式結合，才能夠提供資優兒童課程發展的全面性架構。

結語

認知與情意領域分類模式主要目的在於透過有系統的引導學生通過較低層次之後，就能夠在較高的層次進行更有效的思考和行動。基於資優教

育應該花費更多時間在具有更大挑戰性的高層思考與學習，這項模式有助於資優班教師在設計單元主題時，規劃與設計認知與／或情意領域不同的分類和向度的活動目標及內容，並選擇與實施較高認知或情意的層次，以符應資優學生的學習特性和特殊需求。

認知分類模式教學活動設計示例

單元主題	海洋汙染	組員	崔○然、張○君、吳○儒、古○卉
前言	在以往海洋政策不廣泛下，生活在臺灣的我們對海洋的關係陌生。認識的海洋僅僅是資源索取的場所，因此對於海洋沒有更多的了解，陸地上的廢棄物都拋棄至海洋，將海洋當作最終處置場，海洋環境也因為人為的破壞而開始改變，漁獲量的大量減少和汙染所造成的後遺症，開始影響島上居民生活。 　　最近生活周遭大家都在注重、宣傳「環保」的觀念。每當打開電視、滑開屏幕，時常可以看到新聞媒體播報有關人類將含有重金屬元素的汙水排放到海洋導致海洋生物的大量死亡、珊瑚白化、過度捕撈等議題，有時甚至可以看到生物慘死或受環境所苦的慘狀，因此我們應該正視人類恣意摧殘海洋的現實，將造成海洋汙染的原因一一列出，並探討海洋汙染對海中生物造成的影響，加以預防。		
教學目標	1. 加廣學生的知識層面 2. 讓學生更加了解海洋的困境 3. 培養學生對海洋保育的意識 4. 增進學生分類歸納事物的能力 5. 引導學生思考，並培養其問題解決的能力		

（海洋汙染）課程單元設計

（海洋汙染）教學單元目標分類

認知分類			知識向度			
			事實知識	概念知識	程序知識	後設認知知識
認知歷程向度	記憶	1.1 確認	1. 工業／農業／家庭廢水 2. 垃圾汙染 3. 船隻漏油	1. 全球暖化 2. 生物放大作用 3. 生態系統平衡	1. 列出正確的汙水處理程序 2. 垃圾分類處理程序 3. 列出生物鏈中生物體內有毒物質的累積過程	1. 回憶人類行為有哪些會造成海洋汙染
		1.2 回憶				
	理解	2.1 說明	1. 說明海洋汙染成因 2. 列舉海洋汙染的例子並分類 3. 推論汙染的成因 4. 比較各大洋的垃圾量 5. 區分可分解與不可分解的垃圾	1. 說明全球暖化造成的影響 2. 洋流對海洋垃圾分布的影響 3. 珊瑚白化成因	1. 了解海水採樣程序 2. 了解汙水處理程序和垃圾分類程序每個步驟為什麼要這樣做	1. 了解海洋汙染與人類社會間的交互影響
		2.2 舉例				
		2.3 分類				
		2.4 總結				
		2.5 推論				
		2.6 比較				
		2.7 解釋				
	應用	3.1 執行	1. 尋找海洋汙染相關報導	1. 畫出海洋汙染嚴重的區域 2. 查詢大量珊瑚白化的區域，並於地圖上標示出來	1. 運用科學方法，畫出海水溫度變化曲線圖	1. 身體力行到海邊淨灘
		3.2 實行				
	分析	4.1 辨別	1. 分析各大洋的汙染成因 2. 分析哪些洋流對汙染造成最大影響	1. 珊瑚白化對生態鏈的影響 2. 分析海洋汙染在生物鏈中的放大作用對人類造成的影響	1. 請學生蒐集資料，分析各大洋平均海水溫度有所差異的原因	1. 試分析自己到沙灘上所看到的垃圾是如何形成的。如果是民眾丟的，民眾的動機為何？
		4.2 組織				
		4.3 歸因				

評鑑	5.1 檢查	1. 請各組對上述汙染的種類和相關報導進行討論，並提出個人看法 2. 根據前面分析海洋汙染的成因，對各國海洋政策的推行進行評論和批判	1. 觀察先前繪製的海洋汙染嚴重區域圖，進行原因和可能後果的探討 2. 根據生物放大作用對人類造成的影響，探討「人類因自身的方便而對海洋造成汙染的行為」是否值得	1. 檢查方才所說的各大洋平均海水溫度差異原因在其他因素的考量下的合理性 2. 評鑑垃圾分類和汙水處理程序能降低海水汙染的程度	1. 評鑑淨灘的成效 2. 評論海邊有關丟垃圾的政策，政策能否有效減少民眾將垃圾留在沙灘上
	5.2 評論				
創造	6.1 通則化	1. 請學生畫出海洋汙染的現況 2. 再延伸畫出海洋汙染影響的海洋動物有哪些	1. 畫出海洋汙染的完整故事，含源頭、食物鏈的傳遞、影響的層面、對人類的危害等（可以使用漫畫創作、小書製作等）	1. 垃圾分類一直都是一個大問題，試著想出口訣或是有趣的介紹方法讓大家能輕鬆記起複雜的垃圾分類方式，讓民眾從自家做起，做好垃圾分類	1. 試設計出有效的政策減少人為垃圾被留在沙灘上
	6.2 規劃				
	6.3 製作				

註：淺色灰階部分為較高層次的思考活動

總結活動

　　透過這一系列海洋環境議題的探討，我們希望引導學生正視環境汙染的嚴重性，探討人類活動與大自然的互動關係。而在這過程中，也培養了學生蒐集資料的能力，並為下階段的獨立研究做準備。除了讓學生了解汙染的各個面向、原因、影響層面和結果，我們更鼓勵學生在面對問題時能思考解決辦法，並身體力行，將所學應用於生活中。

　　知識的傳授不是資優教育的最終目標，我們希望培育出的學生，不是只有聰明，而是更期盼他們能成為具備同理心、關懷生命，願意為社會奉獻的良好公民。因此，透過實際參與淨灘活動、設計政策等活動，讓學生親身體驗並落實環境保護的觀念，透過實際行動真正付出。最後，期盼學

生們能夠將這些觀念帶著走，貫徹始終！

評估

　　我們可以藉由學習單、探索成果發表（方式不限，但都需要輔以上臺的口頭說明）、學生探索或製作過程的紀錄等來評量學生的學習成果。在評量前可以和學生共同討論出適合的評分向度及標準，以利學生明白課程目標和知道製作成果的方向。在學生的成果發表上，我們不僅可以看到學生們的學習成果，還可以看到學生多元的能力，例如：製作書面資料、創意點子、繪畫、口頭表達等這些學習之外的能力。我們也可以把這些能力記錄下來當作學習評量中的一種輔助資料。

本章重點

1. 認知與情意分類在學習上的基本假定：(1) 認知和情意領域是具有階層性的；(2) 所有學習者都能做到認知和情意分類學上的每一個階層；(3) 思考或情意過程或教學目標都能以行為來界定。

2. 認知與情意分類在教學上的基本假定：(1) 設計良好的每一階層思考型式的活動，可以改善思考和情意過程；(2) 設計特定型式思考的教學活動；(3) 任何學習都可分成較小的單位和步驟。

3. 在任何活動中，認知和情意之間似乎有三種基本關係存在：(1) 每一情意目標中都有認知成分，反之亦然；(2) 可運用其中一個領域來達成另個領域的目標；(3) 認知和情意目標可同時達成。

4. Anderson 的認知分類法修訂版，區分了「知道什麼（思維的內容）」和「知道怎樣做（解決問題時採取的步驟）」。「知道什麼」屬於知識向度，分為四大類：事實知識、概念知識、程序知識和後設認知知識；「認知歷程」向度，從最簡單到最複雜依序為記憶、理解、應用、分析、評鑑、創造。

5. 「事實知識」包含術語與特定整體和元素的知識等次類別；「概念知識」包含分類和類別的、原則和通則化的，以及理論、模式和結構的

知識；「程序知識」包含特定學科技能和演算的、特定學科技術和方法的，以及決定何時使用適當程序的規準知識；「後設認知知識」包含策略的、有關認知任務的，以及自我的知識。

6. 記憶（remember）指從長期記憶取回有關知識，包含確認和回憶；理解（understand）指從口述、書寫和圖像溝通形式的教學資訊中建構意義，包含說明、舉例、分類、總結、推論、比較及解釋。

7. 應用（apply）指面對某情境執行一個程序或是把抽象或一般原理原則應用到新的具體的情境，包含執行和實行；分析（analyze）就是分解整體為許多部分，並決定各部分彼此和與整體結構或目的關係，包含辨別、組織及歸因。

8. 評鑑（evaluate）就是對某一事物的價值作判斷，包含檢查和評論；創造（create）是集合要素以組成一個具協調或功能性的整體，重組要素為一個新的模型或結構，包含通則化、規劃及製作。

9. Bloom 認知分類法修訂版所提出的二個向度，可形成認知領域教育目標「知識」與「認知歷程」雙向度的分類表，根據一個教學目標，設計出包含多項教學活動和評量的應用方式。

10. 接受層次，學習者只是敏銳地察覺到，確實有些事情存在。這個層次依序可分成：(1) 覺察；(2) 接受的意願；(3) 選擇性的注意。

11. 反應層次指學生一個學科或某科活動非常投入。他急於要找到什麼或學會什麼，同時也因參與而獲得滿足。反應包含：(1) 在反應中保持沉默；(2) 願意反應；(3) 在反應中獲得滿足。

12. 價值化就是決定一件事情、現象或觀念有其價值。這個層次又分成：(1) 價值的接受；(2) 對某一價值的偏好；(3) 價值系統的新組織。

13. 組織指組織一種以上的價值情境，決定它們彼此之間的關係，來建立最完整的型式。這個層次又分成：(1) 價值的概念化；(2) 價值系統的新組織。

14. 價值複合體的人格化層次是指價值已內化且組織成一個有階層的系統，使得個體能做好調適工作，依照這個價值系統來行動，包括價值類化和人格化。

15. 認知分類最明顯的優點是使用它的教育工作者很多，可促進教育工作

者之間的溝通；第二個優點是它們的簡易性和可應用性。

16.最大的弱點是缺乏兒童學習效果的研究，尤其是資優兒童方面；第二個弱點是有關課程改變應用範圍的有限性，使用分類學來改變課程主要是在歷程和內容。

溫故知新專欄

※選擇題

1. 下列哪一個組合能正確描述 Bloom 認知分類法中由低至高排列的層次？甲：說明哈利波特開始出現神奇魔力的時間　乙：根據哈利波特書中的內容寫出具正面及負面評論的書評　丙：寫一封信給哈利波特書中的任一主角並問他一個問題　丁：分析哈利波特書中三個主角的個性　(A) 甲→乙→丙→丁　(B) 甲→丙→丁→乙　(C) 乙→甲→丁→丙　(D) 丙→丁→乙→甲　　　　　【☆ 97 教檢，第 35 題】

2. 以「地震觀測」為主題的充實學習單元中，下列哪些作業較可評量資優學生的高層次思考能力？甲、先進國家地震監測系統的比較分析　乙、地震預警即時傳播系統之創新設計　丙、101 大樓的建築結構耐震設計介紹　丁、橋樑斷裂之災變因素與橋樑新工法的探討　(A) 甲乙丙　(B) 乙丙丁　(C) 甲乙丁　(D) 甲丙丁
【☆ 99 教檢，第 9 題】

3. 趙老師想設計實作評量以了解數理資優班學生的問題解決能力，因此他以「如何進行廢水再利用」為題，鼓勵學生進行小組研究。下列哪一項是實作評量較高認知層次的表現？　(A) 研究報告能陳述該方案的利弊得失　(B) 實驗成果海報版面安排與製作精美　(C) 會使用相關科學儀器並且提出數據　(D) 能提出過去相關的科學研究成果資料　　　　　　　　　　　　　　　　【☆ 99 教檢，第 10 題】

4. 下列哪些課程設計的內容較有助於引導資優學生運用高層次思考的能力？甲、探究原住民部落的興衰　乙、設計原住民區域的觀光策略　丙、比較不同原住民族群在飲食文化上的差異　丁、標示各國

家公園中原住民部落分布的情形　(A) 甲乙丙　(B) 乙丙丁　(C) 甲乙丁　(D) 甲丙丁　　　　　　　　　　【☆ 101 教檢，第 13 題】

5. 在資優教育「節能減碳救地球」的主題單元中，下列哪一項學習活動的情意層次最高？　(A) 舉辦節能減碳海報設計與演講比賽　(B) 以孫越爲師，以身作則投身節能減碳　(C) 制定班級節能減碳生活公約與獎懲條例　(D) 分析日常生活浪費能源因素，規劃節能減碳行動計畫　　　　　　　　　　　　　　【☆ 101 教檢，第 20 題】

6. 劉老師以白雪公主童話故事爲材料設計資優班教學活動，依據 L. Anderson 與 D. Krathwohl（2001）認知領域目標分類的層次，下列何者爲最高？　(A) 分析白雪公主童話中各個角色的特徵　(B) 替白雪公主童話故事重新寫一個結局　(C) 依據白雪公主的故事架構仿作一篇童話故事　(D) 白雪公主童話中後母和蘋果哪一個比較可惡
　　　　　　　　　　　　　　　　　　【☆ 101 教檢，第 29 題】

7. 依據 B. Bloom 之認知目標層次，下列哪一項學習活動較能培養資優學生的「評鑑」能力？　(A) 比較三種物品的型態與結構　(B) 應用浮力原理製作一條獨木舟　(C) 編寫一齣西元 2030 年的生活劇　(D) 以美學的觀點來討論清明上河圖　　　【☆ 102 教檢，第 17 題】

8. 張老師班上的資優學生對溫室效應的相關議題很感興趣，他想根據區分性課程理念，針對學生的個別需求，設計不同的活動以增進學生的認知能力。下列何者較能有效培養學生「創造」的認知能力？　(A) 目前哪一種方法最能有效降低溫室效應　(B) 蓋一個無溫室效應的菜園，培育種子長成蔬菜　(C) 比較「有溫室效應」與「無溫室效應」對環境的影響　(D) 以擬人法寫出一隻北極熊在有無溫室效應影響下的生命故事　　　　　　　　　　【☆ 102 教檢，第 27 題】

9. 王老師安排資優學生到學校社區附近的資源回收場進行校外教學，讓學生了解資源回收場的功能及運作，下列哪些活動安排較能激發學生高層次思考能力？甲、分析當地民眾對於資源回收場的看法　乙、討論社區有無資源回收場的利弊得失　丙、調查並分類資源回收場所回收的物品　丁、探討資源回收物品可做哪些再生運用
(A) 甲乙丙　(B) 乙丙丁　(C) 甲乙丁　(D) 甲丙丁

【☆ 103 教檢，第 10 題】

10.數理資優班楊老師帶領學生準備參加能源科技創作競賽，事先安排一系列的課程與學習活動，下列哪一項認知層次最高？　(A) 效法熱衷環境保育的影視名人擔任環保志工　(B) 製作節能減碳海報於升旗時對全校同學宣導　(C) 分析日常生活能源浪費的原因，並提出具體解決方案　(D) 制定節能減碳公約與獎懲條例提供學校行政單位參考

【☆ 103 教檢，第 17 題】

11.近年來臺灣登革熱疫情受到關注，資優班張老師擬以登革熱疫情防治為主題進行教學。下列哪一項教學活動的認知層次較高？　(A) 配合登革熱防治宣導設計海報及短劇，週會時對全校師生進行宣導　(B) 調查當地登革熱病媒蚊類型、孳生源分布及民眾配合防治執行情形　(C) 探討歷史上發生登革熱疫情的地區、病媒蚊類型、疫情規模及影響　(D) 依據疫情發展狀況，檢討現行防治策略效果，提出有效的改進建議

【☆ 105 教檢，第 17 題】

12.王老師打算透過閱讀提升資優學生的高層次思考，下列哪些活動設計較為適切？甲、引導學生思考作者寫作的背景與隱含的價值　乙、請學生於閱讀後說明文章的內容與段落大意　丙、請學生於閱讀後列出名言佳句並解釋其意義　丁、請學生以小組合作方式比較不同文本的風格　(A) 甲乙　(B) 甲丁　(C) 乙丙　(D) 丙丁

【☆ 106 教檢，第 12 題】

13.資優班陳老師以「如何淨化水質」為主題，引導學生進行專題研究，下列哪一項評量指標的認知層次最高？　(A) 能依教師指定格式撰寫報告並排版精美　(B) 能操作水質檢測的相關儀器並記錄數據　(C) 能蒐集水質淨化的相關文獻並進行整理　(D) 能提出淨化水質的具體作法並分析利弊

【☆ 108-1 教檢，第 2 題】

14.鄭老師以臺東美麗灣渡假村爭議事件，針對經濟發展與環境保護何者重要，引導資優學生經過討論提出個人的見解，此一作法較屬於情意分類模式中的哪一個目標層次？　(A) 反應（responding）　(B) 組織（organization）　(C) 價值評定（valuing）　(D) 價值內化（characterization）

【☆ 108-2 教檢，第 15 題】

15. 依 Bloom 的認知分類，以下學習活動何者相對屬於較高層次的思考活動？　(A) 以莫內爲例，用小故事或短文描述印象派的基本元素　(B) 用自選的成果把莫內印象派和秀拉點彩畫派的基本元素做比較和對照　(C) 將莫內的印象派元素運用於繪畫中　(D) 站在反對印象派進入巴黎沙龍的立場做演示
【◎ 108 金門縣教甄特教資優教育，第 39 題】

16. 以下有關「社會化昆蟲」的教學活動，從基礎到高層次思考依序排列，何者較符合 Bloom 的認知分類？（甲）以海報展示某種社會化昆蟲的身體構造與行爲（乙）以附有插圖的論文比較對照三種社會化昆蟲的證據（丙）以科學報告分享你判斷何種社會化昆蟲最適合在人類住處附近生存（丁）使用照片論文舉例說明牠們如何符合社會化昆蟲的概念　(A) 甲乙丙丁　(B) 甲乙丁丙　(C) 甲丁丙乙　(D) 甲丁乙丙
【◎ 108 金門縣教甄特教資優教育，第 45 題】

17. 今年初因爲新冠肺炎病毒在全球大流行，引起不小的恐慌，資優班林老師想以新冠肺炎病毒疫情防治爲主題進行教學。下列哪一項教學活動的認知層次較高？　(A) 統計臺灣各縣市染病人數及其隔離方式　(B) 設計新冠肺炎病毒防治宣導短劇，並公開演出　(C) 蒐集歷史上發生肺炎疫情的地區、病毒類型及其規模　(D) 繪製世界各國染病與死亡人數分布圖
【◎ 109 中區縣市政府教甄國中特殊教育 - 資賦優異學科，第 22 題】

18. 資優班陳老師以「萊特兄弟與紅蜻蜓──飛機的過去、現在與未來」爲主題進行教學，下列哪一項活動較屬於「應用」的認知層次？　(A) 蒐集整理有關飛行原理的資料並進行口頭報告　(B) 根據各種飛行器的材質與結構比較其飛行性能　(C) 操控影響飛行的因素，進行紙飛機的科學實驗　(D) 根據紙飛機的試射結果提出可改造修正的構想
【◆ 110 教資考，第 11 題】

19. 資優班藍老師想以「霸凌」爲議題進行「高層次思考」課程，並安排一系列的學習活動。依據認知分類模式，下列哪一項活動的認知層次最高？　(A) 師生共讀《告白》這本有關霸凌議題的書，並請學生寫讀書心得　(B) 分析自治小市長候選人「趕走校園霸凌」的政

見，推薦最佳政見　　(C) 根據學校「反霸凌」政策製作宣傳海報，並於朝會時間公開宣導　　(D) 加入校內「反霸凌」社團，與社團成員定期集會聲援反霸凌事件　　　　　　　【◆ 110 教資考，第 19 題】

20.有關資優班課程的設計，下列哪一項教學活動較符合 R. Anderson 認知分類模式的「創造」層次？　　(A) 學生依據個人的能力與需求選擇適合的良師　　(B) 利用比較或對照表單深入研究多位知名人士　(C) 為瀕臨絕種動物規劃一個適合牠生存的環境　　(D) 透過心智圖法幫助自己整理自我介紹的內容　　　　　【◆ 111 教資考，第 1 題】

21.黃老師在資優班進行媒體識讀教學，要求學生在閱讀流浪狗及相關政策的專題報導後進行討論。下列哪些問題較能引導學生高層次的思考？甲、請蒐集資料並比較臺灣哪一個縣市的流浪狗數量最多。乙、你認為哪一項流浪狗處理政策最適當？並請說明理由。丙、你認為作者的主張是什麼？是否符合社會普世價值觀？丁、臺灣解決流浪狗問題有哪三種常見的方式？請加以描述。　　(A) 甲乙　　(B) 甲丁　　(C) 乙丙　(D) 丙丁　　　　　　　【◆ 111 教資考，第 18 題】

22.開心中學位於老舊城東區，街道熱鬧繁華的景象不足以和城中區相比，但街頭巷弄仍保有傳統市井小民的生活型態，也有社區團體為延續傳統城東區的庶民文化，努力地推動城東區導覽活動，希望喚起大家重視城市發展脈絡下珍貴的文化價值。資優班林老師在校外教學結束後請學生寫下相關的收穫與省思，藉此評估學生思考問題的能力。下列四位學生回饋的敘述，哪些展現了較高層次的思考能力？甲、我認為城東區的里長應積極宣揚在地文化特色，例如在天天里的國小前設置具鄉俗文化意涵的彩繪牆，呈現鄉里的發展過程　　乙、從相關資料得知城東區之所以經濟發展較緩慢，在於政府的整體性都市發展計畫有先後順序，目前經費補助較集中在城中區　丙、兩區城市發展的現況雖然有差異，但我發現政府並沒有將資源集中在哪一區，反因捷運的建置，而形成兩區不同的發展面貌　丁、正如書上所說文化是生活的根本，有一定的價值性，會影響人類的思想與長遠發展，因此在地傳統文化值得繼續保留與重視　(A) 甲丙　　(B) 甲丁　　(C) 乙丙　　(D) 乙丁

【◆ 111 教資考，第 24 題】

23. 吳老師讓資優班學生進行下列三項學習與思考活動：甲、說明司馬遷寫作史記的用意；乙、撰寫一個關於蝴蝶生態的計畫；丙、檢查畢氏定理計算結果與該定理的一致性。這分別是哪三項認知歷程向度之應用？　(A) 分析、創造、評鑑　(B) 分析、評鑑、理解　(C) 應用、創造、分析　(D) 應用、評鑑、創造

【◎ 111 臺北市教甄初試特殊教教育（資優類），第 42 題】

※ 選擇題答案										
1.(B)	2.(C)	3.(A)	4.(A)	5.(B)	6.(B)	7.(D)	8.(D)	9.(C)	10.(C)	11.(D)
12.(B)	13.(D)	14.(C)	15.(D)	16.(D)	17.(B)	18.(C)	19.(B)	20.(C)	21.(C)	22.(A)
23.(A)										

☆表示教檢舊制「課程教學與評量」應試科目；◆表示教資考新制「課程教學與評量」應試科目，整理自https://tqa.ntue.edu.tw/；◎表示各縣市教甄試題

問題本位學習

二十世紀初美國教育學者 William Heard Kilpatrick 提倡所謂的「專題導向學習或主題探索學習」（Project Based Learning），他主張學校應提供各種研究主題、問題的課程，讓學生自由選擇，教師從旁指導學生以問題解決的方式來達到學習的目（Gutek, 2009）；而「**問題本位學習或問題導向學習**」（Problem Based Learning, PBL）則是緣起於醫學教育，1969 年由美籍教授 Harold Barrows 在加拿大醫學院任職時正式發展成為一種教學模式，以臨床上所遭遇的問題為學習起點，訓練醫學院學生將所學的知識用來解決實際的問題。隨後漸漸推廣至其他大學並應用於各種不同的領域。以簡單的生活實例問題，讓學生藉由資料查詢、小組討論的方式，來找尋適合的解答，達到學生自主學習的目的（Barrows, 1985）。

「專題導向學習」和「問題本位學習」有許多相似之處，此兩種學習法的學習目標和理論依據都相同，例如：皆以真實世界的問題為情境、以學習者為中心、教師扮演引導的角色、重視小組討論與合作學習、鼓勵學習者找尋多樣化的資訊來源。事實上，這兩種學習模式經常是模糊不清的，它們時常扮演聯合且互補的角色。

近二十幾年內，PBL 取向已引發相當的注意（Stepien, Gallagher, & Workman, 1993）。透過對真實問題解決的明確注意，親自參與和自我指導學習，許多教師已經將 PBL 視為一種改善所有學生課程與教學的方法。本文主要是針對 Harold Barrows 所提倡的 PBL。

對教與學的基本觀點

教學方面

在 PBL 上，教師會轉變成學生的催化者和教練，完全遠離知識給予者的角色。教師協助小組經歷 PBL 的階段，監督個人和小組的進展及參與，鼓勵學生將問題具體化，並分析他們本身的思考，以及跟他人的發現和觀念產生互動。以下就程序和後設認知的訓練兩方面敘述：

程序訓練

PBL 的程序訓練包括所有好的教學技巧（Gallagher, 1997; Maker & Schiever, 2005），例如：

- 監督團體的行為
- 需要的話，將團體的問題帶至桌上
- 支持獲得真實評量
- 聽取學生報告並提供資訊，就像專家如何著手處理和解決問題一樣
- 確保學習環境支持學生的學習和成功
- 將問題的挑戰與學習者的能力配對
- 調整步伐要求學生在可感受到的時間內得到合理解答
- 確定所有學生參與在歷程中

後設認知的訓練

PBL 的要素之一就是後設認知。Barrows（1988）則將 PBL 上的後設認知，看成就像思考的執行功能一樣。也就是，回應問題、創造假定、考量須作何決定、參酌其他資料來源，以及評論和回應所學與接下來要做的意義。PBL 上最具關鍵的教師角色，在於提供後設認知問題的機會。也就是說，教師應一致地提出下列問題：

- 你可以考慮什麼其他的觀點？
- 接下來你應該採取何種步驟？
- 在思考上你已經歷了什麼？

在班級對話中將後設認知問題組合進來，讓學生參與、熟悉和鑑賞它們，使得學生逐漸變成為自我指導的獨立學習者。另外，示範和要求後設認知思考探究也是教師重要的範圍，教師可以透過下列問題來達成：(1) 展示良好的批判思考；(2) 探測學生對觀念或課題的了解；(3) 評估學生的學習需求。這類問題可以協助教師了解，如何針對目前和未來的問題調整

挑戰水準（Barrows, 1988; Gallagher, 1997）。

學習方面

事實上，許多大腦的研究都與學習有關，幾十年前的研究就已經支持了下列 PBL 的假定（Maker & Schiever, 2005）：

1. 真實世界的問題是弱結構的（ill-structured），且支持學生在其生涯將面對的思考和能力發展。結構良好的問題無法達成且可能會妨礙解決真實世界弱結構問題所需能力的發展。
2. 課程設計內容若能涵括重要概念，可以提供了解和保留知識的最佳基礎。
3. 學習若能建立在先前知識的有意義脈絡時，就會變得更有效。
4. 習得關於正面學習的態度可能是批判思考學習最重要的屬性之一。
5. 課程若能包括思考性和重要且真實的問題時，就會增進學習和動機。
6. 問題可以激勵學生探究許多有關核心課程更具深度的主題。

PBL與資優教育

PBL在資優教育上的定向

PBL 強調讓學生面對弱結構問題後，決定自己學習的方向和內容。教師的目標在於引導學生探究與創造的自然本能，和資優教育的自主學習與問題解決能力的精神是神似的。如果資優教育的定位是在給予資優兒童一個展現實力的舞臺，讓他們能在資優課程中充分發揮其潛能，而不是到資源教室學習另一套課程；如果資源方案課程的定位在提升資優生的能力，而不是給予更多的知識；如果資優課程的目標在問題解決能力，而不是有系統的領域知識，那麼 PBL 將是可以努力的方向（Renzulli, 2000; VanTassel-Baska, 1994）。

在 PBL 中，教師不只是給予答案而是營造問題的社會人文情境，教師要學習創建問題情境，學生則在發現和解決問題中，展現應用和學習能力。如此，資優資源班的資優教育將不再是知識的充實，而是能力培育與實力的開展。

PBL與資優學生

對許多學生來說，PBL 的開放性結構是較沒效率的，而資優學生比其他學習者具有更多動機、回應性和策略性。因此，PBL 所提供建構豐富知識內的脈絡與新奇的真實世界問題，是非常適合於資優學生（Sternberg et al., 1996）。另外，有學者曾依據資優學生下列的特徵，認為 PBL 特別適合於資優學生（Gallagher, 1997）：

- 資優學生更能舒適地處理新奇
- 資優學生使用更多複雜的策略
- 資優學生比非資優同儕以更深廣的方法來習得和使用知識
- 資優學生對學校任務有更多功能性和適性的動機，比他人更能控制對成敗的感受
- 資優學生擅於規範和評鑑其本身的思考
- 資優學生比他人更容易遷移先前的學習策略

不過，也有學者認為 PBL 並不是針對資優學生而發展的。因此，需要調整和設計來符應資優學生的獨特需求。對資優學生來說，PBL 的適當性是取決於植入問題設計和教學的調適種類，在這類學習上，首要的重點可能在於獲得後設認知和自我指導、概念本質及問題解決的能力。其次，資優學生在 PBL 上需要不同的挑戰水準。針對資優學生，PBL 的調整如下（Gallagher et al., 1995）：

- **確保高深的內容**。任何 PBL 課程的要素之一在於設計繞著重要知識的問題。對資優生所設計的問題應導致高深的探究，以擴展和加深他們的知識基礎。
- **概念複雜性**。資優學生應準備在更高深的水準上來鑑賞的能力，教師可運用概念將幾個問題連結在一起，一旦學生由一個問題遷移至另個問題時，同時讓概念發展。注視相同概念在幾個問題上的運作，也應協助學生發展尋找問題概念結構的習慣。
- **學科之間的連結與互動**。多數真實世界的問題是學科間的，使得

學科間連結和互動的目標變得相當自然。資優學生教師的目標在
於協助他們探究彼此之間的連結。

■ **高層思考技能**。設計良好的問題可提供教師協助學生獲得正確探
究能力的環境，也提供了訓練學生依許多良好推理層面來增進
其能力的環境。例如：批判思考能力、推理的標準（包含清晰
度、特殊性、適切性、邏輯性、精確性、正確性、一致性和完整
性）、接觸典範良師的機會及後設認知等。

■ **討論道德問題時的提醒**。複雜又眞實的問題常涉及道德兩難的困
境，資優學生要能夠用更合宜的解釋來討論。有六個道德上的提
醒：分對錯、下定論、判斷、強調道德上的優良品性、受益或損
失和個人的特質，每方面都會影響到對問題的看法。一旦在看待
問題時，他們能從不同的看法獲得更複雜的思考方向。

PBL 課程的目標與結構要素

課程目標

PBL 課程應予建構，提供學生引導性經驗來解決弱結構的、複雜的
和眞實世界的問題。PBL 的原始目標爲：(1) 建構延伸性和變通性的知識
本位；(2) 發展有效的問題解決能力；(3) 發展自我引導一生學習的技巧；(4)
教授協同能力；(5) 鼓勵學生變成主動學習（Hmelo & Ferrari, 1997）。PBL 結
構是與其原先目標所發展出來的課程目標密切相連的。另外，Gallagher
（1997）則認爲 PBL 的應用，有幾個共同目標：

• 培養情境下推理技巧，問題解決的技巧或兩者
• 增進知識獲得、保留與應用
• 增進學生自我引導學習技巧
• 培養學生對學科領域的內在興趣，並影響其學習動機
• 培養學生從多元科際整合的觀點看問題的能力，及整合多元資訊
的能力
• 促進有效合作學習實務的發展

- 強調理解學習的重要性而非記憶
- 增進彈性思考與適應改變的能力

　　這些目標是適合資優學生的，且在許多資優學生方案的目標上發現。若想要達到這些目標需要目前課程、多數學校的教學實務，以及許多資優學生方案的轉換，不過這些都需要教育人員、家長和學生有共同的意願。

PBL的結構要素

　　PBL 是種在任何領域訓練本位問題解決的良好模式；學生體驗內容、思考技巧、心靈習慣和跟訓練相關聯的概念。發展課程的重點是須仔細建構問題，讓學生能夠面對有價值的知識本位，問題是其研究領域的核心，以及繞著特定教育目標來設計課程。這種學習組合了：(1) 弱結構問題；(2) 真實的內容；(3) 學生見習期；(4) 自我指導學習等要素（Maker & Schiever, 2005），如圖 3-1 並分述如下：

圖 3-1　PBL 的結構要素

弱結構問題

　　弱結構問題（ill-structured problem）包括質疑的、不確定的和個人在任何人類努力或探究科目上所面對的困難，這類問題具有多重解決方法和多重達到解決方法的途逕（Jonassen, 2000）；而且這類問題通常傾向於是複雜

的、富有挑戰性的，以及開放性的，包括下列幾項特徵（Barell, 2007; Galla-gher, 1996）：

1. 需要更多訊息，以求了解情境並決定可能解答
2. 執行探究一項問題解決並無單一公式存在
3. 一旦獲得新資料，問題就會產生改變
4. 學生無法絕對地確定他們已做出了正確的決定

另外，弱結構問題還包含其他的特徵：「它們是生產性的（genera-tive）」。也就是說，這類問題能夠立即吸引學生與促成詢問問題的問題解決者；它們可以形成多重訓練上的探究；在界定它們和建立成功解決方法的標準之前，這類問題需要合理地探究，所形成的標準可以是彼此衝突的；對學習者而言，弱結構的問題或課程設計，包含很大彈性和不確定，學生需去判斷該做什麼、想到哪些點子、如何表達想法、以怎樣的順序等。既然問題中包含許多的模糊不清，就得花時間想出要做什麼和需考慮哪些其他方法，雖然學生必須得出特定結果，但最後解決之道可能有所不同（Stepien & Pyke, 1997）。

有關 PBL 有個重要的地方要做，就是學生正在解決研究領域核心的問題，並繞著特定教育目標來進行設計。事實上，許多醫學院的教學方案為何重視 PBL，就是因為這種學習的重要目標是在統整真正問題解決的核心內容（Boud & Feletti, 1991）。為了考慮教育立場，PBL 問題須：

- 設計確保學生涵蓋先前界定的知識領域、喜好從許多學科中統整
- 協助學生學習一組重要概念、觀念和技術
- 成功引導學生至研究領域
- 保持內在興趣或重要性或表明職業所面對的典型問題

真實的內容

任何資優學生的教育方案上，使用真實的內容（substantial content）是具有關鍵性的。生活中有許多弱結構問題，可以提供個體未知和可能的行為後果。教師可以選擇此類問題，讓學生發現和參與，然後教師的任務就

須在這些方向上引領學生，不僅協助他們形成解決方法，而且要求他們使用核心的課程概念、技巧和目標。無疑地，弱結構問題的探究和解決方法是跨越不同的訓練學科的。將弱結構問題轉換成適當的課程需要能力和計畫。

焦點專欄：弱結構問題示例
國立臺灣科學教育館這個月底將搬家，遷到臺北市士林區了！在臺北市南海學園的舊館，近半個世紀來，肩負著輔導中小學推行科學教育，以及推展大眾科學教育的重大使命；舊館雖然將功成身退，但它在科學教育上扮演的推手角色，仍深留在大家的心目中。（《國語日報》新聞稿 92.1.19）。是該展現創意的時刻了！科教館在今年向南海學園說再見，留下來的建築就是「閒置空間再利用」的契機。現在，請以南海學園規劃師的身分，為這棟建築提出一份「舊瓶新裝」的創意方案。【社會人文領域】
「總務主任的委託」：你是學校的自然老師。現在學校的總務處正對學校的場地進行檢討，其中的一個重點，就是水生植物池。總務主任需要一份對於水生植物池的評估報告，特別商請你以學校自然老師的立場提供這份評估報告。報告中需包含對現況的描述及對未來的建議。【自然領域】
新聞媒體大肆報導臺灣出生率的降低，將導致一個老化的社會；政府單位也決定更改戶政口號，從「一個不算少，兩個恰恰好」到現在「增產報國，多子多孫多福氣」，人口真的在減少嗎？另外，過年時家族團聚，自曾祖母以降，一共五代近 150 人，人口到底變多還是變少了？【數學領域】

學生見習期

PBL 的第三項結構要素是將學生擺在仔細選擇的分享者位置。分享者是指解決某些範圍的問題時，個人有某種程度的權威和責任。在他們所面對的每項問題上，指派學生擔任一種特定角色，這種作法的目的在於讓他們成為該領域中的一位見習者。就像藝術家學徒一樣，在 PBL 問題上的學生會體驗到整個問題解決者的世界，並學習採用適當的配置、內容和技巧。在學生見習（student apprenticeship）期間，學生從學科內學習許多關於有價值問題解決的課程，包括：

- 在不同學科中接近問題解決的方法
- 偏見和遠景在問題解決歷程上的角色
- 所有真實世界的問題解決本質上是主觀的
- 了解很多不同的解決問題的方法，例如：經濟、科學、政治及道德倫理的
- 權衡複雜問題上不同觀點優先順序之糾結過程

　　教師的促進或教練角色對於學生負責其本身學習是具有關鍵性的，而學習動機和發展後設認知能力對於自我指導學習者來說是具有決定性的。因此，教師在 PBL 上的主要責任就在於發展學生這些能力。

自我指導的學習者

　　PBL 的第四項結構要素就是鼓勵學生控制學習過程，進而成為自我依賴、有能力和負責任的自我指導學習者（self-directed learning）。在此過程中，教師成為助手，著重於協助學生發展良好問題解決技巧的工具。教師也要讓學生逐步增加責任，包括：學習設定大綱、促進團體歷程及訂下工作時間與截止期限。教師如果使用後設認知質問和良好示範的探詢，可以讓學生了解專業人員處理類似問題的方法，協助他們聚焦於問題的核心概念，探測以確保他們了解到所蒐集的資料。透過回應和評估他們本身的思考，學生可以獲得思考和感受過程中較佳的控制，進而造成較佳的推理。

PBL 課程的設計步驟 ✒

　　PBL 的課程設計從醫學教育的實驗到一般學校教育中的普遍應用，課程設計也逐漸多元。以下將介紹三種不同的 PBL 課程設計步驟：

Stepien 和 Pyke 之設計步驟

　　Stepien 和 Pyke（1997）從資優教育的角度提出了下列九個主要設計步驟，如圖 3-2：

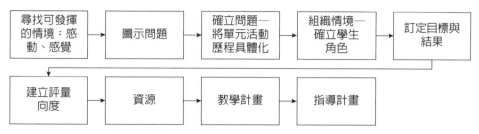

圖 3-2　Stepien 和 Pyke 之設計步驟

步驟I：尋找可發揮的情境：感動、感覺

　　靈感來源可先從教師的個人經驗出發，包括：新聞故事、電視、電臺節目、雜誌、歌詞、電影情節或主題、文學、小說、個人經驗、教科書、教學指引等，建議尋找尚未解決的、有趣的、兩難、有衝突的弱結構性問題。當有靈感時，要常反問自己：「我對這問題的看法：這問題對我和我的學生會有何啟發？」「可達到何種層次？」以及「這問題的某些情境是否能引起學生興趣並讓他們全神貫注？」

　　回答上述問題後，必須對這問題進一步評估時，需反問自己：「學生將會面臨什麼樣的情境？」「在整個問題裡學生將扮演何種角色？」以及「學生將學到些什麼？」然後，利用簡短語句將問題寫下，並對問題提供不同情境的敘述。在這個問題為主的教學模式下，須了解學生將會扮演什麼樣的角色，是知識產生者、協調者、領導者或記錄者？學生本身的責任在哪裡，是資料搜尋還是知識的重組與批判呢？另外，設計課程前，教師必須一併考量，此種教學設計是否符合科目名稱或以某科為主某科為輔的方式，原先預定的教學目標是什麼？在此一主題下，目標與設計是否相契合？

步驟II：圖示問題

　　問題的開始情境必須能夠提供：(1) 引導學生接觸學科領域的核心概念與問題，以及推理歷程經驗的有效橋梁；(2) 在沒有挫折下，適切的議題提供複雜層次的探究；(3) 可在單元教學時間內處理真實的弱結構問題；(4) 達到課程目標的機會。

　　決定問題是否完全符合上述條件，可以概念圖或心智圖將問題中可

能的概念和技能，逐一列出相關的重要概念或想法，可從學科理論間著手
（如圖 3-3），也可藉由圍繞問題來產生連結（如圖 3-4）。完成後，要
決定這個問題或議題情境是否足夠發展成一個教學單元，接著可能同時要
對概念圖中所牽涉的概念和技能範圍做檢核，以利修正問題。在確立學生
的角色之前，重要的是，要確定活動進行可以讓學生掌握到領域中重要的
概念。

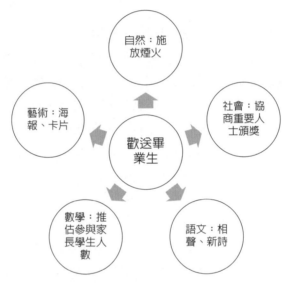

圖 3-3　圖示問題示例──**學科理論方式**

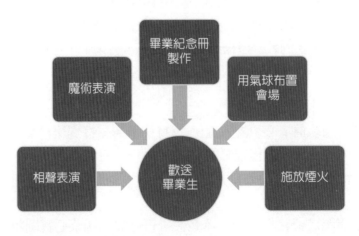

圖 3-4　圖示問題示例──**問題連結方式**

步驟III：確立問題──將單元活動歷程具體化

回顧前面的步驟，嘗試自己先確立問題。可以藉由下列問題來確立問題的內容：

- 中心議題是什麼？是否包含了其他問題而模糊了焦點？
- 將以何種方式進行課程？課程進行中需要有哪些條件或限制？
- 再次思考學生的角色，是以何種角度、有何限制、責任？

步驟IV：組織情境──確立學生角色

設計問題解決單元時，須有心理準備，角色與情境需多次修改。一開始，以兩三句話敘述問題情境，確定是否提及學生將面臨的角色及利害關係，並將情境初稿及修改後的情境寫下，以區分教學前、中、後的情境有何不同與改變。

檢視情境敘述歷程中幾個重要的問題是：學生要解決什麼問題？如果教師都無法清楚描述出情境問題，學生更無法做到。不斷地檢視直到對學生角色、情境和問題的敘述及三者之間的關係滿意為止。

PBL 的單元通常是配合既有課程，情境建構須足夠具體能在所設計的時間內處理為要，問題過廣、過大、過於抽象或需要過多額外時間，都是最沒效率的問題。

步驟V：訂定目標與結果

這個步驟在確立單元的學習結果，這些學習目標是依據「問題本位學習」的課程目標，將其化為具體的單元目標，可從以下幾個向度來看：知識、問題解決、批判性思考、後設認知、是非倫理道德判斷、溝通、資訊處理等。

步驟VI：建立評量向度

教師可與學生共同建立學生個人、小組的紀錄評定表，並訂出評量方式與基準，以了解學生在學習過程中的改變。將可能要蒐集的評量資料依據課程目標分析後，建立評量流程圖，以利檢視是否能夠達到評量目標。

　　除學生個人或小組的評定表之外，教師也必須建立個人的評鑑紀錄表，以作為下次實施課程的參考。在成果展現上，建議採用實作評量設計，可藉由口頭或非口頭方式呈現，例如：角色扮演、展覽、討論辯論、新聞簡報、實地執行等方式。這些不同的表現方式對某些學生可能是困難的，因此在問題及結果呈現的方式，必須依據參與學生能力、興趣來考量。

步驟VII：資源

　　這個步驟要考量所需新資料的主題、新資料來源、學生搜尋的可能結果、教師可提供的有哪些，以決定教師教學介入所需的主題資料。

　　在重要資源確定後，決定以何種方式呈現給學生，是提供所有可能所需的資料，還是提供查詢資料的方式？資訊來源如果是某人或某單位，是由教師聯繫還是學生主動接觸？或資訊來源必須實際調查取得？資源表示例，如圖 3-5：

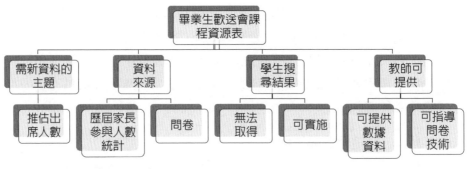

圖 3-5　資源表示例

步驟VIII：教學計畫

　　教學計畫的呈現方式有很多種，屬範圍較小 2 至 3 週密集型的問題解決模式課程（例如：歡送畢業生課程），可依據天數來撰寫計畫。屬議題範圍較廣或強調知識內容的問題解決模式課程（例如：規劃圖書館室內設計），可依據週次或月份來撰寫。但原則上都必須包括：確立問題與討論、解決方案呈現與判斷、資料蒐集、教學介入、學習評量、成果作業、

綜合表現本位評量、報告討論、特殊事項等。

步驟IX：指導計畫
可從教學的前中後三個方面來探討：

- **教學前**。當單元開始時，教師需準備好每天的教學步驟後，並為自己定下一個說話時間的標準，以供日後與學生發表時間之對照，並擬出適當的時間比例。準備一本筆記本，針對問題圖上的議題與主題隨時記錄學生的進度，根據學生對重要概念、問題的了解與誤解，檢查學生的進步，以確立如何教學和介入使學生更積極參與。

- **教學中**。需注意教學活動，應在何時介入？當單元進行時，教師須提供過程回饋，並從學生的評量與表現資料中，確定還有哪些資訊或技巧需進一步提供給個別或全體學生。

- **教學後**。請學生準備一份自己進步報告，以了解自己或同學在思考、推理上有何進展，因此過程中需要求學生隨時蒐集記錄。

Genareo和Lyons之設計—實施—評量六步驟

　　儘管 PBL 有潛在的好處，但許多教師缺乏使用它的信心或知識（Ertmer & Simons, 2006）。Genareo 和 Lyons（2015）指出透過將 PBL 循環分解為下列六個步驟，就可以開始在自己的課程中設計、實施和評量 PBL，如圖 3-6。

確定結果 ／評量 ➡ 設計場景 ➡ 引入PBL ➡ 研究 ➡ 產品表現 ➡ 評量

圖3-6　設計—實施—評量六步驟

確定結果／評量
　　第一步為確定結果／評量（identify outcomes/assessment）。PBL 最適合過程取向（process-oriented）的課程成果，例如：協同、研究和問題解決。它可以幫助學生獲得內容或概念知識、培養寫作或溝通等學科習慣。在確定

你的課程是否具有符合 PBL 的學習成果後，就可以開發形成性和總結性評量來測量學生的學習情況。自我／同儕評鑑表、學習反思、寫作樣本和評分表都是可行的 PBL 評量。

設計場景

其次，設計帶有嵌入問題的 PBL 場景（scenario），該問題將透過學生的腦力激盪出現。想一想跟你的課程內容相關的真實、複雜的問題。在我們的領域中發現很多問題並不困難；關鍵是為學生編寫一個場景，該場景要能引發滿足學習成果所需的思考、討論、研究和學習的類型。場景應該是激勵性的、有趣的，並且能夠引發良好的討論。

引入PBL

第三步是引入 PBL（introduce PBL）。如果學生不熟悉 PBL，教學者可以運用一個簡單的問題進行練習，例如：在餐廳排長隊的場景。再將學生分組並留出時間參與 PBL 的縮寫版本後，介紹作業期望、評分準則／標準和時間表。然後讓小組閱讀場景。教學者可以開發一個場景並讓每個小組以自己的方式解決它，或者是設計多個場景來解決每個小組要討論和研究的獨特問題。

研究

PBL 研究（research）從小組腦力激盪會議開始，學生在其中定義問題並確定他們對問題的了解（背景知識）、他們需要更多了解的內容（要研究的主題），以及他們需要在哪裡尋找資料（資料庫、訪談等）。小組應該將問題寫成陳述或研究問題。他們很可能需要幫助。學生應該決定小組角色並分配研究課題的責任，以便他們充分理解自己的問題。然後，學生在研究解決方案時制定初步假設以進行測試。如果學生發現跟他們最初信念相違背的訊息後，研究問題和假設可能會發生變化。

產品表現

第五步是產品表現（product performance）。研究後，學生綜合他們的研究、解決方案和學習，創建產品和展現。總結性評量的形式是多元的。學生尋找資源來發展有助於他們理解的背景知識，然後他們以研究海報的形

式向班級展示他們的發現，包括一個或多個可行的解決方案。

評量

在 PBL 最後評量（assessment）步驟中，評估小組的產品和表現。使用評分規準來確定學生是否清楚地傳達了問題、背景、研究方法、解決方案和資源，並確定所有小組成員是否都有意義地參與了。教師應該考慮讓學生每天及過程結束時，填寫關於他們學習的反思，包括他們對內容和研究過程的了解。

維吉尼亞科學教學與成就計畫──發展PBL單元流程

維吉尼亞科學教學與成就計畫（The Virginia Initiative for Science Teaching and Achievement, VISTA）發展 PBL 單元的工作流程—以科學為例（http://vista.gmu.edu/），如圖 3-7。設計 PBL 單元時依循此項流程，以確保單元的所有組件之間具有連接性。茲分述如下：

確定論題

當你開始構建單元時，第一步是確定 PBL 的研究論題（topic）。該論題是指該單元將重點關注的總體（overarching）內容領域。例如：能源和運

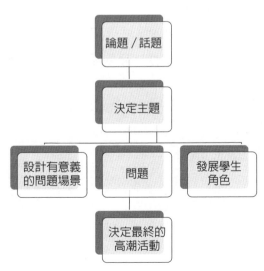

圖 3-7　發展 PBL 單元的工作流程

動。在多數情況下，單元主題與更高級別的學習標準相關聯。因此，開始尋找主題想法的好地方就是特定年級的各種標準或課程架構。除此之外，還可以考慮下列策略和問題來協助確定單元論題：

- 學生在哪些領域遇到了困難？
- 在學年開始時針對課程架構內的各種內容對學生進行前測，以確定學生目前在哪些方面遇到困難。

決定主題

單元論題（unit topic）為指導 PBL 單元發展提供了一個很好的起點，例如：能源。但是它在幫助教師和學生專注於已選擇的問題方面，仍然太過於廣泛和多樣化。因此，有必要決定 PBL 主題（theme）以幫助將單元集中在論題內。例如：「人類活動對當地生態系統的影響」、「能源危機對當地社區和環境的影響」。

另外，決定主題時應該考慮以下問題：(1) 主題是否與學生周遭的現實世界相關？(2) 主題是否會潛在影響學生的生活，而使主題具有重要意義？

設計有意義的問題場景

如圖 3-7，PBL 單元的場景應該始終結合學生角色和問題一起發展，以確保整個單元的連通性和一致性。發展場景時，可考慮以下問題：

- 場景是否與論題、主題、問題和學生角色直接相關？
- 場景是否真實且相關？
- 情景對學生的生活有影響嗎？
- 該場景是否允許調查的探索？
- 場景是否具有適當的挑戰性？
- 是否可以輕鬆獲得與場景相關的資源和訊息？

該場景（scenario）透過向學生展示他們將面臨並嘗試解決的問題描

述，例如：「天氣（Weather）：根據你所在地區以前與天氣相關的災害，你的城鎮正在尋求設計和構建抗災城市模型，作爲未來城市發展的原型。這座城市應該能夠抵禦自然災害，這樣生活在該地區的人們才能保持安全。」

發展學生角色

結合場景和問題的發展，還應該發展學生的角色。這將爲學生提供他們在整個 PBL 單元中採用的工作名稱和描述。在發展學生角色時，可考慮社區中人們作爲其職業所承擔的眞實職位或角色。考慮聯繫社區中的一些專業人士，來課堂討論他們的職業。這樣可以幫助學生更加了解他們的角色，增加學生在 PBL 單元中的參與度。以下是學生角色和相關單元主題的示例：「能源：學生是作爲某社區應急小組成員的科學家」。

問題

發展 PBL 問題時，它們應該是弱結構、混亂的問題。此外，還需要考慮的下列問題：

- 問題是否適合課程嗎？
- 問題是否允許調查？
- 問題是否眞實相關？
- 問題是開放式的嗎？
- 問題是否引人入勝？
- 問題是否具有挑戰性？
- 是否容易獲得信息和資源來回答問題？

以下是 PBL 問題的例子：

- 我們如何減輕土地和建築物開發對當地社區土壤和水的影響？
- 如果能源資源是在桃園市海岸開發的，我們如何才能最大限度地減少對海洋環境的影響？

決定最終的高潮活動

在 PBL 結束時，學生將完成最終的高潮活動（culminating activity），教師可以將其作為對他們在 PBL 單元中成果表現的最終評估。依據發展目的，發展和理解學生將要從事最終活動的性質和結構是有益的，以便他們能夠有效地完成 PBL 單元。而且這樣也可以將幫助教師發展課程，不斷協助學生建立最終活動中將會使用的資源和知識。這項活動的主要功能之一是幫助學生反思他們在 PBL 單元中的進展情形。以下是一些最終活動的例子：

- 就主題、場景進行創造性寫作，包括：蒐集到的所有信息
- 建立一個模型來展示解決問題的方法
- 參與向班級、學校行政人員、社區成員和／或家長進行演示
- 製作錄影帶、播客（podcasts）或其他廣播來總結他們的發現

問題本位學習之評析

PBL 是一種可能適合教學工具箱的教學方法，它是一種以學生為中心、探究為基礎的教學模式，在這種模式中，學習者會處理一個需要進一步研究真實、弱結構的問題。學生發現他們的知識差距，進行研究並應用他們的學習來制定解決方案並展示發現（Barrows, 1996）。透過合作和探究，學生可以培養解決問題的能力（Norman & Schmidt, 1992）、後設認知技能（Gijbels et al., 2005）、參與學習（Dochy et al., 2003）和內在動機。儘管 PBL 有潛在好處，但許多教師缺乏使用它的信心或知識（Ertmer & Simons, 2006）。總括而言，PBL 具有下列優弱點（Maker & Schiever, 2005; Savery, 2006）：

優點方面

1. PBL 課程讓學生從事性質不同的教育經驗。

2. 問題的結構使學生從事且要求學生為問題解決方法負責。
3. 問題的一部分是良好的、實質的內容和有意義的概念。
4. PBL 的層面和結構配對許多資優學生的特徵，同時提供防禦性的事實，不僅是區分性課程，而且是讓學生為未來準備的優異教育。
5. PBL 可協助學生同時學習訓練本位的內容和問題解決能力。

弱點方面

1. 實施成本較高。
2. 許多教育人員和社區成員抗拒改變。
3. 為求有效實施 PBL，多數教師需學習新技能；有些甚至需擁抱完全不同的教學、學習、班級管理和學生期望的哲學。

結語

　　PBL 取向透過對真實問題解決的關注，親自參與和自我指導學習，有些資優班教師已將這種取向視為是一種改善學生課程與教學的方法。PBL 強調讓學生面對弱結構問題後，決定自己學習的方向和內容。教師的目標在於引導學生探究與創造的自然本能，跟資優教育的自主學習與問題解決能力的精神是類似的。如果資優教育的定位是在提供資優學生一個展現實力的場所，讓他們能在資優課程中充分發揮其潛能，那麼 PBL 取向在資優教育上的運用，將會是可以發展的方向。

問題本位學習課程設計示例

組別	第九組	組員	鄒○函、張○穎、李○錡
對象	高年級	領域	社會人文領域

壹、問題情境（尋找可發揮的情境：感動、感覺）

國立臺灣科學教育館這個月底將搬家，遷到臺北市士林區了！在臺北市南海學園的舊館，近半個世紀來，肩負著輔導中小學推行科學教育，以及推展大眾科學教育的重大使命；舊館雖然將功成身退，但它在科學教育上扮演的推手角色，仍深留在大家的心目中。（《國語日報》新聞稿2003.1.19）

是該展現創意的時刻了！科教館在今年向南海學園說再見，留下來的建築就是「閒置空間再利用」的契機。現在，政府官員委託我們以南海學園規劃師的身分，為這棟建築提出一份「舊瓶新裝」的創意方案。

貳、圖示問題

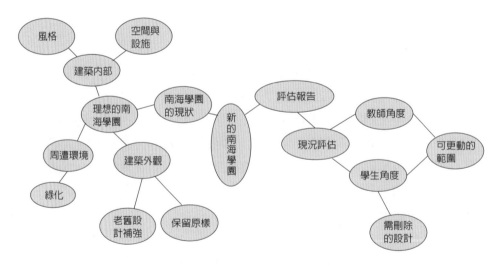

參、學生角色

南海學園規劃師

肆、學生學習結果向度

一、就整體能力而言

(一) 學會面對、處理並解決問題

(二) 學會跳脫框架思考問題

(三) 學會製作與統計一份簡易的問卷

(四) 學會做正式報告

(五) 學會提出有效方案並說服他人

二、就社會人文領域而言

(一) 認識地理學（ex：人地關係、附近商圈、地緣）

(二) 調查觀光客去那附近的目的

(三) 調查附近交通概況（ex：公車、捷運）及停車場

(四) 了解南海學園的淵源歷史

(五) 學會有效利用資料檢索、圖鑑和工具

伍、教學活動（步驟V：訂定目標與結果）

一、前言～打破傳統（一節）

和學生討論除了舊有教學模式之外，是否有其他新的模式可以打破傳統和以往有所不同？並討論出可以有怎樣的不同與其可行性。在這堂課中，可帶領學生認識PBL模式，且進行討論，比較和以前課堂有何不同。

二、引進情境～政府官員的委託（一節）

由老師做引言，帶入政府官員的請託，由官員請託學生以南海學園規劃師身分進行研究和調查，並讓學生澄清相關的問題。

三、決定進行的步驟～我是領導者（一節）

找出完成此活動所需要的問題和需要的角色，接著讓學生自行決定完成其委託所需要的資料和事情，將所需要完成的事項和應該要有的角色寫在紙上，並貼至黑板上。學生輪流當領導者，排列工作和需要完成工作的角色，並說出其理由來說服其他同學。

四、實地探勘～探訪南海學園（一節）

教師帶領學生到南海學園探訪，讓學生以各種方式呈現他們所看到的南海學園。

五、整理資料～看看我們的收穫（一節）

發下一些空白的卡片，讓學生整理並填上已知的資料，卡片上的格式如下：

```
附近缺少什麼樣的空間：

哪些東西是可以保留的：
```

六、發展問卷～你知道別人怎麼想嗎（二節）

要了解南海學園未來走向的問題，藉由問卷進行調查，因為學生還不知道問卷是什麼，所以老師必須介入，實際上一堂問卷入門的課，之後再讓學生列出問題，接著選擇並修飾問題，最後編製出簡單的問卷，在這兩堂課中，老師必須主導性強一點。

七、統計問卷資料～答案揭曉（一節）

之前利用時間發下並回收問卷，在這節課中進行統計。

八、南海學園的未來～另創新局（二節）

討論南海學園未來發展的方式，其優缺點與可行性，逐項列在學習單中，每位同學提出一種，需包含簡單藍圖，並說服同學們，最後選出一種創新的方式。

九、討論報告呈現方式～出現新桃花源（三節）

討論向校方提出報告方式，進行分工，含有：書面報告、口頭報告。

十、模擬說明會～向真實邁進一步（二節）

將報告向政府官員提出後，官員感到滿意並考慮其可行性，提出召開說明想法，請各政府官員列席指導和研究。學生需先行模擬說明會情景與

作法，最後有一完整的政府官員答覆呈現。

陸、教學評量

評量向度包括：問題解決、創造力、思考力、批判性思考、後設認知、表達、資料整理、溝通等八項。

評量方式包括：課堂討論、書面報告、口頭報告、教師觀察等。

柒、教學資源

https://zh.wikipedia.org/zh-tw/

http://crgis.rchss.sinica.edu.tw/

維吉尼亞科學教學與成就計畫——發展 PBL 單元流程

論題
地球科學
主題
地質災害對人類和環境的影響。情景：最近你所在地區發生了地震。由於可能發生更多地震，你被要求制定一項計畫，以減輕你學校和周邊社區的人員和財產的影響。
問題
我們如何減輕地質變化對維吉尼亞州人民和財產的影響？
學生角色
學生是當地地質調查隊的成員。
高潮活動
學生與學校行政部門分享他們的學校災難計畫。

本章重點

1. 專題導向學習和「PBL」的學習目標和理論依據都相同，常扮演聯合且互補的角色。

2. 在 PBL 上，教師會轉變成學生的催化者和教練，而非知識給予者。

3. PBL 的程序訓練包括所有好的教學技巧，例如：確保學習環境支持學生的學習和成功；另一項要素是後設認知，教師角色在於提供後設認知問題的機會。

4. 對資優學生來說，PBL 的適當性是取決於植入問題設計和教學的調適種類；其次，資優學生在 PBL 上需要不同的挑戰水準，PBL 的調整包括確保高深的內容、概念複雜性、學科之間的連結與互動、高層思考技能，以及討論道德問題時的提醒。

5. PBL 的原始目標為：(1) 建構延伸性和變通性的知識本位；(2) 發展有效的問題解決能力；(3) 發展自我引導一生學習的技巧；(4) 教授協同能力；(5) 鼓勵學生變成主動學習。

6. PBL 的結構要素組合了弱結構問題、真實的內容、學生見習期，以及自我指導學習等。

7. 弱結構問題包括質疑的、不確定的和個人在任何人類努力或探究科目上所面對的困難，這類問題具有多重解決方法；而且這類問題常傾向於是複雜、富有挑戰性及開放性的。

8. 學生見習期是指將學生擺在仔細選擇的分享者位置。在他們所面對的每項問題上，指派學生擔任一種特定角色，這種作法的目的在於讓他們成為該領域中的一位見習者。

9. Stepien 和 Pyke 從資優教育的角度提出九個 PBL 課程設計步驟，依序包含尋找可發揮的感動情境、圖示問題、確立問題、組織情境－確立學生角色、訂定目標與結果、建立評量向度、資源、教學計畫，以及指導計畫等。

10. Genareo 和 Lyons 透過將 PBL 循環分解為六個步驟，依序包含確定結果／評量、設計場景、引入 PBL、研究、產品表現、評量。

11. 維吉尼亞科學教學與成就計畫（VISTA）發展 PBL 科學單元的工作流程，依序包含確定論題、決定主題、設計有意義的問題場景、發展學生角色、問題、決定最終活動。

12. PBL 有潛在好處，但許多教師缺乏使用它的信心或知識。

溫故知新專欄 ....

※選擇題

1. 有關「問題本位學習」的課程設計，下列敘述何者正確？　(A) 規範學生思考模式　(B) 教師是問題解決的專家　(C) 以學習者爲中心的討論方式　(D) 教師提供學生結構性強的問題
【☆ 98 教檢，第 4 題】

2. 有關問題本位學習（Problem-Based Learning）的教學，下列哪些敘述較爲適切？甲、注重思考技巧的訓練　乙、解決問題的結果非其關切的重點　丙、問題情境的呈現有明確的目標提示　丁、注重活用知識解決實際問題能力的培養　(A) 甲乙　(B) 乙丙　(C) 丙丁　(D) 甲丁
【☆ 99 教檢，第 28 題】

3. 運用問題本位學習（problem-based learning）模式引導資優學生進行以「水庫與水資源」爲主題之探究學習，在呈現問題情境時，下列何者最爲適切？　(A) 分析與比較興建水庫對水源水質保護區的利弊　(B) 興建水庫對水源水質保護區的自然生態可能造成哪些影響　(C) 設想自己是世代定居在美濃的居民，面對興建美濃水庫的計畫該如何因應　(D) 在水庫興建的議題上，經濟發展和生態保育兩者之間的利弊得失如何權衡
【☆ 101 教檢，第 22 題】

4. 有關「問題本位學習」模式的敘述，下列哪一選項較爲適切？甲、係以學習者爲中心　乙、教師是學習促進者　丙、重視小組合作解題　丁、問題有嚴謹的結構　(A) 甲乙丙　(B) 甲乙丁　(C) 甲丙丁　(D) 乙丙丁
【☆ 102 教檢，第 1 題】

5. 在採用問題本位學習模式的資優課程中，下列哪些方式較適合用來評量資優學生的學習過程？甲、解題日誌　乙、診斷測驗　丙、實作評量　丁、檔案評量　(A) 甲丙丁　(B) 乙丙丁　(C) 甲乙丁　(D) 甲乙丙
【☆ 103 教檢，第 22 題】

6. 天天社區爲了是否興建新的大眾運輸系統有不同的意見，黃老師打算以問題本位學習模式，引導學生思考此一眞實問題，下列學習任

務何者較符合此模式的理念？ (A) 蒐集各國大眾運輸系統的資料，介紹並比較各國大眾運輸系統 (B) 製作一份調查問卷，訪談社區居民搭乘大眾運輸的經驗與看法 (C) 扮演天天社區發展協會的成員，設計社區未來的交通運輸模式 (D) 實際觀察、測量並記錄所有的數據，分析天天社區塞車的狀況 【☆ 105 教檢，第 18 題】

7. 在資優教育問題本位學習（Problem-Based Learning）中有關弱結構（ill-structured）問題特徵的敘述，下列哪些較為適切？甲、問題將會隨著新資訊的獲得而改變　乙、問題設計最好能整合跨學科的能力　丙、問題的解決方法和答案都不只一種　丁、應為學生生活經驗實際遭遇的問題　(A) 甲乙丙　(B) 甲乙丁　(C) 甲丙丁　(D) 乙丙丁 【☆ 106 教檢，第 13 題】

8. 關於問題本位學習法的課程方式，下列敘述何者不正確？ (A) 適用於低社經地位的資優學生　(B) 可以找出許多潛在的資優學生 (C) 實施過程僅是操作與口頭表達　(D) 讓學生有機會以藝術表達思想 【◎ 107 桃園市教甄教育綜合測驗 -B，第 14 題】

9. 資優教育的諸多教學模式中，下列何者著重在學習歷程導向的模式？ (A) 平行課程模式　(B) 多層次服務模式　(C) 問題本位學習模式　(D) 全校充實模式

【◎ 107 桃園市教甄特教資優教育綜合測驗 -B，第 35 題】

10. 問題本位學習（PBL）所設定的問題，不應該具有下列哪項特色？ (A) 問題會隨著活動進程而改變　(B) 解決問題的方法有多種 (C) 需要的資訊超過題目所提供　(D) 有絕對最佳的解決方式

【◎ 107 臺北市教甄初試特殊教教育（資優類），第 48 題】

11. 資優學生問題本位學習（problem-based learning）的課程設計，下列哪些敘述較為適切？甲、透過同儕互動溝通，提升學生認知、情意及人際之發展　乙、強調在單一學科領域中發展高層次思考與問題解決技巧　丙、學生應依據既定的問題學習找到正確的解決方法或答案　丁、經由小組討論辯證與反思回饋，發展學生後設認知技能 (A) 甲乙　(B) 甲丁　(C) 乙丙　(D) 丙丁

【◆ 111 教資考，第 5 題】

※問答題

1. 教師在引導資優學生進行問題本位學習時應提供哪些類型的問題？試列述五項並舉例說明之。　　　　　　　　　【☆ 104 教檢，第 2 題】

2. 近年氣候環境劇變，臺灣夏季常出現嚴重缺水問題，卻又會因為連日豪大雨造成各地的淹水災情，因而學生常在學校討論淹水的狀況及對生活上的影響。資優班王老師想以問題本位學習引導學生探討此議題，提高研究對學生的意義、興趣與挑戰性，成為此議題的任務專家。因此，為符合資優學生的需求及問題本位學習課程的原則，試分別就內容調整、歷程調整及環境調整各提出兩種具體作法。　　　　　　　　　　　　　　　【☆ 108-2 教檢，第 4 題】

3. 試以「生物的樣貌」為主題，分別針對視覺空間、數學邏輯、自然觀察等三種智能，各設計一題強結構與一題弱結構的問題。

【◆ 111 教資考，第 3 題】

※綜合題〔本部分共有4題（題號1-4）〕

閱讀下文後，回答 1-4 題。

> 　　平安國中承辦一項為期五天的「領導才能展翼營」，其教師團隊以團體動力之團體凝聚、團體規範與團體互動等三大要素做為營隊理念。為凝聚向心力，他們嘗試引導學生以六人一組共同參與課程，期望留下美好的團隊經驗。
>
> 　　接著，教師團隊想結合問題本位學習（Problem-Based Learning, PBL）模式與聯合國 17 項永續發展目標（SDGs，如清潔飲水與衛生設施、持久包容與永續經濟成長、保育及維護生態領地等指標），引導小組學生相互合作支援，完成自己的學習任務，並從中學習溝通、尊重他人、處理衝突與做決定等能力。

1. 針對以下小組活動，哪一項最能達到團隊動力的凝聚目標？並請說明理由。　(A) 學員前往校外訪問非營利組織工作人員的職務內涵與困境　(B) 學員模擬聯合國會議之各國代表，針對暖化議題提出討論(C) 學員參與社區經濟成長園遊會，設攤義賣達成一定銷售量

(D) 辦理才藝發表活動，藉以讓參與學員了解彼此的特殊長才

2. 各組成員在此歷程經歷了良好的互動，團隊更具凝聚力，且開始發展出小組的規範。試列舉至少三項可作為團體規範的指標。

3. 在 PBL 的問題發現階段，學生觀察社區與 SDGs 指標相呼應的議題，而問題的訂定也決定小組成員的參與程度，各組初步訂定下列問題，試問哪一項最能促進小組學員互動與討論？並說明理由。　(A) 民以食為天～社區食物銀行服務對象的需求調查 (B) 這是我們喝的水嗎？哪一種品牌的瓶裝水最優？　(C) Me Too！如何透過倡導行動中止校園性霸凌事件　(D) 魚心何忍？揭露各國過度捕撈瀕臨絕種魚類之現況

4. 小玲是參加該領導才能營隊的學生，但所就讀學校並未設置領導才能資優班，該校擬申請校本資優教育方案以持續協助小玲發揮領導才能，試分別就方案的課程設計、師資、輔導、評量各提出兩項做法。　　　　　　　　　　　　　　　　【◆ 110 教資考，第 4-7 題】

※ 選擇題答案

1.(C)　2.(D)　3.(C)　4.(A)　5.(A)　6.(C)　7.(A)　8.(C)　9.(C)　10.(D)　11.(B)

☆表示教檢舊制「課程教學與評量」應試科目；◆表示教資考新制「課程教學與評量」應試科目，整理自 https://tqa.ntue.edu.tw/；◎表示各縣市教甄試題

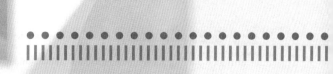

普度三階段模式

　　普度三階段模式（Purdue Three-Stage Model, PTSM）是資優教育計畫和課程開發的一般框架，對該模式的研究顯示，它提高了成功完成獨立項目所需的思考能力、解決問題能力和自我調節能力（Moon, Feldhusen, & Dillon, 1994）。本章首先簡述了模式的發展歷程，然後詳述如何使用該模式開發中小學資優方案和課程，最後部分涉及對模式的研究支持、優弱點及實施建議和考慮因素。

模式之組成要素

　　PTSM 是由五個部分所組成，包括：(1) 明確、可辯護的計畫目標；(2) 廣泛本位、針對特定項目（program-specific）的鑑定程序；(3) 允許資優學生相互交流的分組結構（grouping structures）；(4) 訓練有素的教學者；(5) 基於普度三階段模式課程框架的差異化教學（Feldhusen & Kolloff, 2009）；共同為資優學生創造一個適當且具有挑戰性的學習環境，如圖 4-1。以下更詳細地描述每一個組成部分：

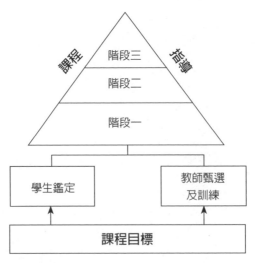

圖 4-1　PTSM 方案的組成要素

方案目標

在方案上，PTSM 計畫有明確的、可辯護的目標。這些目標有助於制定特定方案的鑑定程序，以確保方案中的學生能從參與學習中獲益，同時也可以透過確定是否滿足方案目標來評估品質。

學生選擇和分組

PTSM 旨在解決資優學生的特質和需求，如圖 4-2。

1. 基本技能和概念的最大成就
2. 適當水平和節奏的學習活動
3. 創造思考和解決問題的經驗
4. 發展聚斂能力，尤其是邏輯推理、批判性分析和聚斂性的問題解決
5. 心像、想像力和空間能力的激勵
6. 發展自我意識並接受自己的能力、興趣、價值觀和需求
7. 激發追求更高水平的目標和抱負，接觸各種學習、藝術和職業領域
9. 在學習中發展獨立性、自我指導和紀律
10. 與其他資優、有創造和特殊才能學生進行智力、藝術和有效交流的經驗
11. 大量關於不同主題的信息
12. 獲取書籍和模擬閱讀

圖 4-2　資優、創造力和特殊才能學生的需求

來源：調整自 Feldhusen & Robinson-Wyman（1980）

這些教學需求顯示，資優學生可以群集在一起接受快節奏、複雜的教學中獲益；在這樣的教育環境裡，他們有充足的機會與認知同儕互動。因此，PTSM 要求鑑定學生並將其分組在一起進行教學（Feldhusen & Kolloff, 2009）。

鑑定程序的目的在於概括地回應兒童或青少年的能力是否如此優異，而需要特殊教育來確保這些特殊才能得到適當發展。它提供有關兒童學術表現水準、智力和創造力的常模性資料；另外，它可能會產生一個特殊才能剖面圖（talent profile），讓學校教育人員能夠將兒童或青少年的特殊才能與可用的資優方案和服務相配。例如：針對普度英語和科學三階段模

式方案時，了解學生在語言、數學和空間能力方面的相對優勢會非常有幫助。

由於鑑定程序在尋找能夠從所提供方案中獲益學生的重要性，因此所使用的特定鑑定程序會因模式實施的具體程序目標而有不同。如果該方案側重於發展思維和學習技能，則鑑定標準將會聚焦於學術潛力、智力和創造力；如果該方案被嵌入一門學科（如數學），則鑑定標準將包括評估學生對該學科高階工作準備度水準的方法（Kolloff & Feldhusen, 1981; Powley & Moon, 1993）。

訓練有素的教師

由於 PTSM 包含了許多針對資優學習者區分性課程的原則，並將這些學習者分組在一起進行教學；加以在 PTSM 中，教師需要具備開發課程和教授課程的能力，因此最好由了解資優學生需求和特徵，合格的資優教育教師實施。

一旦該模式在內容學科中實施時，尤其是在高中，教師還需要在其內容專業方面擁有廣泛的知識基礎並對其學科充滿熱情（Moon et al., 1993）。他們必須願意承擔與在資優學生的同質分組班級中實施充實和加速教學相關的額外工作。

課程和教學

PTSM 的另一個組成部分是課程與教學，這個模式建議：(1) 高階學科或跨學科內容；(2) 具有挑戰性的活動，可以培養創造力、高層次思維、解決問題能力和獨立學習能力；(3) 創造性、複雜的學習產品（Moon et al., 1993）。該模式包括三個連續的階段，用於開發具有凝聚力的主題教學單元，如表 4-1（http://www.prufrock.com）。

PTSM 的**階段 I** 開始於教學活動，教授構成該單元基礎的學術內容和基本思維技能。在**階段 I**，教師均衡強調發展與教學單元重點領域相關的擴散性和聚斂性思維技能。課堂活動本質上是短期的（10-60 分鐘），主要由教師設計和指導。家庭作業可以包括拼圖、腦筋急轉彎和閱讀作業，或個性化的教學包。理想下，**階段 I** 的活動要非常具有吸引力，以利激發

學生在**階段 II** 和**階段 III** 進行更深入地探索單元的內容。

　　階段 II 為資優學生提供參與複雜問題解決活動的機會。適合這一個階段的活動包括共享探究、問題本位學習和非常規數學問題解決。通常在**階段 II** 直接教授特定的、複雜的問題解決啟發式方法。例如：可能教導學生使用創造性問題解決模式、類推比擬法或形態分析法來解決特定類型的問題（張世彗，2018；Feldhusen & Treffinger, 1985）。這些活動通常比**階段 I** 活動的持續時間更長（1-10 小時）。在**階段 II**，教師的角色轉變為促進者或教練者。

　　在**階段 III**，學生將**階段 I** 和**階段 II** 所獲得的知識和技能，應用到真實的問題中，充當領域的專業人士，開發真正的產品與聽眾分享。學生的興趣是**階段 III** 的主要動力來源，因為這個階段的項目／計畫通常是學生自選的（self-selected）。無論是單獨還是小組，學生在**階段 III** 會更加獨立自主地工作。**階段 III** 讓資優青少年有發展個人才能的機會，例如：自我意識、決策、規劃和自我調節（Moon, 2003）。教師的角色轉變為學生的資源人。

表 4-1　基於 PTSM 教學設計的課程與教學

	階段 I	階段 II	階段 III
目標	• 掌握核心內容和技能 • 增強擴散和聚斂思維能力	• 掌握核心內容和技能 • 增強解決複雜問題的能力	• 將知識應用於實際問題 • 作為領域的專業人士 • 開發真實產品與聽眾分享
活動	• 有助於在內容領域建立豐富知識庫的閱讀作業 • 講座、電影、演講嘉賓 • 學習中心 • 個性化教學包 • 特定技能的診斷處遇教學 • 短期、教師主導的創造思維活動（如腦力激盪、擴散性提問）	• 掌握核心內容和技能 • 共享查詢 • 發現學習 • 創造性解決問題 • 小組討論需要更高層思考的結構化作業	• 自主查詢 • 自主創作 • 獨立（個人或小組計畫）

（續表 4-1）

	階段 I	階段 II	階段 III
學生的角色	• 掌握核心內容和技能 • 應用高層的創造和批判思維技能	• 主動與他人合作 • 發展和分享富洞察力的原創想法 • 展示任務承諾	• 做出適當選擇；制定目標 • 制定可行計畫來實現目標；執行計畫 • 獲得適當資源和典範良師 • 轉化知識 • 使用各種媒體創造性地分享計畫的過程和產品 • 自我評估計畫的過程和產品
教師的角色	• 領導班級	• 設計學習環境 • 促進學習體驗	• 作為學生的資源人
評估	• 反思性期刊 • 課堂參與 • 測驗和論文測試	• 努力、成長、參與 • 學習過程的應用 • 對創意產品的書面評論 • 與老師的座談會	• 產品評估檢核表 • 同儕評價 • 自我評價 • 專家判斷

普度三階段模式之小學應用

　　資優兒童需要具有挑戰性的教學、培養解決問題能力及跟其他資優同儕互動的機會。PTSM 非常適合資優兒童的發展需求，它同時提升學術技能和創造力。一旦學生處理複雜的問題解決任務和長期項目／計畫時，這個模式會培養個人特殊才能技能，例如：自我調節和決策。另外，精熟困難的問題可以培養韌性和毅力；分享獨立的學習項目／計畫可以強化自我概念（Moon, 2004）。資優兒童通常需要更多老師的支持，才能成功地獨立學習和解決複雜的問題。

　　PTSM 很有彈性，可以多種方式在小學階段實施。在為資優兒童提供自足式的學術方案上，該模式可用於開發主題或專題教學單元，促使資優兒童能夠遠遠超出年級水平的期望，同時還可以專注於開發創造性問題解

決或獨立學習技能的過程。在學生以異質分組進行教學上，PTSM 可用於指導資優兒童的課後、週末或抽離式充實課程的發展。另外，大學和社區中心也可以使用該模式爲週末或暑假充實方案創建課程。

　　在小學階段實施該模式有下列幾項的主要障礙，如圖 4-3。在實施模式之前，方案開發人員應解決每一個潛在的障礙。

教學時間的限制

反對及早識別資優兒童或將他們分組接受教育的信念

有限的資源，例如：空間、人員、教學材料等

圖 4-3　在小學階段實施 PTSM 的主要障礙

　　儘管在小學階段實施 PTSM 的方法有很多，但在學校環境中最常用的方法是透過像「PTSM 的學術和創意充實計畫」（Program for Academic and Creative Enrichment, PACE）這樣的抽離式充實計畫（Feldhusen et al., 1988; Kolloff & Feldhusen, 1981）。該計畫的組成部分包括：確認學生的過程、將方案整合到每所學校的結構、準備方案教師和班級教師的議程，以及蒐集適合該模式的課程資源。開發人員認爲充實抽離是最合適的服務傳遞系統，因爲它讓學生仍然保持他們的普通班安置和課程，同時又能接受資源教師指導並能跟類似能力的同儕互動。圖 4-4 爲 PACE 的目標並分別描述其重要的組成部分。

準備方案教師和班級教師的議程

　　一名方案協調員進行了這項培訓，並在整個計畫中繼續與計畫教師合作。不僅爲方案教師提供了廣泛的專業發展，而且每一個班級教師都接受了關於資優學生的特徵和識別、與這些學習者合作的策略及課堂活動的建議，以加強和擴展 PTSM 的組成要素。

目標 Goals

1. 培養資優生的基本思維能力。
2. 透過與其他資優學生進行小組互動，發展或強化資優學生的自我概念。
3. 透過具有挑戰性的教學活動，為資優學生提供發展其智力和創造力的機會。
4. 使資優學生成為更獨立和更有效的學習者。

認知目標 Cognitive Objectives

資優生將

1. 為各種認知任務產生多種想法（流暢—**階段 I**）。
2. 為不同的任務產生廣泛的想法（變通性—**階段 I**）。
3. 創造相對原創、獨特或創新的想法（原創性—**階段 I**）。
4. 發展基本想法並填寫重要和相關的細節（精緻化—**階段 I**）。
5. 感知並澄清各種情況下的問題（問題發現—**階段 II**）。
6. 提出問題以澄清令人模稜兩可的情況（澄清—**階段 II**）。
7. 使用有效的技術解決封閉（單一解決方案）和開放（多個解決方案）問題（問題分析—**階段 II**）。
8. 評估問題情況下的替代想法或解決方案（評估—**階段 II**）。
9. 在學習和計畫活動中證明自我激勵、方向和獨立性（獨立—**階段 III**）。
10. 在獨立和小組創造性計畫上綜合想法（綜合—**階段 III**）。
11. 執行獨立的閱讀方案適合閱讀能力水準有挑戰性的方案（實施—**階段 I、II、III**）。
12. 在口語和寫作中有效地使用語言（有效性—**階段 I、II、III**）。

圖 4-4　PACE 方案在小學的目標與行為目標

鑑別

　　PTSM 計畫的第一步是使用多個指標識別有天賦和創造力的學生（Moon, Feldhusen, & Kelly, 1991）。對於有才華的學生，口頭和量化能力的測量，最好是使用常模參照測驗，可以透過使用 Renzulli 之「優秀學生行為特徵量表」（Renzulli Scales for Rating the Behavioral Characteristics of Superior Students）來蒐集更多信息，用以評估優秀學生的行為特徵（Renzulli et al., 2002），例如：該量表中的學習、動機和創造力分量表（Learning, Motivation, and Creativity Scales）。另外，教育人員也可以透過創造力評估來幫助識別具有創造力的兒童，例如：「陶倫斯創造思考測驗」（Torrance Tests of Creative Thinking, TTCT）（Torrance, 1974）。

　　PTSM 歷程本位的基本實現（如 PACE），經常使用「案例研究法」（case study approach）來進行安置決策。關於每一個兒童的所有可用信息都

放在電子表格上，每一個兒童都通常由方案教師、課堂教師，以及學校行政管理人員組成安置委員會來單獨考慮。

方案活動

在小學階段開始 PTSM 課程之前，學校必須選擇參與的教師並提供他們專業發展。例如：在普度大學「超級星期六」方案中工作的教師會收到一張光碟，其中介紹了該模式，包含來自內容領域和學科的大量示例課程計畫（Bangel & Moon, 2004）。另外，教師也會參加資優教育線上課程，以提高他們教學技能。PTSM 鼓勵教師創建自己的課程單元；因此，它鼓勵學生和教師的創造力。

階段 I。一旦兒童們被安排在由訓練有素教師參與的普度三階段模式計畫中，教學框架就會產生（Kolloff & Feldhusen, 1981）。在「普度三階段模式的學術和創意充實計畫（PACE）」中，前幾週側重於擴散和聚斂思維技能的發展。教師主導的活動本質上是短期的，允許在任何給定的課堂期間進行多次。最初的目標包括提升流暢性、靈活性、原創性和精緻化。腦力激盪術的教學和指導練習也是**階段 I** 的一部分。例如：讓學生列出他們能想到的所有黃色食物。然後，每個學生可以計算清單上出現了多少項目，以此作為流利程度的衡量標準；確定水果、蔬菜、乳製品、飲料等類別以評估變通性；並注意沒有出現在任何其他學生清單上的任何食物，這構成了原創性。

在自足的資優課堂或群組環境中，或週六的充實班級中，會特別關注導致探索特定內容、主題或學科領域的**階段 I** 活動。例如：在針對 6-10 歲兒童的週六化學課程中，該單元的第一堂課之一是關於液體和固體的性質。密度、溶解度和不混溶性（immiscibility）等概念是透過**階段 I** 活動引入的，例如：奇妙的窗戶清潔劑（Bangel & Moon, 2004）。

階段 II。經過**階段 I** 的初步探索和發展，學生對於擴散思維、將思維技能應用於廣泛的主題及參與具有挑戰性的聚斂思維水平會變得更加適應。此時，老師開始引導他們進行**階段 II** 的活動。這些活動為小組和個人解決問題的任務提供了基礎，包括促進提問技巧發展的活動。允許學生根據他們及其同學在提問過程中發現的信息生成問題，教師介紹個人解決

問題的策略，例如：類推比擬法（Gordon & Poze, 1979）和 SCAMPER（Eberle, 1997），並讓學生練習將其應用於特定情況。學生可以分成小組練習他們的新技能。可能的問題示例包括：

- 類推比擬法（Synectics）：如果沒有足夠大的秤，你怎麼能夠稱一頭大象的重量？
- 奔馳法（SCAMPER）：你可以透過哪些方式改進自行車以使其更有用？

在 PACE 課程中，**階段 II** 通常需要幾週到兩個月的時間。在學生學習了各種解決問題的技巧後，教師會介紹創造性問題解決模式（Isaksen & Treffinger, 1985）。學生將對真實生活問題的領域進行腦力激盪，而教師引導學生們解決重點問題，他們可以針對這些問題制定可能的解決方案。完成創造性的問題解決過程需要耐心，因為每一步都涉及擴散和聚斂思維。學生從他們實踐過的策略中進行選擇，以系統地處理這個過程。最後，他們提出了一個解決方案和一個實施和評估其結果的計畫。

在內容本位的單元中，**階段 II** 通常側重於該學科典型的複雜問題解決任務。例如：在考古學週末課程中，學生在**階段 II** 活動中以團隊合作方式，模擬考古學家從碎片中拼湊出文物的方式（Bangel & Moon, 2004）。他們獲得了破碎的陶器碎片，並要求他們運用考古學家使用的技能來嘗試重建原始陶器的外觀。這種類型的活動需要教師對學習主題有深入了解與提前準備，以確保學生具備活動成功所需的知識、技能和材料。此類**階段 II** 活動讓學生接觸小學課程中未涵蓋的加速內容，並具有高度的激勵作用，因為學生正以一種引人入勝的動手方式學習高階的學科內容和方法。

階段 III。對於年齡較小的兒童，**階段 III** 通常每週有 1-3 小時的教學時間，持續 4-8 週。對於年齡較大的兒童，它可能會持續整個學期。更長的時間讓學生有機會使用主要資源進行更深入的研究。在 PACE 中，**階段 III** 的主題是基於學生的興趣，一旦確定了一般領域，學生就開始進行背景研究，方案教師指導學生將他們的領域縮小到可管理的重點。學生還可以學習如何構建調查或問卷或如何進行訪談。**階段 III** 產品的示例，如圖 4-5。

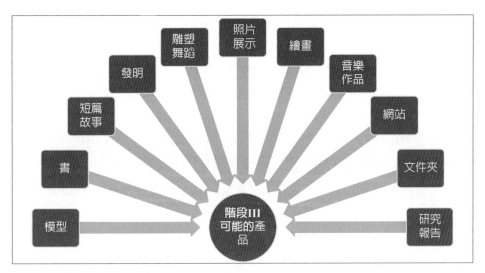

圖 4-5　階段 III 可能的產品示例

　　教師在確定每一個學生在獨立學習過程中的位置、學生準備掌握哪些技能、哪些方法可能有幫助、哪些聽眾可能合適，以及計畫何時完成等方面，扮演著重要的指導作用。年齡較小的資優兒童或初次體驗 PTSM 的人，通常可從配對或小組工作中受益，直到他們在獨立學習中更加自在和熟練。另一種方法是共享探究（shared inquiry）。在共享探究中，全班選擇一個通用主題，例如：水生植物，然後共同開展與該主題相關的各種計畫，有助於確保年齡較小的資優兒童獨立學習技能的有效發展。經過一年的共同探究，學生一般會根據個人興趣選擇自己的課題。

　　以下是 PTSM 課程的二個簡短示例（Orico & Feldhusen, 1979）。

■ 未來研究（FUTURE STUDIES）

　　Flack（1983）開發了一個三階段模式課程，該單元使資優學生能夠調查與未來有關的問題。在本單元開始（**階段 I**）時，學生將擴散思維技能應用於諸如：「當你聽到未來這個詞時，你想到的所有詞是什麼？」「如果我們未來沒有石油或天然氣資源，不使用燃氣發動機，我們可以透過哪些方式旅行？」學生可以搜索各種信息來源，創建一個詞集與未來的問題相關。

階段 II 活動旨在培養學生解決複雜問題的技能並提高獨立性，可能包括設計和開展與未來相關的問題調查。問題可能因學生的年齡和經驗而異，例如：「你預測下一個主要的娛樂技術是什麼？」「我們什麼時候不再依賴石油作為主要燃料來源？」抽樣、數據分析和結果展示是此類計畫的一部分，適用於個人和小組工作。

階段 III，學生確定對進一步研究特別感興趣的領域，為獨立學習項目提供了無限的潛能。同樣地，根據資優學生的水平，他們可以選擇一個未來主題進行研究和展示，或者他們可以小組方式製作視頻、桌上遊戲或其他產品，進一步擴展他們的未來研究。

■ 發明家解決問題（INVENTORS AS PROBLEM SOLVERS）

這個基於三階段模式的課程單元：「作為問題解決者的發明家」是三年級資優抽離班級的主題（Feldhusen & Kolloff, 1979）。為了開始階段 I，老師向學生展示了一組不熟悉的物體，並要求他們確定每一個物體可能是什麼，以及它可以解決什麼問題。包括：塑料蜂蜜服務器（plastic honey server）、襪子分類器（sock sorters）、用於打開罐子的橡膠盤（a rubberized disk for opening jars），以及郵購目錄（mail order catalogs）中出售的其他類型的物品。

學生們猜測每一物體的名稱及其用途。然後，學生們檢查目錄以找出盡可能多的代表問題解決方案的項目。例如：蜂蜜塑料服務器可防止滴水，橡膠盤可使打開罐子更為容易。在老師的引導下，學生們討論了他們在目錄中發現的發明及其所代表的問題。在討論之後，學生們列出了歷史上解決問題的重要發明，同時蒐集與閱讀了有關發明家的傳記和參考資料。

在階段 II 開始時，學生們對他們在家裡或學校注意到的一長串問題進行了腦力激盪。在老師的指導下，他們應用了解決問題的策略，例如：SCAMPER 檢核表法、屬性列舉或類推比擬法。階段 II 的最後一部分是一項小組任務，旨在設計一項發明，以防止貓和狗打架（De Bono, 1972）。

階段 III 請學生們找出自己生活中可以解決的實際問題與一項發明。例如：已確定的挑戰包括希望一次為多個復活節彩蛋著色。每一個學生在

老師的幫助下，完善了自己的問題，並創造了一個可以解決問題的發明。有的解決方案涉及到設計一個塑料杯滑槽系統。在這個特殊單元中，一位工藝美術老師提供了幫助，學生們能夠在實驗室裡創造他們的發明，最後並向該班級和其他班級的學生展示了這些發明。

普度三階段模式之中學應用

發展和背景考慮

　　許多中學採用專注於加速（例如：高級預修班；國際文憑課程）或充實（例如：榮譽班）的方案，而沒有考慮資優青少年的特徵和需求。爲了滿足資優青少年的需求，Feldhusen 及其同事（Feldhusen & Reilly, 1983; Feldhusen & Robinson, 1986）提出了一個中學方案模式，稱爲 Purdue 中學模式，該模式專注於廣泛的服務（見圖 4-6）。

　　這個模式中的所有選項都是學生在制定個人成長計畫時的選擇，該計畫由優勢領域組成，可以提供加速和／或充實的機會，以及弱點領域，這些領域是透過個性化修復解決。因此，發展需求是單獨解決的，並透過精心制定的成長計畫來提升特殊才能。

　　中學提供一系列由專注於學科的教師教授的課程。爲了鼓勵實施和制度化，差異化服務最好融入國中和高中結構中。PTSM 不如 Purdue 中學模式全面性。然而，這兩種模式相輔相成。它們共同爲中學階段的資優課程開發提供了一個完整的框架。Purdue 中學模式提供了總體框架，而 PTSM 提供了設計每一個獨立組件的框架（Moon et al., 1993）。Purdue 中學模式和 PTSM 的設計都是務實和彈性的，因此它們可以在大型和小型學校中實施。例如：Moon 和同事使用 PTSM 開發了一個中學研討會方案（Nidiffer & Moon, 1994）、一個高中榮譽英語課程（Powley & Moon, 1993）和一個調查性科學研究班課程（Whitman & Moon, 1993）。

1. 諮商服務	7. 藝術
1. 特殊才能鑑定	1. 美術
2. 教育諮商	2. 戲劇
3. 生涯諮商	3. 音樂
4. 個人諮詢	4. 舞蹈
2. 研討會	**8. 文化體驗**
1. 深度學習	1. 概念、演出、展覽
2. 自選主題	2. 實地考察
3. 生涯教育	3. 國外旅遊
4. 情意活動	4. 博物館方案
5. 思考、研究和圖書館技能	
6. 展現	
3. 高階先修班	**9. 生涯教育**
對 9-12 年級的學生開放所有學科領域	1. 典範良師
	2. 研討會體驗
	3. 生涯探究
	4. 自我探究
	5. 規劃
4. 榮譽班	**10. 職業方案**
1. 英語	1. 家政
2. 社會研究	2. 農業
3. 生物學	3. 商業
4. 語言	4. 工藝美術
5. 人文	
5. 數學─科學加速	**11. 課外教學**
1. 在 7 年級開始教授代數	1. 假日進修
2. 繼續加速和快節奏的數學	2. 暑期進修
3. 對提早入學學生開放科學課程	3. 函授
	4. 學院進修
6. 外文	
1. 拉丁語或希臘語	
2. 法語或西班牙語	
3. 德語或東方語	
4. 俄語	

圖 4-6 Purdue 中學模式

　　另外，PTSM 促進了特殊才能發展，因為前兩個階段清楚地準備學生提出、設計和調查他們自己的興趣領域，從而發展專業知識（Moon, 1993b）。它最初的根源在於中學環境（Feldhusen, 1980），並且它仍然是中學環境中學科和跨學科課程設計的有效框架（Moon, 2004）。以下部分的目的是概述 PTSM 可用於開發 Purdue 中學模式等全面性中學課程的組成部分的方式。

中學方案應用

　　在中學階段，PTSM 用於設計全面性方案選項的各個組件。每一個組成部分都包括 PTSM 計畫的所有要素：明確且可辯護的目標；特定於組件的識別程序；將具有相似能力、興趣和才能的學生分組；訓練有素的教師；和基於 PTSM 的差異化教學。以下將討論在中學與小學階段有些不同之鑑定和教師培訓，以及已在中學階段實施的 PTSM 課程類型的概述。

中學層次的鑑定

　　由於資優青少年的興趣和才能開始分化為特定領域，因此中學階段的鑑定程序的特點是更加關注特定的學術領域，以充分反映這種差異。在中學階段，選擇資優學生接受涵蓋所有內容領域的全面差異化課程計畫是不現實的。為了因應特定領域人才發展機會的需求，Feldhusen 和同事開發了兩套量表：「**普度學術評定量表**」（Purdue Academic Rating Scales, PARS）和「**普度職業人才量表**」（Purdue Vocational Talent Scales, PVTS）（Feldhusen et al., 1990），如表 4-2。

　　PARS 的開發是為了讓中學教師有機會專門評估作為學科學習者的學生。每一個項目都是特定主題中的一個行為或特徵，按 1-4 級評分，皆是由班級教師填答完成。「**普度學術評定量表**」（PARS）包括：數學、科學、英語、社會研究和外語等分量表，每一個分量表皆有 15 個項目，如表 4-3；「**普度職業人才量表**」（PVTS）包括：職業農業、商業和辦公、家庭經濟、貿易和工業等分量表，每一個分量表亦各有 15 個項目，如表 4-4（Feldhusen et al., 1990）。

表 4-2 普度學術與職業評定量表

向度	量表	樣本項目
學術方面	普度學術評定量表：數學	組織數據以發現模式或關係。 有時憑直覺解決問題，然後不用解釋為什麼解決方案是正確的。
	普度學術評定量表：科學	組織實驗，能夠分離和控制變量。更喜歡與科學相關的課程和職業。
	普度學術評定量表：英語	識別作者或演講者的觀點、情緒或意圖。 即使沒有分配寫作，也有寫作的動力；寫故事、詩歌或戲劇；記日記。
	普度學術評定量表：社會	廣泛閱讀各種書籍、雜誌或報紙上的社會問題。 對社會主題、複雜的公共問題、解釋和因果關係理論感興趣。
	普度學術評定量表：外語	識別單詞之間的關係，並在使用中應用它們。無需逐字翻譯成英文即可輕鬆理解。
職業方面	農業特殊人才鑑定量表	在使用工具和設備方面表現出良好的機械技能。
	商業和辦公特殊人才鑑定量表	在組織數據和信息方面表現出良好的技能。 快速輕鬆地學習和應用新技能、技術或程序。
	家庭經濟特殊人才鑑定量表	必要時在調整或修改設計或計畫方面表現出創造力。 被其他學生視為展示家政才能的學生。
	貿易和工業特殊人才鑑定量表	為計畫或商品程序提出好的、高級別的想法。 在商店活動／組織中表現出領導力。

表 4-3 普度學術評定量表：數學

學生：_____ 年級：_____ 日期：_____ 教師：_____ 學校：_____
閱讀每個項目並根據以下量表對學生進行評分：
1. 很少、很或從不　　2. 偶爾，有時　　3. 經常或經常　　4. 總是或幾乎總是
DK：不知道或從未觀察過

項　目	評　分
1. 概括數學關係，將各種應用中的概念聯繫起來。	
2. 組織數據以發現模式或關係。	
3. 堅持學習數學，專心，努力，有上進心，有興趣。	
4. 仔細分析問題，考慮備選方案，不一定接受第一個答案。	
5. 善於尋找解決問題的方法。	
6. 對數字和數量關係感興趣，看到數學的有用性或應用。	

（續表 4-3）

項 目	評 分
7. 比其他學生更快地學習數學概念和過程。	
8. 善於用語言表達數學概念、過程和解決方案。	
9. 發現問題並重述問題，善於提出假設。	
10. 有效的理由。	
11. 喜歡嘗試解決難題，喜歡謎題和邏輯題。	
12. 在空間上進行可視化，可以創建問題的視覺圖像。	
13. 發展獨特的聯想，使用獨創的解決方法。	
14. 有時憑直覺解決問題，然後不用解釋為什麼解決方案是正確的。	
15. 回憶解決問題的相關信息或概念，識別關鍵要素。	

表 4-4　職業農業人才鑑定量表

學生：_____　年級：_____　日期：_____　教師：_____　學校：_____

農業課程 G.P.A.：_____　量表總分：_____

閱讀每個陳述並根據以下等級對學生進行評分：5 非常同意　3 不確定　1 非常不同意　4 同意　2 不同意

項 目	評 分
1. 表現出良好的使用工具和設備的機械技能。	
2. 在必要時在調整或修改設計或計畫方面表現出創造力。	
3. 能夠堅持一個項目並完成它。	
4. 對新技術和方法表現出興趣。	
5. 在商店活動／組織中表現出領導力。	
6. 能夠為項目開發設計。	
7. 提出適當或有見地的問題以闡明任務或項目。	
8. 為項目或農業問題提出好的、高層次的想法。	
9. 被其他學生視為在農業課上展示才華。	
10. 快速輕鬆地學習和應用新技能、技術或程序。	
11. 做出良好的判斷或評價。	
12. 能夠清晰有效地表達有關項目的想法。	
13. 快速輕鬆地理解新想法和概念。	
14. 似乎有很多想法。	
15. 對所有或大部分課堂活動充滿熱情。	

在 PTSM 中學項目中識別資優學生，每一個組件都有自己的、特定於組件的識別程序（Moon, 1993b）。除了 PARS 和 PVTS 之外，方案還使用了與該領域相關的標準化考試分數（即數學／科學的量化分數、英語的口頭分數），以及工作檔案、相關先前課程作業的成績、學生面試和自我及同儕提名，以確定哪些學生將從該部分提供的差異化教學中受益（Powley & Moon, 1993; Whitman & Moon, 1993）。

中學教師的準備

為了提供差異化的課程和教學，教師需要在資優學習者教育方面進行專門的準備。有專門準備的人更有可能將與資優學習者相關的課堂挑戰視為需要解決的問題，並提供更適合學生自己認為的指導。在中學階段，教師在學科內容、學科教學法和資優教育原則等方面做好準備至關重要（Hanninen, 1998; Robinson & Kolloff, 2006）。

如果中學教師要在跨學科授課，他們還必須具備以新穎方式重組學科內容的能力和良好的團隊合作能力。

中學方案類型

在中學階段實施各種三階段模式計畫，最常見的類型，如圖 4-7 並簡述如下：

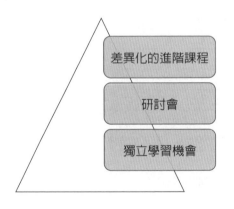

圖 4-7　常見的中學三階段模式的類型

■ **差異化的進階課程**（differentiated, advanced courses）。PTSM 是設計高級班的優秀框架，例如：榮譽課程、大學充實課程和大學先修課程。下面的課程部分提供了榮譽課程實施的擴展示例（Powley & Moon, 1993）。例如：普度大學資優教育資源研究所（Gifted Education Resource Institute, GERI）工作人員為中學生開設了一個課程，該課程使用模式啟發活動（model eliciting activities, MEA）來培養數學資優學生的建模技能和創造力（Chamberlin & Moon, 2005）。MEA 課程的主要重點是**階段 II** 的數學問題解決。

PTSM 也可以融入學術課程，例如：高中階段的大學先修課程，它是為高能力學習者服務的可行選擇。這種課程的結構中，可以實施PTSM提供教學多樣性、解決問題的重點和深入調查的機會。

■ **研討會**（seminars）。PTSM 也可以用於過程導向的跨學科環境，以促進連結課程（Nidiffer & Moon, 1994; Tomlinson et al., 2002）。例如：該模式已用於創建一系列跨學科研討會，作為中學階段的特殊課程（Nidiffer & Moon, 1994）。學生每週一次在連續兩個班級聚會。但是，會議時間每週輪換一次，因此學生每 3 週只能錯過一次特定課程。靈活的形式允許學生在他們的日程安排中添加課程。學生在 3 年的參與過程中參與系列性為期一學期的主題。三個年級在該區所有中學同時學習同一主題，以有效利用講座和實地考察。研討會系列的重點是**階段 I** 和**階段 II** 的活動。例如：學生參加以法語和日語為主的比較語言和文化單元。該單元的目標是幫助學生培養全球視野，並幫助他們在高中學習第二語言時做出明智的選擇。

■ **獨立學習機會**（independent learning opportunities）。獨立學習機會使中學生能夠進行實質性的獨立調查；因此，它強調模式的**階段 III**。在中學階段，這樣的機會通常嵌入在一門學科中，體驗的一項目標集中在學習該學科的方法論上。科學研究班是這種二級 PTSM 計畫的例子（Whitman & Moon, 1993）。Whitman 開發這個課程是為了鼓勵有才華的高中生在兩到三年的時間裡進行獨立的科學調查。該課程的目標是幫助學生培養動機、理解和應用科學方法、

進行專業的科學調查，以及在州或國家層面報告他們的結果。

透過全面的、多階段的識別程序，為該計畫識別學生。參與的第一學期專門用於**階段 I** 和**階段 II** 的活動，教導學生如何識別可研究的問題並培養調查問題所需的技能。在接下來的 2-3 個學期中，學生通常會在大學導師的幫助下進行調查。最後一個學期，學生在州、國家或國際科學競賽中展示他們的研究成果。

教學策略

以下將討論兩個特別適合 PTSM 在中學課堂中實施的教學策略示例：問題本位學習和黑格爾辯證法。

- **問題本位學習**（problem based learning, PBL）。問題本位學習很容易在 PTSM 計畫中實施。這種學習有助於學習者掌握主題並練習特定領域的技能（Stepien & Stepien, 2005），為學生提供解決問題的寶貴經驗，並使他們能夠將本單元的內容應用於真實世界的問題。因此可以使用這種實用的策略教授幾節課。

  在 PBL 課程中，首先出現問題。它呈現了學生必須解決的混亂情況才能學習單元中感興趣的主題。當學生遇到問題時，他們會立即沉浸在**階段 I**，即參與階段。嘗試圖理解問題時，他們在 PBL 的詢問和調查階段與其他班級成員一起工作；在此，他們本質上是在追求 PTSM 的**階段 I** 和**階段 II** 活動。（在某些情況下，當問題非常複雜時，學生可能會冒險進入**階段 III** 的活動，因為他們會參與個人感興趣的獨立調查及解決手邊問題的必要性）。PBL 的最後一個階段，即解決方案構建，是學生分享所學知識的完美方式。在匯報階段，教師可以向學生提問他們學到了什麼，他們的調查是否有成效，以及他們下次會採取什麼不同的作法。

- **黑格爾辯證法**（Hegelian Dialectic）是一種過程導向的策略，特別適用於資優青少年的人文課程，而且非常適合 PTSM（Dixon, 2005）。結合到研討會或以學科為重點的課程中，這種方法可以作為一種啟發式方法，鼓勵學生無論是個人還是小組和大團體都進行批判性思維。從本質上講，學生提出一篇論文，就是一種適用於他們

看待問題方式的陳述。他們用反題（antithesis）來反駁論題，也就是跟所提出的論點相反（counter-view）的觀點。最終目標是透過綜合解決這些對立（即對立問題的共識）。雖然有時會無法進行綜合，不過最初問題的綜合通常可能成為下一個要探索的方向。學生在尋求解決問題時必須不斷綜合、分析和評估問題。在這個過程中，他們必須批判思考。然而，當他們在不同分組情況下批判思考和工作時，他們也參與了 PTSM 中的**階段 II** 活動。

　　總之，PTSM 已用於為中學階段的天才學生開發各種課程組成部分，因為它符合資優青少年的發展需求，並且在各種行政安排中運作良好。它適合學生，也適合中學環境。該模式可用於與大學導師一起開發高階課程、跨學科課程、主題單元、研討會和／或獨立學習機會。由於它強調思考和解決問題，非常適合某些教學策略，包括模式引發活動、問題本位學習和黑格爾辯證法。

實施注意事項

　　PTSM 的最大優勢是非常靈活，可以適應不同的教學環境和目標。該模式的另一個優點是它的簡單性，它提供了一個清晰的教學框架，教師很容易理解與實施（Moon, 2004）。然而，該模式的某些方面可能會使實施具有挑戰性。這些方面包括下列幾項，如圖 4-8：

圖 4-8　實施普度三階段模式的挑戰

■ **對教師培訓的要求**。在沒有經過教師培訓的較小學區，這可能是實施的障礙。在中學階段，許多教師在他們的內容領域接受了廣泛的培訓，但是在資優教育方面的培訓很少。理想情況下，無論何時實施 PTSM，都應為教師提供培訓。

■ **缺乏使用 PTSM 的開發課程**。這是模式簡單性和靈活性的另一面，就是缺乏現有的 PTSM 單元可以直接導入課堂。該模式的實施需要教師自行開發課程，這是一項耗時的任務。

■ **模式的資源密集型性質，尤其是在階段 II 和 III 期間**。主動學習往往需要更多的資源。希望實施該模式的教師和行政管理人員需要了解到，除了可用於核心課程的材料之外，還需要其他材料。

研究支持模式

Renzulli（1980）曾指出，PTSM 是六種資優教育模式之一，「以理論、系統發展為特徵」。事實上，對該模式進行的研究支持其理論和實踐基礎。在這第一項研究中，確定的 3-6 年級有天賦的學生被隨機分配到 8 所學校的實驗組或對照組。實驗組的孩子在整個學年期間參加了普度三階段模式的抽離計畫。研究結果支持普度三階段模式在增加創造思維的幾個組成部分的有效性。根據 Wallach-Kogan 創造力工具的測量，該計畫的學生在語言和圖形原創性的得分明顯高於對照組。另外，六年級男孩在語言流暢度的得分明顯高於對照組（Vaughn, Feldhusen, & Asher, 1991）。

基於該模式的 PACE 計畫啟動十多年後，進行了一項回顧性研究以評估長期影響（Moon, 1993a, 1995; Moon & Feldhusen, 1994; Moon et al., 1994）。對象為小學期間參加該計畫至少 3 年的學生，多數人在高中最後一年時，他們及其父母被要求完成調查問卷，問卷重點關注學生的特殊成就、未來計畫及對 PACE 體驗的正負面看法，共有 23 名學生（67%）及其父母繳回問卷。雖然大多數（65%）報告自 PACE 以來他們多年來取得了高水平的成就，其中三人在學業上加速，但有幾名並未如此（Moon, 1993a）。所有學生都表示他們打算獲得大學學位，多數學生（78%）表示打算從事研究生工作。

大多數學生受訪者對他們的 PACE 體驗表示積極的看法，將他們的創造性思維技能（91%）、解決問題的技能（78%）和獨立學習技能（81%）的發展歸功於該計畫（Moon et al., 1994）。此外，大多數學生（78%）報告從 PACE 提供的與有天賦的同齡者互動的機會中受益。

較少數量的學生（65%）報告了對動機的積極影響，相當多的學生（13%）和家長（14%）報告了該計畫對其動機的負面影響。絕大多數學生（81%）認爲該計畫幫助他們發展了自己的才能。家長們也對該計畫有積極的看法，尤其是在與資優同齡者互動的好處（91%）和創造性思維能力的發展（89%）方面。質性分析顯示，父母也認爲該計畫在短期和長期都對孩子的自我概念產生了積極影響。該計畫給了他們的孩子自信和與眾不同的勇氣，還幫助他們澄清和確認自己的能力。

結語

PTSM 已被使用很多年，爲有才華的學習者提供引人入勝的指導。該模式爲從學前班到大學的資優學生提供了差異化教學的有效框架。該模式提供創造和批判思維、問題解決、自我意識、適應力和自我調節的發展。另外，PTSM 可用於提供高階學科內容和跨學科教學單元。教師也能從模式中受益，因爲他們在主動學習策略和課程開發方面發展了專業知識。PTSM 最適合在以下情況下實施：將資優學生分組在一起進行教學，並且教師接受包括資優學習者需求和特徵的專門培訓。

本章重點

1. PTSM 是由五個部分所組成，包括 (1) 明確、可辯護的計畫目標；(2) 廣泛本位、針對特定項目的鑑定程序；(3) 允許資優學生相互交流的分組結構；(4) 訓練有素的教學者；(5) 基於普度三階段模式課程框架的差異化教學。

2. PTSM 包括三個連續的階段，用於開發具有凝聚力的主題教學單元：(1) 階段 I 開始於教學活動，教授構成該單元基礎的學術內容和基本思維技能；(2) 階段 II 為資優學生提供參與複雜問題解決活動的機會，包括共享探究、問題本位學習和非常規數學問題解決；(3) 在階段 III，學生將階段 I 和階段 II 所獲得的知識和技能，應用到真實的問題中，充當領域的專業人士，開發真正的產品與聽眾分享。

3. PTSM 非常適合資優兒童的發展需求，它同時提升學術技能和創造力。在小學階段實施該模式有幾項的主要障礙：(1) 教學時間的限制；(2) 反對及早識別資優兒童或將他們分組接受教育的信念；(3) 有限的資源，例如：空間、人員、教學材料等。

4. 在小學階段的學校環境中最常用的方法，是透過像「PTSM 的學術和創意充實計畫（PACE）」這樣的抽離式充實計畫。該計畫的組成要素包括：確認學生的過程、將方案整合到每所學校的結構、準備方案教師和班級教師的議程，以及蒐集適合該模式的課程資源。

5. Purdue 中學模式的所有選項都是學生在制定個人成長計畫時的選擇，該計畫由優勢領域組成，可提供加速和／或充實的機會，以及弱點領域，這些領域是透過個性化修復解決。

6. 由於資優青少年的興趣和才能開始分化，因此中學階段鑑定程序的特點是更關注特定的學術領域，以反映這種差異。

7. 在中學階段，教師在學科內容、學科教學法和資優教育原則等方面做好準備至關重要。如果中學教師要在跨學科授課，還須具備重組學科內容的能力和良好的團隊合作能力。

8. 在中學階段實施各種三階段模式計畫，最常見的類型包含差異化的進階課程、研討會，以及獨立學習機會。

9. 問題本位學習（PBL）和黑格爾辯證法（Hegelian Dialectic）是兩個特別適合 PTSM 在中學課堂中實施的教學策略。其中 PBL 有助於學習者掌握主題並練習特定領域的技能，為學生提供解決問題的經驗，並使他們能將本單元的內容應用於真實世界的問題；黑格爾辯證法是一種過程導向的策略，特別適用於資優青少年的人文課程，結合到研討會或以學科為重點的課程中，可作為啟發式方法，鼓勵學生進行批判性思維。

10.PTSM 的最大優勢是非常靈活。然而該模式的某些方面可能會使實施具有挑戰性，包括教師培訓的要求、缺乏開發課程，以及模式的資源密集型性質等。

溫故知新專欄

※選擇題

1. 有關普度三階段充實模式（Purdue Three-Stage Enrichment Model）的理念與做法，下列何者較不適切？　(A) 內容可彈性調整，但各階段實施時間有其順序　(B) 本模式適用於包含各主題課程的假日充實方案　(C) 注重思考技能訓練與創造活動，達成自主學習　(D) 重視思考技能的培養，所以適用於各學科學習　【☆ 104 教檢，第 3 題】

2. 資優班陳老師運用普度三階段充實模式設計課程，下列哪些學習任務較適合在第三階段中進行？甲、研究核廢料處理的替代方案　乙、探討懸疑故事的元素並實際創作　丙、探究未來世界可能發生的問題及結果　丁、列出雨傘正常用途外其它功能或用法　(A) 甲乙丙　(B) 甲乙丁　(C) 甲丙丁　(D) 乙丙丁

【☆ 106 教檢，第 14 題】

3.「a. 基本思考技巧的訓練 b. 各種創造性問題解決方法的探索 c. 發展獨立研究技巧」，上述的實施步驟最符合下列哪一種資優教育教學模式的內涵？　(A) 充實矩陣模式　(B) 創造性問題解決模式　(C) 普度三階段充實模式　(D) 三合充實模式

【◎ 106 桃園市教甄特教資優教育綜合測驗 -B，第 24 題】

※ 選擇題答案
1.(A)　2.(A)　3.(C)

☆表示教檢舊制「課程教學與評量」應試科目，整理自 https://tqa.ntue.edu.tw/；◎表示各縣市教甄試題

道德兩難模式

　　價值發展、道德推理及倫理道德的行為一直為教育工作者所關心。資優教育工作者也一直對價值的發展深感興趣，希望透過價值澄清的過程，協助兒童澄清他們的價值。運用價值澄清的方式來發展倫理行為，學校和教師們的責任不是教給兒童應該擁有哪些價值，而是協助兒童在選擇、珍視、行動的過程中認真思考他們擁有哪些價值及將擁有哪些價值。所以教師的角色是位非判斷性的個體，設法提出問題及計畫活動，經由選擇（例如：自由選擇、從各種選項中選擇、參考各種結果後選擇）、珍視（珍視與喜愛，在適當時機公開地肯定）、行動（採取行動、一致、重複的行動）等方式來引導學生。

　　Kohlberg 的道德推理發展理論及其研究，反映了教條課程的無能為力，也表示對價值澄清以倫理相對論為基礎的不同看法。Harshorne 和 May（1930）曾研究兒童的欺騙和偷竊時，發現教條的方式是無效的，後來其他研究也發現：(1) 世界上的人不能截然劃分為誠實和不誠實，因為差不多每個人有時會欺騙；(2) 即使個人在某一情境會欺騙，並無法預測在其他情境也會欺騙；(3) 道德價值的表現與其行動無關，即使極端不贊成欺騙行為的人有時也會欺騙他人。

　　Kohlberg（1981）曾晤談 50 位男孩進行道德推理發展研究。首先，他提出道德兩難法的問題給他們，並請他們說明，個人所謂道德正確性是什麼？然後，為何這個行動是對的？結果發現兒童的道德推理發展有順序性，且每個階段越來越複雜。後來有關這些發展階段的研究，獲致的結論是「藉著道德兩難法的班級討論可以激勵兒童高層次的道德推理」。

　　雖然 Kohlberg 及其同事並沒有特別提出資優學生道德推理的著作，但是資優教育工作者長久以來一直關心這些學生的道德和倫理發展。假使這些兒童能成為未來的領導者，則他們不僅能提供智力／生產性的行為模式，也可以展現最高層次的倫理行為模式。許多資優教育工作者已經接受倫理相對論的理念，同時也贊成使用價值澄清法，來處理學校道德與倫理原則的問題是最有效的方式。所以強調道德推理及普遍倫理法則的理解，將是發展資優兒童倫理行為最有效的方式。

學習與教學之基本假定

學習方面

Kohlberg（1966, 1971）的道德發展理論，最基本的假定是以皮亞傑理論和思考發展研究為基礎而形成的。基本上，他的理論是認知的。複雜的道德推理經常引導道德行為，所以他認為教育工作者應重視並發展道德推理教育而不是道德行為。在應用教學方法之前，須先了解一些發展階段論的觀念，如圖 5-1：

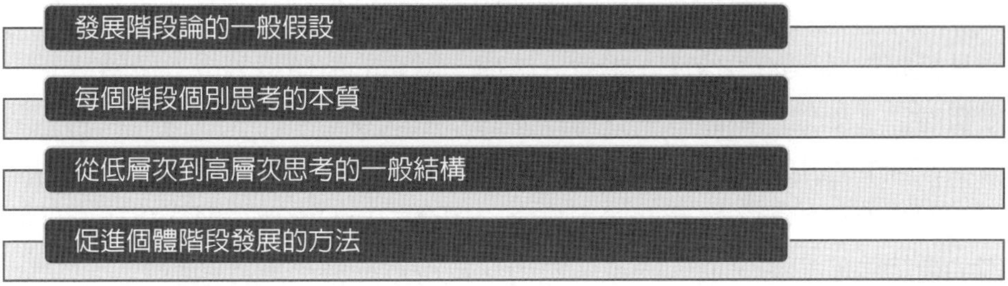

| 發展階段論的一般假設 |
| 每個階段個別思考的本質 |
| 從低層次到高層次思考的一般結構 |
| 促進個體階段發展的方法 |

圖 5-1　發展階段論的觀念

發展階段論的一般假設

發展階段論第一個假設是不同階段的特徵在於思考型態的差異。這些階段是質的不同，個體透過成熟過程而自然進步。階段是有順序的，不能躍進的，通常是由最低階段進步到最高階段。

每個階段個別思考的本質

在 Kohlberg 的道德推理發展理論中，他認為三層次內有六個階段 Kohlberg（1966），如圖 5-2：

道德循規前期	道德循規期	道德循規後期
• 順從和懲罰導向階段（避罰服從） • 我會不會挨罰？ • 利己主義導向階段（相對功利） • 對我有何益處？	• 人際關係和諧導向階段或好孩子導向階段（尋求認可） • 會不會丟人？ • 法律和秩序導向階段（社會法制） • 是否合法？	• 遵守社會規約導向階段 • 法律／規則是否公平？ • 普遍倫理法則導向階段（原則與良心定向）

圖 5-2　Kohlberg 道德推理發展理論之三層次六階段

從低層次到高層次思考的結構

認知層次的進展是由認知差異（例如：財產價值不同於生命價值）、更具統整性（例如：信任、生命、法律、財產的價值可列成一個階層）、更普遍性（如他們訴諸於可普遍接受的原則或理念）的理念所形成的。高層次較佳的理由是因為它可以解決更多的問題。另外，道德認知發展的程序約與皮亞傑的抽象思考發展相吻合。個體的發展逐漸遠離從以結果為基礎的自我中心思想，而朝向以個體所涉及行為動機來進行判斷。

促進個體階段發展的方法

個體的道德發展是一連續的階段，每個人階段的發展有不同的比率，可能會停留在不同的階段。大部分的發展很難超過階段四，極少數的人能夠達到階段六。階段的發展需要抽象思考和體認能力的協助，一旦個人的認知能力增加，將可理解更複雜的推理，考慮更多的論點和因素，促使道德推理進入高的層次。Kohlberg 確認階段向上發展，主要有二個理由：

• 個體喜愛他們能夠了解最高階段的推理；
• 一旦個體了解高層次的推理，個體的衝突就會存在。個體認知衝突所引起的不快，須予以解決。

教學方面

在道德認知發展上，教育工作者的信念是提供學生兩難情境，並鼓勵他們彼此相互討論（Maker & Schiever, 2005）。換言之，假設所提供的認知衝突情境，學生能夠以較高層次的推理作有系統的探究，那麼學生就會比正常所提供的道德發展課程，更快速地達到較高層次的道德發展階段。

第二個信念就是教學應集中在發展高層次的道德判斷而不是道德行為。高層次的道德判斷，其倫理行為是必要的，但是並不能保證倫理行為就會出現。在道德循規前期和道德循規期，無法精確地預測個體所表現的行為。而在法則階段，解決問題的思考架構通常以普遍性可接受的倫理法則為基礎，所以他的行為較能預測。除了道德推理之外，還有其他三個因素也會影響到道德行為：(1) 情緒因素；(2) 責任因素；(3) 道德涉及的複雜性。要預測這些影響的結果是很難的。

資優學生的特性與教學

雖然 Kohlberg 的道德學習理論可用來作為資優教育的模式，但是 Kohlberg 及其同事並未對資優教育做出評述，也沒有特別提出資優學生的特徵及有用的教學策略。不過 Kohlberg 強調抽象道德思考的提升，對於資優教育的推展仍具有下列啟示的作用如圖 5-3（引自 Maker & Schiever, 2005）：

資優學生比其同儕更能進行抽象思考	資優學生比其同儕對人道主義更有興趣	資優學生具有達到高層次道德推理的潛力
• 假設道德思考涉及抽象能力，如果能夠提供適當的環境刺激，將可使學生迅速地發展其道德認知階段。也就是說，及早提供資優學生教育道德兩難困境，降低認知的不確定性，可使其獲得更大的成長。	• 在他們發展的早期即可看出來，假使能夠提供像 Kohlberg 教育方案中的道德兩難困境的討論，將會使學生更有學習興趣。	• 從 Kohlberg 的研究中，可以了解資優學生具有達到高層次道德推理的潛力。教育工作者應該提供適宜的環境，樂觀其成。

圖 5-3　道德思考提升對資優教育推廣的啟示

道德兩難模式之基本要素 ✍

層面、思考層次或步驟

道德兩難困境的標準

Kohlberg 對於道德推理發展的研究，最為關鍵的論點是道德兩難困境的討論。這些兩難困境具有下列幾項標準（Kohlberg, 1966），如圖 5-4：

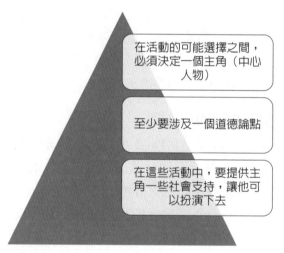

在活動的可能選擇之間，必須決定一個主角（中心人物）

至少要涉及一個道德論點

在這些活動中，要提供主角一些社會支持，讓他可以扮演下去

圖 5-4　兩難困境的標準

道德討論的步驟

呈現學生兩類道德困境，然後開始討論。道德討論有六個步驟，為避免在討論過程中產生厭煩心理，可應用幾種方式來進行，如圖 5-5 並分述如下：

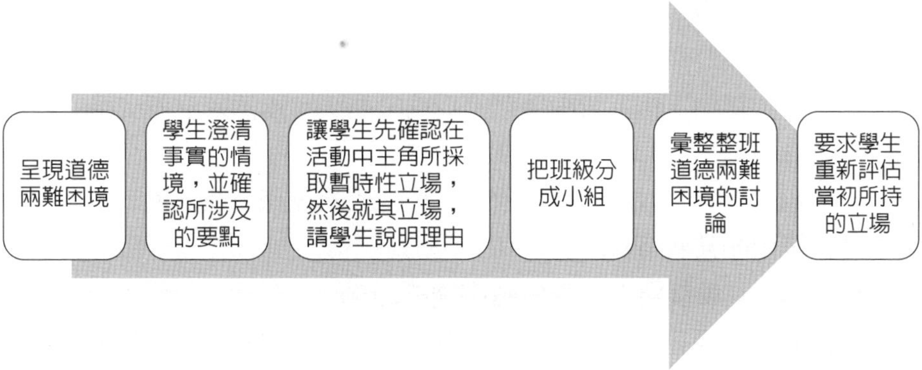

呈現道德兩難困境　→　學生澄清事實的情境，並確認所涉及的要點　→　讓學生先確認在活動中主角所採取暫時性立場，然後就其立場，請學生說明理由　→　把班級分成小組　→　彙整整班道德兩難困境的討論　→　要求學生重新評估當初所持的立場

圖 5-5　道德討論的步驟

1. 步驟I：呈現道德兩難困境

道德兩難法可用多種方式呈現，例如：PPT 或書面資料都可運用，也可以要求學生扮演角色衝突的情境。

2. 步驟II：學生澄清事實的情境，並確認所涉及的要點

在這個步驟，教師詢問學生故事中所發生的情節。學生對事件作摘要，確認其中主要的特徵，並描述主角選擇的方式。

3. 步驟III：讓學生先確認在活動中，主角所採取暫時性的立場，然後就其立場，請學生說明1～2項理由

在這個步驟中，要求學生就故事人物所採取的選擇中加以挑選。此時可用書面方式，讓學生有時間獨立思考，並發展出自己的看法。學生完成書面意見後，教師可要求學生就其所選擇的進行發表，俾使得到目前存在的相異和相似的觀念。

4. 步驟IV：把班級分成小組

在這個情境中的學生有機會分享他們所採立場的理由。小組討論成員約 4 至 6 人，時間約 10 至 15 分鐘。為使學生在小組中能夠產生互動，並獲得最大的效率，教師應該依照學生的論點進行分配。如果班級學生的論點極為紛歧，可將論點相同的學生分在一組。他們可以討論所採取的理由，並決定所選立場兩個最好的理由。如果班級學生的論點極為平均，則可按平均的人數分組。在團體中，學生相互討論其立場，並選擇其中最好

的理由。假使班級中只有一種立場，學生也可按其理由的相似性來分組。然後，每組都決定最好的理由。在這種情境下，也可以依學生不同的理由來分組。在小組中，相互討論他們的理由，並決定兩個或三個支持立場最好的理由。

在小組討論中，教師應確定學生了解他們的任務及理由說明，而不是在辯論情境中的某些事實。

5. 步驟V：彙整整班道德兩難困境的討論

這個過程需要花費較多的時間。班級的座位排成圓形，以激勵教師與學生之間最大的互動。雖然學生之間的互動是討論的重點部分，但是教師要利用各種不同的觀點激勵學生，所扮演的角色也是相當重要的，如此才能建立學生自由表達各種不同意見的氛圍，也可以使其討論其中的理由和所持的立場，而不是事實情境的層面。整個班級討論可以從下列幾方面著手，如圖 5-6：

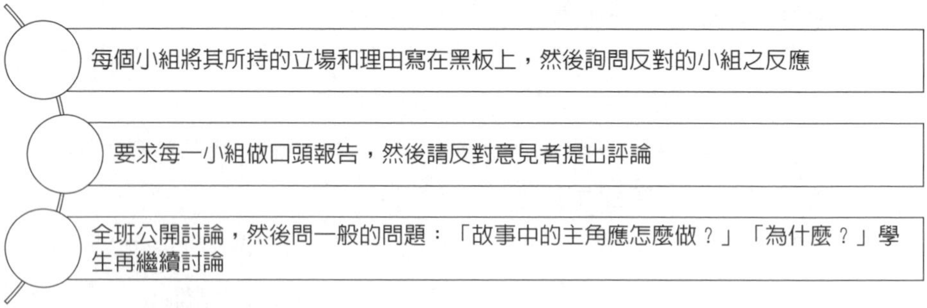

每個小組將其所持的立場和理由寫在黑板上，然後詢問反對的小組之反應

要求每一小組做口頭報告，然後請反對意見者提出評論

全班公開討論，然後問一般的問題：「故事中的主角應怎麼做？」「為什麼？」學生再繼續討論

圖 5-6　班級討論的方式

在討論時，為使討論重點放在理由上面，教師的問題是相當重要的，可以激勵內向的學生參與，也可以激勵不同階段學生之間的互動，以及激發學生進行高層次的思考。下面一些可供參考問題例子：

■ **知覺檢核問題**：決定學生是否了解其他學生所做的敘述。例如：「小明請你以自己的話告訴我，小華所說的內容？」

■ **學生之間參與問題**：詢問一位學生對於另一位學生所持有立場的反應。例如：「小明，你對小華的看法意見如何？」

- **澄清問題**：要求學生自己說出清楚的意思。例如：「你所謂的公平是什麼意思？」
- **有關要點的問題**：集中在一個或更多的道德論點。例如：「違法可以嗎？」
- **角色轉換的問題**：詢問學生從他人在兩難困境中的意思來看待問題。例如：「大華想要她躺下來嗎？」
- **一般結果問題**：詢問學生，想像每個人以某種方式表現行為，後果會怎樣？例如：「假使每個人違法行事，我們的生活將會像什麼？」
- **尋找理由問題**：詢問學生，所持立場的背後原因。例如：「為什麼？」

教師了解學生討論之後，應該確定每一特別階段的理由，並且鼓勵學生反應以前所表達過較高階段的理由。老師也應該準備問題，促使學生考慮較高層次的理由。假如老師從過去的討論中知道學生經常持有的理由，這些具有刺激性的問題應該預先準備。

6. 步驟VI：要求學生重新評估當初所持有的立場

經過團體討論後，老師應要求學生回想剛才的討論，並且回答下列兩個個別的問題：

- 現在你認為故事中的主角應該怎麼做？
- 他的行動最重要的理由何在？

老師不必設法建立團體共識，也不必提出理由的優劣，但是再評估是重要的，老師應該將最初的書面意見蒐集起來，看看以後是否有產生重要的改變。這些個別反應要依照他們的階段予以評估，才能夠評估超齡的發展情形。

為了讓過程有趣及充滿刺激，教師應該呈現各種不同的方式，來討論道德兩難困境。學者曾指出可以運用下列所呈現的不同道德兩難困境之方式，如圖 5-7（Fenton & Kohlberg, 1976a, 1976b）：

運用方式	將論點列出，每個伴隨有「同意」、「不同意」及「無法決定」，讓學生提出他們的立場並說明理由。
	列出論點的一、二段，正反各有四個理由，然後請學生選擇他們較喜好的理由。
	簡述道德兩難困境，一個行動並列出有五個階段五個論點，學生依其喜好分類
	所支持的三個論證中，選擇一個喜好的論證，並加以擴充。

圖 5-7　不同道德兩難困境之運用方式

　　由於上述這些不同兩難困境的呈現，教師需要調整六個步驟的過程。為了讓學生有機會討論他們的理由，教師也應建立情境，使學生能夠表現比他們目前更高層次的推理。在第一種呈現的方式上，學生只反應出同意或不同意，只有在步驟五、六是適合的，所以應調整步驟五的程序。激勵討論的情境，應該輪流考慮五個敘述，並請學生就所採取的立場說明其理由。階段六也是同樣的概念，學生選出他們喜好的敘述，並寫出喜好的理由。

教學活動舉例

　　為了提供 Kohlberg 道德兩難技巧的例子，可以引用 Heinz 的傳統兩難故事。這個兩難困境已在 Kohlberg 會晤受試者的研究中，作為刺激以建立道德發展階段，如表 5-1。

　　在上面例子中，六項步驟常被認為一個模式。為使這個歷程更適合資優學生，通常會加上 Taba（1966, 1967）衝突策略的再解決。在歷程呈現後稍加討論，俾使確定其要素以提供合理的結論。其步驟如下：

　　步驟 I：呈現道德兩難困境

　　步驟 II：列出事實的情境

　　步驟 III：探究不同人物的見解

　　步驟 IV：確定主角兩、三個主要的選擇方式

　　步驟 V：探究所確定選擇的後果

　　步驟 VI：確定暫時性的立場

步驟 VII：將班級分成幾個小組便於討論

步驟 VIII：彙整團體討論的結論和理由

步驟 IX：重新評估最初的立場

表 5-1　Heinz 困境與 Kohlberg 道德兩難技巧

Heinz 困境			
Heinz 應該闖入實驗室為他的妻子偷藥嗎？為什麼或者為什麼不？			
Kohlberg 六個階段的可能論證的一些示例			
層次	階段	Heinz 應該偷藥，因為……	Heinz 不應該偷藥，因為……
道德循規前期	順從和懲罰導向	它只值 200 美元，而不是藥劑師要少錢；Heinz 甚至提出要為此付出代價，並且沒有偷其他任何東西。	因此，他將被關進監獄，這意味著他是一個壞人。
	利己主義導向	如果他救了他的妻子，他會更快樂，即使他必須服刑。	監獄是個可怕的地方，比起他妻子的死，他更有可能在牢房裡受盡折磨。
道德循規期	人際關係和諧導向	他的妻子期待它；他想成為一個好丈夫。	偷竊是不好的，他不是罪犯；他在不違法的情況下盡其所能，你不能責怪他。
	法律和秩序導向	他的妻子將受益，但他也應該接受規定的犯罪懲罰，並支付給藥劑師的欠款。犯罪分子不能無視法律，到處亂跑；行動有後果。	法律禁止偷竊。
道德循規後期	遵守社會規約導向	無論法律如何，每個人都有選擇生活的權利。	科學家有權獲得公平補償。即使他的妻子生病了，這也不能使他的行為正確。
	普遍倫理法則導向	拯救一個人的生命是比另一個人的財產權更基本的價值。	其他人可能同樣急需這種藥物，他們的生命也同樣重要。

道德兩難模式之評析

優點方面

Kohlberg 研究的優點似乎是在內容方面的改變，包括抽象的、複雜道德問題的討論。他的研究核心不僅在激勵，還有認知的有價值成長。鼓勵學生儘早思考高層次的理念將會有助於未來高品質的思考（引自 Maker & Schiever, 2005）。

第二項優點是將道德兩難問題與其他課程領域相結合，以達成經濟有效的組織。在研究抽象觀念作為民主制度的基礎時，討論歷史的和目前的道德兩難問題所涉及到的觀念，將有助於學生對抽象的理解。

Kohlberg 的研究確實比傳統教條式、價值澄清更有用於資優學生的道德教育。教條式的研究常以行為改變的方式呈現，對資優學生的倫理行為和道德推理效果不大。價值澄清重視價值檢視的過程，可幫助資優學生發展有價值的批判性思考價值。然而，在檢視這道德和倫理觀點仍是不夠的。在個人選擇方面，建立於價值澄清的哲學基礎是沒有什麼問題。惟在道德和倫理方面，以倫理相對論為哲學基礎是很難令人接受的。Kohlberg 的研究向前邁進了一大步，承認應該發展學生普遍的倫理法則。

弱點方面

■ **歷程及道德兩難問題的討論**。Kohlberg 研究的最大弱點在於歷程及道德兩難問題的討論。正如先前所述，利用討論或道德兩難問題可以激勵道德推理的成長。然而，結果是混雜及怪異的，很難確定哪些要素引起正向的改變。

■ **討論中沒有一套可供遵循結構或次序**。Taba 經過廣泛研究兒童抽象思考的發展，已發現教師問題的類型和次序在促進認知能力的成長是重要的。不僅問題要立刻呈現在兒童回答之前，而且整個教師問題的次序要能引導回答時所表現思考的品質。雖然，次序在 Kohlberg 的研究討論中很有價值，但仍未得到肯定。

■ **缺乏選擇道德兩難問題的指南**。假定 Kohlberg 對於道德推理發展次序的觀點是正確的，那麼應該有不同的道德兩難問題以適合不同階段的討論。

結語

資優教育工作者一直對價值發展、道德推理及倫理道德的行為價值的發展深感興趣，希望透過價值澄清的過程，協助他們澄清價值。Kohlberg 道德兩難模式對於資優教育計畫是有價值的，它可用來發展資優學生複雜的道德推理。

本章重點

1. 資優教育工作者強調道德推理及普遍倫理法則的理解是發展資優兒童倫理行為最有效的方式。
2. Kohlberg 的道德發展理論，最基本的假定是以皮亞傑理論和思考發展研究為基礎而形成的，他的理論是認知的。
3. 發展階段論第一個假設是不同階段的特徵在於思考型態的差異，這些階段是質的不同、有順序的，通常由最低階段進步到最高階段。
4. Kohlberg 的道德推理發展理論在三層次內有六個階段：(1) 道德循規前期—順從和懲罰導向階段、利己主義導向階段；(2) 道德循規期—人際關係和諧導向階段或好孩子導向階段、法律和秩序導向階段；(3) 道德循規後期—遵守社會規約導向階段、普遍倫理法則導向階段。
5. Kohlberg 強調抽象道德思考的提升，對於資優教育的推展仍具有啟示的作用。
6. Kohlberg 對道德推理發展的研究，最為關鍵的論點是道德兩難困境的討論。這些兩難困境具有幾項標準：(1) 在活動的可能選擇之間，必須決定一個主角（中心人物）；(2) 至少要涉及一個道德論點；(3) 在這些

活動中，要提供主角一些社會支持，讓他可以扮演下去。

7. 道德討論有六個步驟：(1) 呈現道德兩難困境；(2) 學生澄清事實的情境，並確認所涉及的要點；(3) 讓學生先確認在活動中，主角所採取暫時性立場，然後就其立場，請學生說明理由；(4) 把班級分成小組；(5) 彙整整班道德兩難困境的討論；(6) 要求學生重新評估當初所持的立場。

8. Kohlberg 研究的優點是在內容方面的改變，包括抽象複雜道德問題的討論。鼓勵學生儘早思考高層次的理念將會有助於未來高品質的思考。第二項優點是將道德兩難問題與其他課程領域相結合，以達成經濟有效的組織。另外，Kohlberg 的研究確實比傳統教條式、價值澄清更有用於資優學生的道德教育。

9. Kohlberg 研究的最大弱點在於歷程及道德兩難問題的討論。利用討論或道德兩難問題可激勵道德推理的成長。然而結果是混雜及怪異的，很難確定哪些要素引起正向改變。

溫故知新專欄 ....

※問答題

1. 資優班學生小明人際關係很好，與同學們都相處融洽，有一天他發現自己很要好的同學小玲在考試時作弊，他想告訴老師但又很掙扎。上述道德兩難情境在教學現場常見，教師如何運用 L. Kohlberg 的道德兩難教學規劃情意課程？試說明 L. Kohlberg 的道德兩難教學理念（4 分），並列舉至少四項教學步驟說明之。

【◆ 110 教資考，第 3 題】

◆表示教資考新制「課程教學與評量」應試科目，整理自 https://tqa.ntue.edu.tw/

創造性問題解決模式

心理學家 Guilford（1986）曾指出：「在今天的世界舞臺，遊戲的名字是問題解決」；又說「大多數問題或情境需要創造思考來解決」。下面我們將介紹 Parnes（1967）所提出的「創造性問題解決」（Creative Problem Solving, CPS）。

CPS 模式的發展與重要性

模式發展

CPS 模式已經在資優教育方案與工商業廣為運用。這項歷程的發展與運用，肇始於 Osborn 在 1954 年成立「創造性教育基金會」，並於 1955 年在紐約水牛城組織唯一的創造性問題解決機構，而 Parnes 就在此時加入。1966 年，Osborn 去世後，「創造性教育基金會」就由水牛城市中心，遷移到紐約州立大學水牛城分校（State University of New York at Buffalo）內。在此，Parnes 就與 Noller 創立了一系列創造性研究大學課程，提供學生沉浸於創造性行為的本質與培養，以及溝通他們的其他研究發現與經驗的機會。1967 年 Parnes 深受到 Osborn 的影響，而提出了 CPS 歷程。Parnes 的 CPS 強調以系統性的方法來探討問題解決。它跟一般問題解決的方法不同之處，在於強調產生許多不同構想，同時使用延緩判斷，以避免更好的的構想受到抹煞。

Parnes 發展這個模式有兩項目的：(1) 提供連續性過程，讓個人獲致創造性或有效解決問題的方法；(2) 增強個人全部的創造性行為。他認為創造性行為是「根據內外在特殊刺激而來的一種反應，許多反應或反應類型常稱為事物、文字、符號等，而且產生至少有種獨特的組合，以增強反應或反應類型。」而其所產生的結果兼具獨特與對個人或團體有價值的特性。

Parnes 認為 Maslow（1954）與 Guilford（1967）的觀點在其廣泛背景中扮演著重要的地位。Maslow 指出人有七種需求。而這些需求是層次的，必須最基本的生理需求獲得滿足，才有可能滿足上層的需求，如圖 6-1。

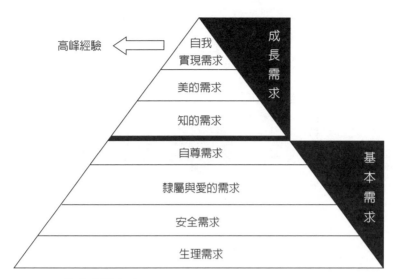

圖 6-1　Maslow 的需求層次論

　　Parnes 引用 Maslow 之自我實現需求作為目標，而透過創造力教育能夠達到此一目標。因此，從 CPS 觀點而推展的教育，將更能切合個人和社會需要。至於 Guilford 則提供了 Parnes 解釋個體智能和許多認知能力測驗的因素結構。基於 CPS 歷程實際成功地應用於商業界、教育界和政府機構等方面的經驗，它顯示了可彈性運用的最大變通性。

創造性問題解決的重要性

　　除了教師可以運用 CPS 外，學者們相信 CPS 對於資優學生及其父母也深具價值。任何人都能夠利用CPS的方法和技巧來幫助他們發揮所長。另外，CPS 對於資優能學生具有下列功能（Maker & Schiever, 2005; Renzulli, 1977）：

■ 協助學生探索並了解許多課程領域的新關係、可能性及挑戰等。這就是Renzulli（1977）所說的：「第一類型充實活動」，如圖6-2。
■ 練習 CPS 歷程可讓學生學習到思考歷程的發展和系統的方法。這正如 Renzulli 在「第二類型充實活動」中所強調的：「過程學習對於資賦優異和特殊才能學生，是一種有效且適當的充實方式。」

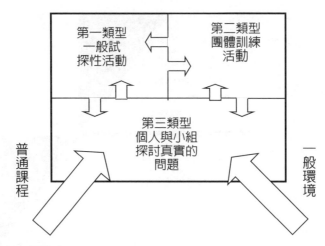

圖 6-2　三合充實模式

■ CPS 歷程可應用在計畫、指導、評鑑及分享個人和小團體調查研
　究的結果。也就是 Renzulli 所說的：「第三類型充實活動」。

CPS 模式對學習與教學的基本觀點

學習方面

　　Parnes 認為創造力不是與生俱有的，是可學習的行為。因此，這個模
式假定透過實例和練習能夠強化創造力，且可將創造性問題解決課程中所
描述的方法應用到新情境。另外，這個模式也假定創造力與學習能力、成
就能力、自我概念等其他個人特性有正相關。一旦這些特性彼此結合時，
就成為個人整體性的決定因素。

教學方面

　　由於 Parnes 相信創造性行為是可學習的，因而確信教育工作者可以

且應教導創造性的行爲。他認爲教導學生連續的解決問題過程，能夠發展出可應用於各種實際問題的技巧，也指出教師能夠運用想像力來運用教材、教具和策略。至於爲培育創造力而教學的教師則能激勵兒童發展其生產力。因此，這類教師不必採用創造性的方法來傳授資訊給別人，但要營造出一種易於學習創造性行爲的氣氛，就需要做到下列幾項：

- 鼓勵幽默
- 允許醞釀思考
- 要求思考兼顧質與量
- 建立一個能夠自由表達思考的環境

資優學生的特性與教學

　　Parnes 相信資優學生比一般學生更具有成爲創造者的潛能，因而指出教師須及早和經常運用 CPS 的方法來教導資優學生，以激勵資優學生的潛能獲得更大的發展。

CPS 模式的發展演變與階段

發展演變與階段

　　自發展以來，CPS 歷程已歷經過許多的演變，如表 6-1。從表中可知，Parnes 在 1967 年所提出的 CPS 歷程，包含發現事實→發現問題→發現點子→發現解答→尋求接納等五階段，自 2000 年以後，已經演變成爲 CPS 三成分（了解問題、激發點子、行動計畫）六階段（製造機會→探索事實→建構問題→產生主意→發展解決方法→建立接受）。

表 6-1 CPS 模式發展之演變

年代	發展者	成分與階段	階段名稱或主要改變
1953	Osborn	七階段	導向→準備→分析→假設→醞釀→綜合→驗證
1960	Osborn	七階段	導向→準備→分析→想點子→醞釀→綜合→評價
1966	Parnes	五階段	發現事實（FF）→發現問題（PF）→發現點子（IF）→發現解答（SF）→尋求接納（AF）
1967	Osborn	三階段	發現事實（FF）→發現點子（IF）→發現解答（SF）
1967	Parnes	五階段	發現事實（FF）→發現問題（PF）→發現點子（IF）→發現解答（SF）→尋求接納（AF）
1977	Parnes	五階段	發現事實（FF）→發現問題（PF）→發現點子（IF）→發現解答（SF）→尋求接納（AF）
1985	Treffinger, Isaksen & Firestein	六階段	發現挑戰（MF）→發現事實（FF）→發現問題（PF）→發現點子（IF）→發現解答（SF）→尋求接納（AF）
1992	Treffinger & Isaksen	三成分 六階段	三成分：了解問題、激發點子、行動計畫 六階段：MF → FF → PF → IF → SF → AF
1992	Isaksen & Dorval	三成分 六階段	三成分：了解問題、激發點子、行動計畫 六階段：MF → FF → PF → IF → SF → AF
1994	Isaksen, Dorval & Treffinger	三成分 六階段	三成分：了解問題、激發點子、行動計畫 六階段：MF → FF → PF → IF → SF → AF
2000	Isaksen, Dorval & Treffinger	三成分 六階段	三成分：了解問題、激發點子、行動計畫 六階段：製造機會→探索事實→建構問題→產生主意→發展解決方法→建立接受

來源：整理自 Treffinger, Isaksen, & Dorval（2000）

Howe（1997）曾綜合整理出各種 CPS 模式的共同特色，如圖 6-3。

利用多階段方式循序達到創意問題解決的目的

每個階段都使用了聚斂和擴散思考

每個階段都始於擴散思考，而後為聚斂思考（用來釐清或評價，聚焦於前者形成的效果，並為下一階段的思考內容作準備）

可用於個人或團體的解題

可僅使用其中一部分的階段

各階段未必要按照一定順序來使用

各步驟未必是一種線性模式呈現，可以交互螺旋出現

圖 6-3　各種 CPS 模式的共同特色

CPS三成分六階段

以下將只針對 2000 年調整後之「**CPS 三成分六階段**」（張世彗，2018；Treffinger, Isaksen, & Dorval, 2000）作描述，如圖 6-4。

成分一：了解挑戰

這個成分有三個階段，目的在確定自己在正確的挑戰方向和目標上。

1. 階段一：製造機會

在日常生活中，我們常會面對許多問題，但是卻不知道問題在哪裡。在這個階段中，定義及選擇一個寬廣的目標是很重要的，可以協助我們指出基本問題和機會。其角色如同「清潔者」一樣，讓使用者在應用時可以清楚明白此一階段的任務，在於集中清潔思考區域。

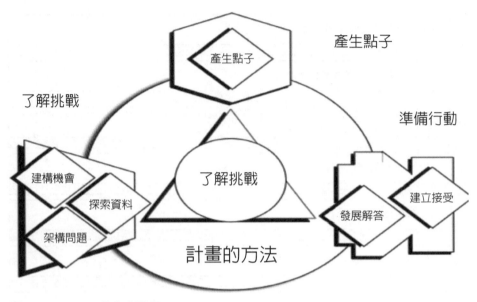

圖 6-4　CPS 三成分六階段

2. 階段二：探索事實

　　從上述階段所思考的領域中，探索任務及決定問題的許多事實層次及方面，由不同觀點檢查任務並結合資訊、印象、感覺，決定哪個資訊最有幫助，而且能夠集中焦點思考的領域。這個階段的角色如同「偵探」一般，讓使用者在應用時可以清楚明白此一階段的任務，在於各種癥結和事實。**在此階段**

- 成為一台照相機！你看到什麼（眼到）？
- 成為一台錄音機！你聽到什麼（耳到）？
- 成為一位敏感的人！你聞到什麼？感覺到什麼？嚐到什麼（口到）？

　　結果，你發現：包括哪些？這件事為何關係重大？我對這件事（物）的感覺如何？是否已採取某些方法，來降低這件事的嚴重性？我希望獲得什麼？這事件何時將會發生？困難之處在哪裡？

　　有時，問題往往會因陳述不當或定義不清而難以解決。因此，在問題混淆不清的情況，我們把它稱作「混沌期」。探索事實階段將可澄清上述

的情況，並增進我們對事物發展的了解。在決定事實資料前，下列有些語詞可幫助我們作判斷：

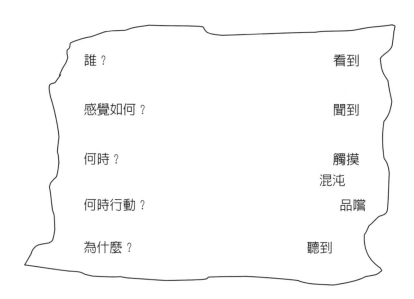

誰？　　　　　　　　　　　　看到

感覺如何？　　　　　　　　　聞到

何時？　　　　　　　　　　　觸摸
　　　　　　　　　　　　　　混沌

何時行動？　　　　　　　　　品嚐

為什麼？　　　　　　　　　　聽到

3. 階段三：建構問題

　　然後，依據所探索的事實，產生許多可能的問題陳述，並選取一個特定的陳述。這是問題解決過程中相當重要的一個步驟，所發現的問題必須是真正的關鍵性問題，因為若不是如此，即使解決了這個發現的問題，最早的困惑仍會存在。

　　這個階段的角色如同「醫生」一般，讓使用者在應用時可以清楚明白此一階段的任務，在於找出病源和問題所在。

　　在此階段是一個用許多專門語詞將雜亂無章重新界定的歷程。它企圖運用很多說明來發現可能的問題。因此，在陳述問題時要盡量避免同時作判斷。你可以考慮所有可用來描述問題的陳述，當然也可以運用下列技巧：

- **我可能用什麼方式……**？考慮在發現事實階段中問題之答案，並盡可能地寫出關於問題的陳述。例如：我可能用什麼方式＿＿＿＿＿＿＿＿＿＿。

　　採取一種客觀的看法！徵詢別人對這個問題的看法，請他們提供

意見。

現在暫停一下，並問問自己：「真正可能的問題是什麼？」「我真正想要完成的是什麼？」

- **為什麼（我可能用什麼方式）？**
- **改變語詞**。在你所陳述的問題中，考慮改用其他的語詞來表達敘述中主要的或關鍵性的字句。如此你可以發現更多的問題。試著用下列的表格寫出已陳述過的問題（可運用技巧一的方式）。

※ 我可能用什麼方式 鼓勵 鄰居來參與這項計畫？

促進	推動	接受
保證	懇請	獲得
吸引	說服	集合

另外，鄰居也可以改成：朋友、夥伴、社區⋯⋯。
參與也可以改成：實施、分享、訂定、討論⋯⋯。
計畫也可以改成：經驗、活動、工作、企業、遊戲⋯⋯。

現在，再看一遍所有的敘述，同時選擇一個最能切中問題的敘述。此外，我們也可以運用次要的問題：

- 現在瀏覽一遍所有的問題陳述，看看哪些陳述可以相互組合。
- 要如何修改陳述，才能使它更符合你的問題？
- 決定最恰當的問題陳述。
- 你能將一個問題分析成許多次要的問題嗎？如果可以，現在就開始並選擇一個問題加以解決。

　　在反覆地看過問題摘要之後，你可以找到各種不同的方式來重新敘述問題，考慮不同的觀點或觀察不同的事實。當你正從事 CPS 時，相信你一定會希望選擇一個問題的陳述作詳細的研究。

成分二：產生主意

　　「產生主意」是階段四。在產生主要問題後，對於問題產生許多全面性、多樣性、新奇性的主意。此一階段的角色如同「蒐集家」一樣，讓使用者在應用時可以清楚明白此一階段的任務，在於蒐集許多點子和主意，可運用下列方法：

- 暫緩判斷……
- 形成構想……
- 延伸構想……
- 運用所有感官……聯想粗糙的或平滑的觸感、聯想喜歡的或不喜歡的食物、聯想喜歡的或不喜歡的景緻、聯想愉悅的或刺耳的聲音、聯想美好的或可怕的氣味
- 改變觀點……別人對這個問題的看法如何？在本質上，這個問題和另一個類似的問題有何相關之處？
- 運用創造性技巧和方法……腦力激盪法、屬性列舉法、強迫關係法、型態分析法、類推法、構想檢核表、其他方案法

成分三：準備行動

「準備行動」分為二個階段，目的在分析定義發展解決方法及行動步驟。

1. 階段五：發展解決方法

產生主意後，便要開始檢視最允許的可能性，並形成解決方法。使用者會發現哪一個解決方法是好的、有生產力的，或是將解決方法加以結合。這個階段的角色如同「發明家」一般，讓使用者在應用時可以清楚明白此一階段的任務，在於發展出解決方法。

- 當我們決定構想時，應該考慮哪些事呢？
- 我們可以訂定一些標準來評估構想嗎？
- 根據每一個不同標準來評估構想。（例如：1 表「非常不好」；2 表「不好」；3 表「尚可」；4 表「好」；5 表「非常好」。）
- 考慮使用項目分析法來分析每個構想和標準。
- 在不完美的情況下，一個構想如何依據標準而被採用？
- 如果設定的某一標準並不適合，我們要如何變更標準？

- **技巧一：訂定標準**。你要如何將決定最好構想付諸行動？如果讓你從眾多構想中選擇五個或六個最吸引你的，你會用什麼標準來選擇？用腦力激盪法想想其他的標準。有哪些其他的標準可用來評估所有的構想？從整個列出的表中，結合一些標準並修改。然後挑出五個你認為最適合評估構想的標準。

- **技巧二：利用評估矩陣來判斷構想**。首先，你必須填寫矩陣圖：在於矩陣左邊的空白處寫下五個你最得意的構想；同時在矩陣的上端寫出評估的標準。開始時，只用一個標準來評估每個構想。使用等級 5 表示「非常好」；等級 4 表示「好」；等級 3 表示「尚可」；等級 2 表示「不好」；等級 1 表示「非常不好」，並將每個構想分別歸類於某一等級之下。然後，用第二個標準重複上述工作直到矩陣的空格填滿為止。如此，每個構想都有不同等級的

標準。得分最高的很可能就是最好的構想，但要記得保留其餘的
構想）。

標準 構想						總計
1						
2						
3						
4						
5						

- 記得不要光看「總計」那一欄。
- 有哪些構想可以結合或修正？或是採用更好的評估標準？
- 哪些評估標準需要再審核一次？

　　根據所設定的標準，可以決定從哪個構想開始著手。而要改變或修正
構想必然會遇到許多預期的困難。因此，在先前所談 6W 的原則下來列舉
事實、構想等，將更能支持所選擇的構想。

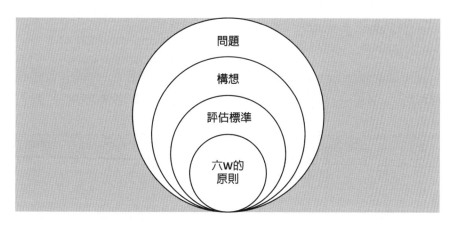

2. 階段六：建立接受

　　探索出前一階段所產生的解決方法，檢視此解決方法帶給使用者的
阻力及助力，並能化阻力為助力，形成行動計畫，而行動計畫須分為短、

中、長期三個階段。這個階段的角色如同「推銷員」一般,讓使用者在應用時可以清楚明白此一階段的任務,在於推銷並有計畫執行解決方法。

- 我能做哪些事,以便使情況變得更有利?什麼地點或位置可能是有利的?
- 善加利用時間?我可能用什麼方法來利用特別的時間、日期等?
- 提高警戒、避免失敗?用什麼方法可以測試最好的構想?
- 決定接受所發現的解決方案?可能用什麼方式產生熱忱?
- 預期可能的困難?如何克服預期的反對?如何面對新的挑戰?
- 確信能夠得到援助?其他人或團體可能用什麼方式幫助我?

※ 問一問:是誰?為什麼?如何?什麼?何時?何地?誰不?為什麼不?如何不?什麼不?何時不?哪裡不?

現在你已做好準備尋求一些方法,將解決問題的構想付諸實現。

- 準備接受此構想。
- 預期可能會遭遇到的困難。
- 改變並修正這個構想。

在下面的表格裡,請列出事實和構想,這將會促使你解決問題的構想更為可行。另外,在問題欄裡順便記下要做的事和不必做的事:

誰	為什麼	什麼	何時	何地	如何

持續此種發問的型態;然後試著問:誰不⋯⋯?為什麼不⋯⋯?等,以另一種截然不同的角度來看待問題的情況;如此在設計行動方案時,將更能支持你的構想的可行性。利用你在尋求接受所發現的解決方案表中的

構想，來訂定按部就班的行動計畫。決定現在、今天、明天或下一步將要進行的工作。

　　行動方案 1：＿＿＿＿＿＿＿＿＿＿＿＿＿＿＿＿＿

　　行動方案 2：＿＿＿＿＿＿＿＿＿＿＿＿＿＿＿＿＿

教學策略、應用要項和技能培養

教學策略

Parnes 與其同事（1967）認為 CPS 模式應採用下列策略來提高成效：

- **去除創造力內在的障礙**。為使兒童準備創意性的生產力，需讓他們具有安全的感覺，即使思想非常奇特，也不必憂慮他們思想被接受性的問題。
- **延緩判斷**。如此，兒童可花大部分時間在許多知覺的認知上，而增加思考的流暢性，導致可能的問題解決。
- **創造一種產生新連接、隱喻關係和類推能力的認知**。如果有足夠時間運用檢索表與其他工具的協助，將會有助於處理類推與隱喻。
- **提供延伸心靈經驗的作業**。
- **保持奇想**。奇想不僅有助於兒童心理成長和調適，同時也是創造力不可或缺的成分。
- **訓練想像力**。
- **去除心理的障礙**。鼓勵自由運作，確使兒童感覺他們的思想並非荒謬的，任何思想都值得表達及與他人分享。
- **增進敏感力**。形式上的認知訓練、藝術及文學的深度討論，都可以協助兒童增進對他人和物理環境的敏感性。

應用要項

　　在應用上，Treffinger、Isaksen 和 Dorval（2000）則提出了成功應用 CPS 模式的要項，如圖 6-5：

- 必須有適當的暖身活動
- 延緩判斷、精練判斷
- 時間的考量
- 要有足夠的材料工具及創造一個激發思考和支持的環境
- 適當的團隊合作與團體動力
- CPS 中基本成員、資源小組成員、引導者及過程好友等四種角色的定義和分工
- 要讓小組感到舒適和有幽默感

圖 6-5　成功應用創造性問題解決模式的要項

在應用 CPS 模式時，還可參考 Treffinger（1988）所提出的「創造性學習模式」（Creative Learning Model, CLM）來進行施教或教材設計：

- CPS 教學時，需先教導 CPS 各階段涵義、主旨及其階段內的聚斂和擴散思考。
- 然後採用一些範例來引領學生依循 CPS 的線性解題步驟操作，讓學生體驗 CPS 解題歷程（可採小組合作解題方式進行）。
- 接著以時事議題爲主，鼓勵個別或小組學生自行依照 CPS 的概念進行解題，教師可以主動適時提供解題所需的科學概念，也可以讓學生自行蒐集相關訊息。
- 進行第三階段時，需注意此階段不應強調依照特定步驟進行，而應鼓勵學生考慮問題情境與個人認知偏好，以便自行調控解題流程。
- 運用 CPS 時，課程設計者宜採用近年來所提出的非線性模式，取代原有線性模式來設計教材，以充分發揮 CPS 的特色。

CPS所要培養的技能

透過實際的參與 CPS 的教學方案，Noller 等人（1977）認爲可以培養下列技能與內涵：

描述與使用系統解決問題的方法

能定義並舉例說明創造性問題解決法的五個階段，包括發現事實、發現問題、發現構想、發現解決方案和尋求接受所發現的解決方案。

仔細觀察和發現事實的能力

對於複雜的情況（混沌期）或經驗能夠加以解釋或說明；同時亦能：

1. 列出情況中的各種特性；
2. 描述許多想觀察結果的因素；
3. 指出問題的利弊得失，修正個人的觀點；
4. 能突破舊經驗的限制，運用各種技巧；
5. 描述某一情況各層面的重要現象、特性和功能。

發現新關係

在複雜的情況（混沌期）或刺激一下，能夠：

1. 指出目標與經驗間的相同點；
2. 指出目標與經驗間的相異點；
3. 列出目標與經驗間相關的或比較性的構想。

對問題具敏感性

在一個混沌雜亂的情況下，能夠：

1. 描述各種特殊的問題，而使問題能夠被妥善地處理；
2. 描述各種情況的因素；
3. 利用檢核表來延伸對可能問題的分析。

界定問題

在混沌雜亂的情況下，能夠：

1. 了解「隱藏的」或「真正的」問題；
2. 擴大問題的思考面或藉著「詰問」（問為什麼？）給問題重新下定義；
3. 藉著改變陳述語詞，給問題重新下定義或澄清問題；
4. 說明次要問題（通常這些次要問題會比原因的陳述更易清楚和解決）以解釋主要問題。

運用有效的技巧來發現新的構想

在複雜情況、經驗下或給予一個問題的陳述，能夠：

1. 描述並示範各種技巧的運用，以促進構想的產生（如擴大、縮小、重新安排等技巧）；
2. 利用 Osborn 的激發構想的問題檢核表法，來產生新的構想。

修正奇特的構想，使它成為切實可行的構想

在複雜的情況及面對荒謬構想時，能夠：

1. 描述並說明使奇特構想成為有效行動的方法；
2. 說明決定基本標準的技巧和價值；描述一些標準曖昧不清的問題；
3. 說明測定構想及選擇最佳構想的方法；
4. 描述並說明運用類推法發現構想。

評估行動結果

說明並評估各種情況的不同標準，計畫行動方案；訂立各種問題的標準。說明延緩判斷與標準間的關係。

計畫構想的實施方式

給予一個問題何問題的解決方案，能夠：

1. 說明實施構想時遭遇困難的原因；
2. 說明各種檢核表的使用，以認識並克服在實施過程中可能遭遇到的阻礙；
3. 舉出並說明計畫的名稱，促進構想的實施及接受。

破除慣性思考的窠臼

描述每日的情境：

1. 正確地描述一個人平常對事物的慣性反應；
2. 評估慣性反應型態的結果；
3. 找出可能的交互反應方式（亦即學習懷疑習慣性的反應）；
4. 從那些交互的反應中，選擇最有效一個；
5. 根據所選擇的交互反應作成行動計畫。

延緩判斷

面對複雜情況時，能夠：

1. 產生多種反應；
2. 不作內在強迫性的評估反應；
3. 避免評斷他人的反應。

利用CPS，我們相信個人在情感上能夠

1. 了解自己的潛能和極限；
2. 了解自己的潛能並克服極限的心向；
3. 願意精熟各種新構想並運用於真實情境中；
4. 願意和他人分享自己的問題和構想。

CPS 模式之評析

CPS 模式有下列優弱點（Maker & Schiever, 2005）：

優點方面

- **可應用自如和有效性**。這個模式可以用於任何內容領域，作為學習方法，也可用於解決生活上所遭遇的實際問題。這些技巧很容易就可以從一個情境遷移應用到另外一個情境，而且能夠給予各年齡層的兒童。
- **有廣泛且變化的教材可供使用**。對教師而言，它的優點是有廣泛且變化的教材可供使用，使用這項過程時覺得有趣好玩。
- **易解說並獲得認同**。它的目標很容易向學生家長及學校工作人員解說，並獲得認同。資優兒童更樂於參與創造性解決問題的過程。

弱點方面

- **本模式非專為資優生而設計**。CPS 模式的主要弱點在於它並非特別為資優生而設計。基於這個理由，我們可能很難於辯解其和那些基本的學校課程有任何實質上的不同。也沒有任何理論根據可

以用來說明爲何要全力研究將它用於資優學生身上。

■ **方法學仍存在著問題**。雖然這個模式經研究受到肯定的支持，但是在若干重要研究中仍然存在著方法學上的問題，主要的問題在於創造力的測量。多數研究將擴散思考視同創造力，即使這類型的思考過程可能僅只是創造性行爲的一部分而已。

■ **過分強調尋求主意所需的靈感和想像，忽略實施時所需的情意特質**。CPS 的另一項弱點是，它有下列二種傾向：(1) 過分強調在創造性的尋求主意方面所需的「靈感」和「想像」；(2) 忽略了在實際實施方面需要高度的動機、訓練、堅定的信念、自我批判和努力工作。假如單獨使用這模式於資優方案，它很可能會成爲一個主要的弱點；但如果只是整體方案中的一個方法，則強調靈感和想像的應用反而有助於此一方案的實施。

結語

在現今訊息多變的社會中，多數問題或情境都需要創造思考來解決。雖然 CPS 模式歷經各種階段的演變，不過其目標與運作方法仍是一致的，就是創造性解決所面臨的各項問題。這種模式有助於協助資優學生探索並了解許多課程領域與生活周遭環境的新關係，激勵他們的潛能獲得更大的發展。

創造性問題解決模式教學設計示例

雲林縣鎮西國小資優班　謝依珊老師

一、設計理念

臺灣近幾年來漸漸重視科學實作的課程，尤其是在國小教育階段更加重視科學實作的課程。研究者任教於不分類的資優資源班，在設計及規劃課程時，發現學生們對於科學玩具的課程相當有興趣，且會利用課餘之空檔做更深入的科學探究。每種不同的科學玩具都是設計者科學原理的展現及創意的成果，每位學生都能透過「創作科學玩具」的過程認識每個科學原理及科學的故事，更甚至可連結數學及科技等能力。而對於國小階段之資優生，單只有學習如何製作科學玩具是無法滿足學生學習需求的，若能使學生更進一步挑戰自我、自由發揮，創作屬於自己的科學玩具，應能提升學生之創造力及執行力。因此，筆者結合理論及實務經驗，設計了「CPS 融入科學玩具製作教學方案」。

二、課程單元、目標與內容

本教學方案最後修訂為四個單元，如表 1。教學方式綜合運用講述、示範、討論、實驗、小組合作及實際創作等形式，並使用學習單協助書面語言表達。

表 1　CPS 融入科學玩具製作教學方案」課程單元與內容一覽

課程名稱	課程活動重點	運用的科學原理	科學玩具種類	九年一貫課程	
				課程名稱	年段
橡皮筋機關槍	了解作用力與反作用的原理，藉由力的反射，認識如何便利施力	作用力與反作用力	力的科學遊戲	力與運動	五下
馬達刷刷車	了解震動原理，透過物品的重心變化來影響震動的方向及物品前進的方式	重心原理	力的科學遊戲	聲音的探討	五下
電流急急棒	透過電線的迴路，了解串聯及並聯的意義。	電流原理	電的科學遊戲	電磁作用	六上

（續表1）

課程名稱	課程活動重點	運用的科學原理	科學玩具種類	九年一貫課程	
				課程名稱	年段
單極馬達	認識遠距力的概念，了解磁力對物體運行的影響及變化	磁力	力的科學遊戲	簡單機械	六下

三、創造性問題解決融入科學玩具製作教學活動流程

作品名稱	科學玩具大不同！──從玩具設計激發「創造力」		
教學對象	資優班高年級學生	教學時間	16 節課，共 640 分鐘
教學目標	1. 鼓勵同學動手做科學。 2. 激發同學的創意。 3. 培養同學合作解決問題的精神。 4. 提供同學趣味生動科玩的機會。 5. 提高同學廢物利用及環保意識。		

【橡皮筋機關槍篇】			
單元名稱	我是射擊小高手	教學時間	4 節，160 分鐘
單元目標	1. 將活動單元內容依 CPS 步驟來設計，具體呈現 CPS 過程。 2. 讓學生透過如何使自己設計的橡皮筋機關槍具準度，同時熟悉 CPS 過程。 3. 透過學習單，讓學生能將 CPS 的過程技巧與日常生活相結合。	教學資源	◎自編簡報、學習單 ◎準備材料：飛機木、厚紙板、彩繪用具、剪刀、木條、橡皮筋、膠帶。
評量方式	積極參與、口頭發表、行為呈現、作業活動觀察		
CPS 階段步驟	教學流程		
CPS-1、建構機會	一、準備活動 1. 教師引導：（配合簡報內容） 　(1) 教師播放影片。 　(2) 影片中，中山大學附屬高中學生，自行設計的機關槍有哪些特色？ 　• 運用橡皮筋的彈力。 　• 使用到牛頓的第三運動定律（作用力與反作用力）。		

【橡皮筋機關槍篇】			
單元名稱	我是射擊小高手	教學時間	4 節，160 分鐘

CPS-2、 探索資料 CPS-3、 架構問題	2. 教師提問：如果我們要動手做橡皮筋機關槍，可能會遇到什麼樣的問題？ 　• 橡皮筋如何發射出去？ 　• 要怎樣才能射得準又射得遠？ 二、發展活動 1. 提供學生創作「橡皮筋機關槍」的材料及教學步驟 　• 飛機木、橡皮筋、美工刀、木條、膠帶 　　步驟一、先取出適當距離，刻出凹槽。 　　步驟二、將刻好的飛機木組裝。 　　步驟三、試玩已完成的「橡皮筋機關槍」。 2. 製作「橡皮筋機關槍」過程中遇見了哪些問題？ 　• 機關槍的凹槽不易製作。 　• 橡皮筋的填裝方式為何？ 三、綜合活動 1. 讓學生運用「曼陀羅思考法」來進行創造思考 　• 為什麼橡皮筋機關槍射擊的距離不遠？ 　• 橡皮筋機關槍的設計有什麼訣竅？ 2. 完成學習單 　• 找出對你的橡皮筋機關槍不滿意的地方。 　• 運用「我可以用什麼方式」的句型，思考不滿意之處。 3. 教師小結 　在橡皮筋機關槍的活動中，可能會遇到許多問題，特別是在如何能使橡皮筋機關槍變得更好或做得更有創意，因此下次我們要一起尋找好方法來改善橡皮筋機關槍。 ～～～～～ 第一、二節結束 ～～～～～

         CPS-4、 產生點子	一、準備活動 1. 回顧上堂課內容 　上一節課我們提出哪些對橡皮筋機關槍不滿意的地方呢？ 　• 不好裝橡皮筋。 　• 無法連續發射。 2. 教師提問 　我們還可用什麼方法來解決它呢？ 　• 腦力激盪法、心智圖、奔馳法等創造力技法。 　• 請老師再重新教導一次。

【橡皮筋機關槍篇】			
單元名稱	我是射擊小高手	教學時間	4 節，160 分鐘

CPS-5、 發展解答	二、發展活動 1. 請學生使用奔馳法或腦力激盪，想想看有哪些好點子，並繪製出來 　• 動腦思考，激發好點子與創意。 　• 運用「還有哪些好點子」的句型，思考還能怎麼做。 　• 請學生將所想到的橡皮筋機關槍構想畫出設計圖。 2. 共同評價點子 　• 運用自評與他評方式，了解大家的想法。 　• 選定一個或兩個最需要解決的問題及方法。 　• 說說看選擇這個創意的原因及理由。 三、綜合活動 1. 教師公布票選結果 2. 完成學習單 3. 教師小結 　剛剛我們已思考了許多很棒的點子，也透過票選方式找到大家最能接受的好點子，下次我們將運用好點子來創造我們的橡皮筋機關槍。 ～～～～～ 第三節結束 ～～～～～ 一、準備活動 ◎回顧上節課重點 　• 票選出的最好點子是…… 　• 學生準備所需的材料及工具 ◎小組依上一節所選出的最佳設計圖進行評估需準備哪些材料及工具 二、發展活動 1. 教師提示及說明規則 　使用任何工具及器材時，務必要注意安全，千萬不要因一時不小心而受傷，過程中會遇到許多挑戰，你可尋找同學或老師協助，但記住這個作品是你很重要的創意產出，期待各位同學能發揮創意，再次挑戰橡皮筋機關槍。 　• 創作過程中，個人的創意是相當重要的，要尊重每個人的創意。 　• 任何元素都使橡皮筋機關槍變得更有創意，因此你要盡可能運用各種元素及材料。 2. 學生運用現有材料進行製作及創意 　• 鼓勵學生盡可能完成作品。 　• 注意學生的動態，適時給予協助。

【橡皮筋機關槍篇】			
單元名稱	我是射擊小高手	教學時間	4 節，160 分鐘
CPS-6、 建立認同	三、綜合活動 1. 完成說明書及設計圖 　• 請學生用說明書的方式呈現自己的作品。 　• 將作品化為設計圖，讓更多人可以欣賞。 2. 誰是神射手？ 　• 說明神射手大賽的規則及獲勝條件。 　• 記錄過程及公布結果。 3. 教師總結 　在橡皮筋機關槍的製作活動中，雖然遇到許多挑戰，運用你的巧思及好點子，讓你的創意展現出來，相信未來的你們一定是橡皮筋機關槍的小小高手喔！ ～～～～～ 第四節結束 ～～～～～		

【馬達刷刷車篇】			
單元名稱	刷刷車向前衝	教學時間	4 節，共 160 分鐘
單元目標	1. 將活動單元內容依 CPS 步驟來設計，具體呈現 CPS 過程。 2. 讓學生透過如何使自己設計的馬達車能直線前進，同時熟悉 CPS 過程。 3. 透過學習單，讓學生將 CPS 的過程技巧與日常生活相結合。	教學資源	◎自編簡報、學習單 ◎準備材料：刷子、鐵絲、馬達、電池、熱熔膠槍、熱熔膠、風扇。
評量方式	積極參與、口頭發表、行為呈現、作業活動觀察		
CPS 階段步驟	教學流程		
CPS-1、 建構機會	一、準備活動 1. 教師引導：（配合簡報內容） 　(1) 教師播放影片 　(2) 影片中，什麼是電動馬達刷刷車呢？它有哪些特色？ 　• 運用馬達的力量，前進的原理。 　• 使用到了牛頓的第三運動定律（作用力與反作用力）。 2. 教師提問：如果我們要動手做馬達刷刷車，可能會遇到什麼問題？ 　• 熱熔膠條該放在哪個位置？ 　• 要怎麼樣才能讓馬達刷刷車往前前進呢？		

【馬達刷刷車篇】			
單元名稱	刷刷車向前衝	教學時間	4 節，共 160 分鐘

CPS-2、
探索資料
 	
CPS-3、
架構問題
	二、發展活動
	1. 提供學生在創作的材料及教學步驟
	• 刷子、鐵絲、馬達、電池、熱熔膠槍、熱熔膠條（或風扇）。
	   步驟一、先在刷子上方黏上一個電池座
	   步驟二、用鐵絲將馬達固定在刷子上
	   步驟三、將電池座的正負極，連接在馬達上
	   步驟四、將馬達的軸心上放置熱熔膠條
	2. 製作馬達刷刷車的過程中遇見了哪些問題？
	• 電池座不容易固定在刷子上。
	• 熱熔膠條應該放在什麼位置最適當？
	
	三、綜合活動
	1 讓學生運用「曼陀羅思考法」來進行創造思考
	• 為什麼馬達刷刷車的移動不是直線的？
	• 馬達刷刷車的設計有什麼訣竅？
	2. 完成學習單
	• 找出對你的馬達刷刷車不滿意的地方。
	• 運用「我可以用什麼方式」的句型，思考不滿意之處。
	3. 教師小結
	  在電動馬達刷刷車的製作活動中，會遇到許多挑戰，特別是如何能使馬達刷刷
	  車變得更好或做得更有創意，因此下次我們要共同尋找好方法來改善馬達刷
	  刷車。
	
	       ~~ 第一、二節結束 ~~~~~~~~
	一、準備活動
	1. 回顧上堂課內容
	  上一節課我們提出哪些對於馬達刷刷車不滿意的地方呢？
	• 無法直線前進。
	• 如何移動更快？
	2. 教師提問
	  我們還可用什麼方法來解決它呢？
	• 腦力激盪法、心智圖、奔馳法等創造力技法。
	• 請老師再重新教導一次。
	
	二、發展活動
	1. 請學生使用奔馳法或腦力激盪，想想看有哪些好點子，並繪製出來
	• 動腦思考，激發好點子與創意。

【馬達刷刷車篇】			
單元名稱	刷刷車向前衝	教學時間	4 節，共 160 分鐘
CPS-4、產生點子	<ul><li>運用「還有哪些好點子」的句型，思考還能怎麼做。</li><li>請學生將所想到的馬達刷刷車構想畫出設計圖。</li></ul>2. 共同評價點子<ul><li>運用自評與他評方式，了解大家的想法。</li><li>選定一個或兩個最需解決的問題及方法。</li><li>說說看選擇這個創意的原因及理由。</li></ul> 三、綜合活動 1. 公布票選結果 2. 完成學習單 3. 教師小結 　　剛剛我們已經思考許多很棒的好點子，也透過投票方式找到大家最能接受的點子，下次我們將運用好點子來創造我們的馬達刷刷車。		
CPS-5、發展解答	～～～～～ 第三節結束 ～～～～～ 一、準備活動 ◎回顧上節課重點<ul><li>票選出的最好點子是……</li><li>學生準備所需的材料及工具</li></ul>◎小組依上一節所選出的最佳設計圖進行評估需準備哪些材料及工具 二、發展活動 1. 教師提示及說明規則 　　使用任何工具及器材時，務必要注意自身安全，不要因一時疏忽而受傷，過程中會遇到許多挑戰，你可以尋找同學或老師協助，但記住這個作品是你很重要的產出，期待各位同學能發揮巧思，再次挑戰「馬達刷刷車」。<ul><li>創作過程中，個人的創意是相當重要的，要尊重每個人的創意。</li><li>任何元素都使馬達刷刷車變得更有創意，你要盡可能運用各種元素及材料。</li></ul>2. 學生運用現有材料進行製作<ul><li>鼓勵學生盡可能完成作品。</li><li>注意學生動態，適時給予協助。</li></ul>		
CPS-6、建立認同	三、綜合活動 1. 完成說明書及設計圖<ul><li>請學生用說明書呈現自己的作品。</li><li>將作品化為設計圖，讓更多人可以欣賞。</li></ul>		

【馬達刷刷車篇】			
單元名稱	刷刷車向前衝	教學時間	4 節，共 160 分鐘

2. 賽車大賽
* 說明規則及獲勝條件。
* 記錄過程及公布結果。

3. 教師總結
在馬達刷刷車的製作中，雖然遇到許多問題，運用你的巧思及好點子，讓你的創意能展現出來，相信未來的你們一定是馬達刷刷車的小小高手喔！

~~~~~~~~ 第四節結束 ~~~~~~~~

【電流與迴路篇】			
單元名稱	電流急急棒	教學時間	4 節，共 160 分鐘
單元目標	1. 將活動單元內容依 CPS 步驟來設計，具體呈現 CPS 的過程。 2. 讓學生透過如何使自己設計的電流急急棒能通電，並熟悉 CPS 的過程。 3. 透過學習單，讓學生能將 CPS 的過程技巧與日常生活相結合。	教學資源	◎自編簡報、學習單 ◎準備材料：厚紙板、電池座、三號電池兩顆、漆包線、砂紙、白鐵絲、絕緣膠布、剪刀、膠帶。
評量方式	積極參與、口頭發表、行為呈現、作業活動觀察		
CPS 階段步驟	教學流程		
CPS-1、 建構機會	一、準備活動 1. 教師引導：(配合簡報內容) 　(1) 教師播放影片 　(2) 影片中，何時電流急急棒才會發出聲音呢？要如何自行設計電流急急棒呢？ 　• 因為通電，形成一個迴路。 　• 使用到並聯或串聯的概念。 2. 教師提問：如果我們要動手做電流急急棒，可能會遇到什麼問題？ 　• 要如何使電流急急棒成為一個通路？ 　• 要怎麼樣才能讓人挑戰成功呢？ 二、發展活動 1. 提供學生創作電流急急棒的材料及教學步驟		

【電流與迴路篇】			
單元名稱	電流急急棒	教學時間	4 節，共 160 分鐘
CPS-2、 探索資料	• 厚紙板、電池座、三號電池兩顆、漆包線、砂紙、白鐵絲、絕緣膠布、剪刀、膠帶。 　步驟一、製作電流急急棒的底座 　步驟二、將白鐵絲連接漆包線、燈泡、電池座 　步驟三、把白鐵絲彎曲及凹折成自己喜歡的形狀 　步驟四、將做好的白鐵絲固定在底座上 　步驟五、動手挑戰玩玩看 2. 製作電流急急棒的過程中遇見了哪些問題？ • 白鐵絲與漆包線的接觸不良。 • 電流急急棒很難挑戰成功。		
CPS-3、 架構問題	三、綜合活動 1. 讓學生運用「曼陀羅思考法」來進行創造思考 • 為什麼電流急急棒接觸不良？ • 電流急急棒造型的設計有什麼重點？ 2. 完成學習單 • 找出對你的電流急急棒不滿意的地方。 • 運用「我可以用什麼方式」的句型，思考不滿意之處。 3. 教師小結 　在電流急急棒的製作活動中，會遇到許多問題，特別是在如何能使電流急急棒變得更好或做得更有創意，因此下次我們要共同尋求好方法來改善吸管電流急急棒。 ～～～～～ 第一、二節結束 ～～～～～ 一、準備活動 1. 回顧上堂課內容 　上一節課我們提出哪些對於電流急急棒不滿意的地方呢？ • 鐵絲不好製作。 • 有時候會卡住，無法好好地過關。 2. 教師提問 　我們還可用什麼樣的方法來解決它呢？ • 腦力激盪法、心智圖、奔馳法等創造力技法。 • 請老師再重新教導一次。 二、發展活動		
CPS-4、 產生點子	1. 請學生使用奔馳法或腦力激盪，想想看有哪些好點子，並繪製出來 • 動腦思考，激發好點子與創意。		

【電流與迴路篇】			
單元名稱	電流急急棒	教學時間	4 節，共 160 分鐘
CPS-5、 發展解答	• 運用「還有哪些好點子」的句型，思考還能怎麼做。 • 請學生將所想到的「電流急急棒」構想畫出設計圖。 2. 共同評價點子 • 運用自評與他評方式，了解大家的想法。 • 選定一個或兩個最需要解決的問題及方法。 • 說說看選擇這個創意的原因及理由。 三、綜合活動 1. 公布票選結果 2. 完成學習單 3. 教師小結 剛剛我們已思考了許多很棒的好點子，也透過票選找到大家最能接受的好點子，下次我們將運用好點子來創造我們的電流急急棒。 ～～～～～ 第三節結束 ～～～～～ 一、準備活動 ◎回顧上節課重點 • 票選出的最好點子是…… • 學生準備所需要的相關材料及工具。 ◎小組依上一節所選出的最佳設計圖進行評估需準備哪些材料及工具 二、發展活動 1. 教師提示及說明規則 使用任何工具及器材時，務必要注意安全，千萬不要因一時不小心而受傷，過程中會遇到許多問題，你可尋找老師或同學協助，但記住這個作品是你很重要的產出，期待各位同學能發揮創意，再次挑戰「電流急急棒」。 • 創作過程中，個人的創意是相當重要的，要尊重每個人的創意。 • 任何元素都是使橡皮筋機關槍變得更有創意，因此你要盡可能運用各種元素及材料。 2. 學生運用現有材料進行製作 • 鼓勵學生盡可能完成作品。 • 注意學生動態，適時給予協助。 三、綜合活動			
CPS-6、 建立認同	1. 完成說明書及設計圖 • 請學生用說明書呈現自己的作品。 • 將作品化為設計圖，讓更多人可以欣賞。			

【電流與迴路篇】			
單元名稱	電流急急棒	教學時間	4 節，共 160 分鐘
	2. 誰是神穩手？ 　• 說明大賽規則及獲勝條件。 　• 記錄過程及公布結果。 3. 教師總結 　在電流急急棒的活動中，雖然遇到許多挑戰，運用你的巧思及好點子，讓你的創意能展現出來，相信未來的你們一定是電流急急棒的小小高手喔！ ～～～～ 第四節結束 ～～～～		

【單極馬達篇】			
單元名稱	單極馬達	教學時間	4 節，共 160 分鐘
單元目標	1. 將活動單元內容依 CPS 步驟來設計，具體呈現 CPS 過程。 2. 讓學生透過如何使自己設計的單極馬達可快速旋轉，並熟悉 CPS 過程。 3. 透過學習單，讓學生能將 CPS 的過程技巧與日常生活相結合。	教學資源	◎自編簡報、學習單 ◎準備材料：電池、強力磁鐵、銅線、剪刀。
評量方式	積極參與、口頭發表、行為呈現、作業活動觀察		
CPS 階段步驟	教學流程		
CPS-1、 建構機會	一、準備活動 1. 教師引導：（配合簡報內容） 　(1) 教師播放影片 　(2) 影片中，為什麼單極馬達會不停旋轉呢？ 　• 運用電力及磁力的關係，形成磁力互斥的現象。 　• 使用磁力與電流。 2. 教師提問：如果我們要動手做單極馬達，可能會遇到什麼問題？ 　• 單極馬達如何旋轉？ 　• 要怎樣單極馬達才能轉速變快？		
CPS-2、 探索資料	二、發展活動 1. 提供學生創作單極馬達的材料及教學步驟 　• 電池、強力磁鐵、銅線、剪刀。 　　步驟一、將銅線折成可纏繞電池的形狀		

【單極馬達篇】			
單元名稱	單極馬達	教學時間	4 節，共 160 分鐘

CPS-3、 架構問題	步驟二、將電池和在強力磁鐵上方 　　步驟三、將彎折好的銅線套在電池上方 　　步驟四、觀察單極馬達旋轉的次數及方向 2. 製作單極馬達的過程中遇見了哪些問題？ 　• 單極馬達卡住了，轉不起來。 　• 如何能使單極馬達的轉速變快呢？ 二、綜合活動 1. 讓學生運用曼陀羅思考法來進行創造思考 　• 為什麼單極馬達轉速不夠快？ 　• 單極馬達設計時有什麼訣竅？ 2. 完成學習單 　• 找出對你的單極馬達不滿意的地方。 　• 運用「我可以用什麼方式」的句型，思考不滿意之處。 3. 教師小結 　　在單極馬達的製作活動中，會遇到許多挑戰，特別是在如何能使單極馬達變得 　　更好或做得更有創意，因此下次我們要一起尋找好方法來改善單極馬達。 ～～～～～～ 第一、二節結束 ～～～～～～ 一、準備活動 1. 回顧上堂課內容 　　上一節課我們提出哪些對於單極馬達不滿意的地方呢？ 　• 無法轉動。 　• 無法快速旋轉。 2. 教師提問 　　我們還可用什麼方法來解決它呢？ 　• 腦力激盪法、心智圖、奔馳法等創造力技法。 　• 請老師再重新教導一次。
CPS-4、 產生點子	二、發展活動 1. 請學生使用奔馳法或腦力激盪，想想看有哪些好點子，並繪製出來 　• 動腦思考，激發好點子與創意。 　• 運用「還有哪些好點子」的句型，思考還能怎麼做。 　• 請學生將所想到的「單極馬達」構想畫出設計圖。 2. 共同評價點子 　• 運用自評與他評方式，了解大家的想法。 　• 選定一個或兩個最需要解決的問題及方法。 　• 說說看選擇這個創意的原因及理由。

【單極馬達篇】			
單元名稱	單極馬達	教學時間	4 節，共 160 分鐘
CPS-5、 發展解答	三、綜合活動 1. 公布票選結果 2. 完成學習單 3. 教師小結： 　剛剛我們已思考了許多很棒的好點子，也透過投票方式找到大家最能接受的好點子，下次我們將運用好點子來創造我們的單極馬達。 ～～～～～～ 第三節結束 ～～～～～～ 一、準備活動 ◎回顧上節課重點 　• 票選出的最好點子是…… 　• 學生準備所需的材料及工具。 ◎小組依上一節所選出的最佳設計圖進行評估需準備哪些材料及工具 二、發展活動 1. 教師提示及說明規則 　使用工具及器材時，務必要注意安全，千萬不要因一時不小心而受傷，過程中會遇到許多問題，你可尋找同學或老師協助，但記住這個作品是你很重要的產出，期待各位同學能發揮巧思，再次挑戰單極馬達。 　• 創作過程中，個人的創意是相當重要的，要尊重每個人的創意。 　• 任何元素都使單極馬達變得更有創意，因此你要盡可能運用各種元素及材料。 2. 學生運用現有材料進行製作 　• 鼓勵學生盡可能完成作品。 　• 注意學生動態，適時給予協助。		
CPS-6、 建立認同	三、綜合活動 1. 完成說明書及設計圖 　• 請學生用說明書呈現自己的作品。 　• 將作品化為設計圖，讓更多人可以欣賞。 2. 誰是轉轉高手？ 　• 說明誰是轉轉高手的規則及獲勝條件。 　• 記錄過程及公布結果。 3. 教師總結 　在單極馬達的科學製作活動中，雖然遇到許多問題，運用你的巧思及好點子，讓你的創意能展現出來，相信未來的你們一定是單極馬達的小小高手喔！ ～～～～～～ 第四節結束 ～～～～～～		

科學玩具問題大不同學習單 (1)

單元名稱：		姓名：	
作品名稱：		CPS 階段：	架構問題

　　我們從上一個活動中，了解你對「　　　　　」不滿意的地方。現在，我們要來針對你對「　　　　」不滿意的地方找出並提出需要解決的問題。可以運用「我可以用什麼方法……？」的問句來找出要解決的問題。針對你的「　　　」，感到不滿意的地方提出要解決哪些問題：

1. 我可以用什麼方式？＿＿＿＿＿＿＿＿＿＿＿＿＿＿＿＿＿＿＿＿
2. 我可以用什麼方式？＿＿＿＿＿＿＿＿＿＿＿＿＿＿＿＿＿＿＿＿
3. 我可以用什麼方式？＿＿＿＿＿＿＿＿＿＿＿＿＿＿＿＿＿＿＿＿

※ 請確定最需要解決的問題是：＿＿＿＿＿＿＿＿＿＿＿＿＿＿＿＿＿

科學玩具點子大不同學習單 (2)

單元名稱：		姓名：	
作品名稱：		CPS 階段：	產生點子

　　請同學們動動腦、運用腦力激盪法，一起來討論可用其他哪些材料來製作具有創意的「　　　　」呢？請在表格中畫出具有創意的想法，也可加文字說明。記得：**越特別越好，越多越好喔！**

	作品說明	構圖
點子一		
點子二		
點子三		

科學玩具解答大不同學習單 (2)

單元名稱：		姓名：	
作品名稱：		CPS 階段：	發現解答

　　現在，各位小朋友請討論看看哪些同學的點子最合適，選出可以做出最具有創意的「　　　」的點子，並寫出理由。

	作品名稱	理由一	理由二	理由三	評分（5、4、3、2、1）
1					
2					
3					
4					
5					

※ 我們找出最佳的點子是：＿＿＿＿＿＿＿＿＿＿＿＿＿＿＿＿

本章重點

1. CPS 對資優學生具有下列功能：(1) 協助學生探索並了解許多課程領域的新關係、可能性及挑戰；(2) 練習 CPS 歷程可讓學生學習到思考歷程的發展和系統的方法；(3) CPS 歷程可應用在計畫、指導、評鑑及分享個人和小團體調查研究的結果。

2. Parnes 相信資優學生比一般學生更具有創造潛能，教師須經常運用 CPS 的方法來教導資優學生，以激勵他們的潛能獲得更大的發展。

3. Howe 指出各種 CPS 模式具有共同特色，包含：(1) 利用多階段方式循序達到 CPS 的目的；(2) 每個階段都使用了聚斂和擴散思考；(3) 每個階段都始於擴散思考，而後為聚斂思考；(4) 可用於個人或團體的解題；(5) 可僅使用其中一部分的階段；(6) 各階段未必要按照一定順序來使

用；(7) 各步驟未必是一種線性模式呈現，可以交互螺旋出現。

4. CPS 三成分（了解問題、激發點子、行動計畫）六階段（製造機會、探索事實、建構問題、產生主意、發展解決方法、建立接受）。

5. Parnes 與其同事認為 CPS 模式應採用策略來提高成效，包含：(1) 去除創造力內在的障礙；(2) 延緩判斷；(3) 創造一種產生新連接、隱喻關係和類推能力的認知；(4) 提供延伸心靈經驗的作業；(5) 保持奇想；(6) 訓練想像力；(7) 去除心理的障礙；(8) 增進敏感力。

6. Treffinger、Isaksen 和 Dorval 認為成功應用 CPS 模式的要項，包含：(1) 須有適當的暖身活動；(2) 延緩判斷、精練判斷；(3) 時間考量；(4) 要有足夠的材料工具及創造激發思考和支持環境；(5) 適當的團隊合作與團體動力；(6) CPS 中基本成員、資源小組成員、引導者及過程好友等角色的定義和分工；(7) 讓小組感到舒適和有幽默感。

7. CPS 模式的優點，包含：(1) 可應用自如和有效性；(2) 有廣泛且變化的教材可供使用；(3) 易解說並獲得認同。

8. CPS 模式的弱點，包含：(1) 模式非專為資優生而設計；(2) 方法學上存在問題，主要在於創造力測量；(3) 過分強調尋求主意所需的靈感和想像，忽略實施時所需的情意特質。

溫故知新專欄

※選擇題

1. 下列哪一種資優教育課程模式最強調學生發現問題和解決問題的能力？　(A) 認識論模式（Epistemological model）　(B) 概念模式（Concept model）　(C) 內容模式（Content model）　(D) 歷程／產品模式（Process/product model）　　　　　　　　　【☆ 96 教檢，第 25 題】

2. 以下的實施步驟最符合下列哪一種資優教育教學模式的內涵？甲、發現困惑　乙、發現資料　丙、發現問題　丁、尋求主意　戊、尋

求解決方法　己、尋求接受　(A) 自我引導教學模式　(B) 思考與情意教學模式　(C) 創造性問題解決模式　(D) 多元才能發展模式

【☆ 97 教檢，第 3 題】

3. 以「防治地層下陷」為主題的學習單元，若是採用創造性問題解決的教學設計，下列哪一項屬於「尋求接受」階段探討的重點？(A) 如何防治地層下陷？　(B) 地下水與地層下陷有何關聯？　(C) 如何宣導地層下陷的防治行動？　(D) 導致地層下陷的可能因素有哪些？

【☆ 98 教檢，第 26 題】

4. S. Parnes 曾提出的創造性問題解決（Creative Problem Solving, CPS）步驟，下列何者不包含在內？　(A) 發現解答　(B) 尋求接受　(C) 發現構想　(D) 發現關係

【◎ 109 中區縣市政府教甄國中特殊教育 - 資賦優異學科，第 37 題】

5. 大屯山腳下快樂國小資優班陳老師以夏威夷火山爆發之新聞為議題，引導學生探討大屯山火山爆發的應變措施。上述課程最適合採用哪些資優教育模式？甲、平行課程模式　乙、統整教育模式　丙、多元菜單模式　丁、問題解決模式　(A) 甲丙　(B) 甲丁　(C) 乙丙　(D) 乙丁

【◆ 110 教資考，第 10 題】

6. 資優學生小安發現學校每日營養午餐剩下的食物過多，他想利用創造性問題解決策略（CPS）來處理這個問題。下列何者較可能在「探索資料（exploring data）」的階段出現？甲、了解剩下食物的類別與數量　乙、改變食物烹飪的方式與調味　丙、將剩下的食物送給弱勢學生帶回　丁、學生喜歡跟不喜歡吃的食物為何　(A) 甲乙　(B) 甲丁　(C) 乙丙　(D) 丙丁

【◆ 110 教資考，第 17 題】

7. 教師以 Creative Problem Solving（CPS）引導學生以小組合作學習進行「食安危機」的創造性問題解決，在「發現事實」的階段進行資料蒐集時，適合運用下列哪一項思考策略？　(A) 5W1H 或 6W　(B) SCAMPER　(C) Evaluation matrix　(D) Action plan

【◎ 111 桃園市教甄筆試教育綜合測驗 C，第 15 題】

※ 問答題

1. 試說明創造性問題解決（CPS）模式的意涵，並列舉其中四項特色。

【☆ 102 教檢，第 2 題】

2. 資優班黃老師以「節能減碳」為主題，運用創造性問題解決模式，逐步引導學生探究此議題並思考解決方案。試配合此一目的，說明創造性問題解決模式四成分八階段的內涵與活動內容。

【☆ 108-1 教檢，第 4 題】

※ 選擇題答案
1.(D)　2.(C)　3.(C)　4.(D)　5.(B)　6.(B)　7.(A)

☆表示教檢舊制「課程教學與評量」應試科目；◆表示教資考新制「課程教學與評量」應試科目，整理自 https://tqa.ntue.edu.tw/；◎表示各縣市教甄試題

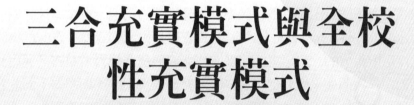

三合充實模式與全校
性充實模式

　　資優教育的目標在於激勵資優學生的潛能，培養資優的行為。因此，資優學生充實課程安排應著重試探、啟發及多樣性，透過多元化的加廣加深課程，啟發其從事高層學習及研究興趣，進而鼓勵其發揮創造力及工作專注，完成需長期努力的研究計畫，讓資優學生變成社會上具有傑出貢獻的真正資賦優異者（蔡典謨，1995）。

　　資優教育的教學模式有好幾種，其中以 Renzulli（1977）所倡導的「**三合充實模式**」（The Enrichment Triad Model）最具普遍性。此一充實模式主要在配合不同學習經驗的資優學生，為其不同需求而設計，以提供資優學生本質上不同於一般學生之學習經驗（Baum, 1987）。所謂「本質不同」就在於強調更多選擇自由、打破年級界限、降低壓力及適合更具彈性的個別化學習速率。此外，Renzulli（1978）認為資優是由下列三種特質的群集因素交互作用所組成的。資優者就是擁有或能發展這些能力，並將其運用到人類活動中。我們如果想要促使這些能力充分表現出來，則需要不同的教育機會和提供適切的服務，這不是經由一般教學計畫就能夠達到的。

　　後來 Renzulli（1988）又以全校為範圍提出了「**全校性充實模式**」（The School-wide Enrichment Model, SEM）。這個模式主要是將先前開發的「三合充實模式」與用以識別高潛能學生之「**旋轉門鑑定模式**」（Revolving Door Identification Model）（Renzulli, Reis, & Smith, 1981）相結合而成的。旋轉門模式是一種允許學生根據其能力、興趣、需要，隨時參與或退出的特別教學方案，將在一般能力或某些特殊項目範圍內表現最好的前 15%～20% 的學生選出〔約占學校人口中的四分之一的特殊才能池（talent pool）〕，提供其較充實的課程。甄選的標準是依據學生的能力、興趣及喜歡的學習形式來決定。

　　惟就國內的現況來看，真正要落實「全校性充實模式」的理念與實務並不易，但是資優班採取「三合充實模式」的理念來規劃課程架構與教學卻是相當地普遍。因此，以下主要是針對「三合充實模式」來進行描述。

三合充實模式的基本假定

教學與學習方面

　　為了發展三合充實模式，Renzulli（1977）曾描述了他對一般課程和充實活動的重要假定，如圖 7-1：

| 所有充實範圍必須是學生真誠而熱心地選擇後，想去從事研究的主題或活動 |
| 為有效適應他們所成長的文化背景，資優學生必須具備某些精練的能力 |
| 所精練的能力必須盡可能促其創新、與眾不同且恰當 |
| 充實活動包括遠超過一般課程所包含的經驗和活動 |
| 充實活動必須在尊重學習者的興趣和學習類型的原則下進行 |
| 對能產生充實經驗的物質環境（指教室環境及教學資源）應有彈性而不宜太固定 |

圖 7-1　三合充實模式的重要假定

資優學生的特性與教學

　　Renzulli（1978）認為資優特質有三項，分別是中等智力以上（Above Average Ability）、高創造力（High Creativity）及高工作專注（High Task Commitment），他將其命名為「資優三環」（Three-ring of Giftedness），並指出資優是由這三種特質的群集因素交互作用而成的，如圖 7-2。以下是這三個特質的進一步描述。

中等智力以上

　　這個因素通常是以標準化測驗中所得智力和成就為其依據。雖然他並未對這項特質作詳盡的描述，不過個人必須有相當的學識基礎和一些心智上的基本能力，才可能從事創造力的活動。

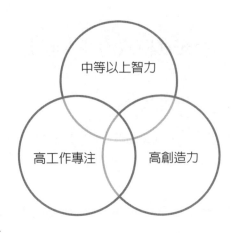

圖 7-2　資優三環說

高創造力

「創造力」是指「思考的原創力和研究方法的新穎」、「發明才能」及「在合宜情況下有能力建立規則」。他認為在擴散思考測驗中創造力的表現也許和個人工作時所表現的創造力只有少許，甚至毫無相關，所以教師需仔細觀察足以引導兒童將來成為富有創造力成人的一些特質。研究顯示高智力者未必有高成就表現，而高低成就者最顯著的不同在於動機和自我概念（Terman, 1959），如果這些特質是導致個人成功的因素，學生就應透過有興趣且刺激的學習方案及成功經驗來發展他們這些的特質。

高工作專注

「工作專注」是指完成目標的一種堅持力、統整力、驅力、熱心、決心和勤奮的精神（Mackinnon, 1965）。他認為工作專注與一般人所提完成老師所交代的工作動機不同，他所指的工作專注類似於持續動機，繼續工作的一種傾向（Maehr, 1976）。

三合充實模式的內涵

三合充實模式旨在透過讓年輕人接觸各種主題、興趣領域和研究領域，來鼓勵他們的創造生產力，並進一步訓練他們將高級內容、過程訓練

技能和方法訓練，應用於自我選定的興趣領域。因此，三合充實模式中包含三種類型的充實，包括一般探索經驗（General Exploratory Experiences）、團體訓練活動（Group Training Activities）及個人或小組探究真正問題（Individual and Small Group Investigations of Real Problems）等（Renzulli, 1977）。前兩種類型的充實活動適合所有學習者，而資優學生則適合所有的充實活動。

　　這個模式旨在促進三種充實類型之間的相互作用，圖 7-3 中的箭頭提供了模式動態特性，如果獨立或順序進行三種類型的充實，就會無法實現這些特性。例如：類型 I 接觸體驗本身可能具有價值，但是如果它為一個以上學生帶來第二類型或第三類型的充實體驗，就會獲得最大的回報。透過圖中這些路徑，一些學生第三類型的產品可以作為其他學生的第一類型和第二類型訓練。茲分述如下（Renzulli, 1977）：

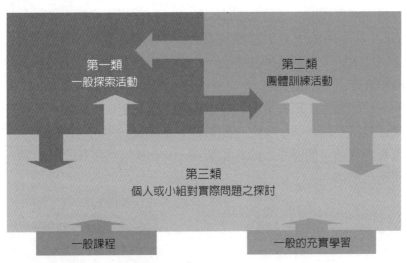

圖 7-3　三種充實類型之間的相互作用

第一類型充實：一般探索活動

　　在第一類型充實：一般探索活動中，強調試探興趣及加廣性質的充實課程，其目的如下：

- 擴充學生知識領域與生活經驗
- 試探並培養學生從事高層次研究的興趣
- 作爲教師安排認知與研究方法訓練的基礎

　　教師要指導學生探究他們感興趣的問題，讓學生能夠有不同機會去發掘他們在各方面的潛在興趣。這類活動提供學生多元探索，使他們找到適合研究的眞正主題，同時也幫助教師決定適合的第二類型活動。在這類活動中有個很重要的觀點必須了解，即一般的探索活動是個循環、繼續不斷的過程，它甚至可以激發學生深入去進行特殊的研究計畫，在這個活動中必須不斷地給學生機會，來引發其好奇心和新穎的興趣。

　　類型 I 充實的主要目的是在整個學校計畫中包括有目的地發展爲具有激勵作用的精選體驗。這種類型的充實還可以讓學生接觸到各種各樣的學科、主題、想法和概念。教師經常透過聯繫演講嘉賓、安排迷你課程、演示、透過播放影片、創建興趣中心、引導學生訪問網站或主持辯論等方式來組織和計畫第一類型體驗。

　　最成功的**類型 I 充實**是由本質上動態的體驗組成，包括一些動手活動而不是直接講座的方法，並在主題領域展示調查和創造性的機會。對於系統性匯報的經驗可使得學生能夠預想進一步參與及可能採取的後續行動。一些問題示例包括：

- 你對演示（實地旅行、網站等）有什麼興趣，它是否讓你想到了有關該主題的其他任何內容？
- 你能想到另一個人、地方或事物，可以讓我們獲得更多有關這個主題的訊息嗎？
- 根據你在觀看今天的演示後所看到、聽到和體驗的內容，花幾分鐘時間寫下你的想法、想法和情感。然後分享你的發現。
- 在哪裡可以找到有關此主題的更多訊息？
- 有沒有人願意單獨與我會面，探討對這種第一類型充實可能採取的後續行動？

　　為了讓**類型 I** 體驗使學生充滿興致，應該向呈現類型 I 經驗的學生提供有關該模式的足夠指導，以了解前面描述的目標及幫助學生探索在不同年齡和年級考慮範圍內，進一步參與的領域和機會的必要性。沒有這種定位，這一類經驗不可能被視為有令人感興趣的潛在追蹤機會。

　　在任何第一類型充實活動之後，可以對所有學生的興趣水準進行評估，並且可以為高度感興趣的學生計畫學習材料，以利更深入的高階**類型 I** 充實活動。在這種情況下，有一個基於興趣的特殊分組或實地考察的理由，這跟只向高能力學生提供類型不同。當然，一般**類型 I** 充實應該包括給定年級水準的所有學生。

第二類型充實：團體訓練活動

　　在第二類型充實：團體訓練活動中，強調認知、情感與研究方法訓練。多數教育工作者都認為需要將更多的訓練融入課程中，以培養高層次的思考技能，組織過程技能構成要素的系統方法，稱為**類型 II** 訓練。類型 II 充實是設計來促進思考和感覺過程發展的材料和方法，有些**類型 II** 訓練是一般性的，通常在課堂和充實方案中進行，訓練包括下列活動：

- 創造思考和問題解決、批判思考和情感過程的發展
- 學習如何分類和分析資料等技能
- 高級研究和溝通技巧

　　有些**類型 II 團體訓練**是非常特定的，因為它著重於學生可能從事的特定學科或項目的高階方法論指導，如圖 7-4。

　　教師要運用方法、教材及教學技術，來引發學生做創造思考和發展他們的情感。這類團體訓練活動可提供學生面對新的學習情境和內容的技巧及能力，也可以協助學生面對新情境解決新問題。它只是手段而非最後目的，過程要和內容緊密結合方能達到效果，而不至於使這些團體訓練活動成為零碎的遊戲。

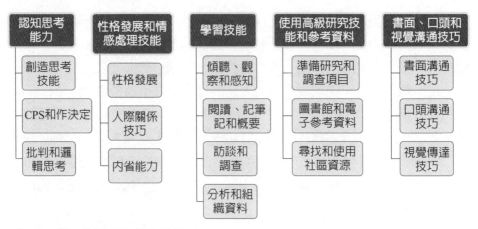

圖 7-4　認知和情感過程的分類

　　類型 II 團體訓練的實施不能事先計畫，通常會涉及到學生選擇的興趣領域的高級指導。例如：參加植物園的第一類型活動後，對植物學產生興趣的學生，透過額外閱讀植物學來接受該領域的高級訓練。這些學生從他們在網際網絡上，找到學習水耕（hydroponic）研究方法的同時，編寫、計畫和進行了植物實驗。一旦我們提到這些策略時，我們使用過程技能，包括圖 7-4 中五個一般類別中的特定技能示例。**類型 II 充實**也有類似於連結到**類型 I** 活動所討論的動機目的。

　　一般而言，**類型 II 團體訓練**為學生提供各種學習機會，目的在提高他們的獨立學習技能及個人作業、項目和研究的品質。這種訓練還包括廣泛的情感訓練活動，旨在改善社交和情感發展、人際關係和內省技能，並促進學生之間合作和相互尊重。這類充實通常受到學生的歡迎，因為它常涉及到很多的動手（hands-on）活動，學生可以看到這些技能跟他們可能想要從事的項目之間的關聯性。

　　幾乎所有的過程技能都可以在低年級引入，並隨著學生在年級的進展，透過更高級的資源得到加強。應使用教師和學生的反饋來確定**類型 II 團體訓練**的有效性，並且當所選材料不符合要求時應該尋求替代方法把工作做好。

第三類型充實：個人和小組探究真實的問題

　　三合一／三部曲（Triad）目在是透過讓學生接觸各種主題和感興趣的領域，提供思考技能、創造性問題解決和調查方法等方面的指導，並給予資源、機會和鼓勵學生應用這些內容和歷程技能，來處理所選定且感興趣的領域。三合充實模式的最大回報是讓學生參與**第三類型充實：個人和小組探究真實的問題**。

　　類型 III 充實包括調查活動和創意產品的開發，學生在其中扮演第一手調查員、作家、藝術家或其他類型專業人士實踐的角色。雖然學生在比成人專業人士更初級的水準上追求這些類型的參與，但是**類型 III** 充實的首要目的是創造一種情況，讓年輕人在其中思考、感受和做專業人士所做的事情，即使複雜程度低於成人研究人員、作家或企業家。真正的**類型 III** 充實經驗包含以下四個使問題成為真實的特徵，如圖 7-5：

> 個人化的興趣
>
> 使用真實的方法論
>
> 沒有現有的解決方法或正確的答案
>
> 目的在對教師以外的聽眾產生影響

圖 7-5　類型 III 經驗使問題成為真實的特徵

　　類型 III 充實學習代表了內容、過程和個人參與的綜合及應用。學生的角色從課堂的學習者轉變為第一手調查者，教師的角色從指導者和知識傳遞者轉變為教練、資源提供者和從旁指導的組合。一旦師生合作以達到這種最高水準的充實時，學生會進行自己選擇的研究，而且這些研究不是跟所學習的單元相關，就是學生感興趣的論題。有關**類型 III** 充實活動的例子如下：

- 老師帶著學生參觀臺北市大稻埕社區中具有重要建築意義的建築物，以便他們可以為這些建築物拍照並隨後設計和建造比例模型。他們研究了這些建築的歷史，並展示了他們的發現、模型、照片以及每棟建築物的「傳記」。
- 一位對漫畫充滿熱情的老師進行了第一類演示如何製作不同的漫畫人物，並隨後擔任一名學生的典範良師，該學生想要進行更深入的第三類型項目，開發漫畫作品並參加國際漫畫比賽。
- 一名國小高年級學生寫了一部關於她家移民編年史的小說，並為幾個家庭成員準備了插圖副本。
- 一群中學生為戲劇比賽編寫、製作並擔任原創劇本的演員，該劇後來參加了戲劇比賽。
- 一位學生採訪了他的鄰居，她是臺灣第一位在奧運奪牌的羽球選手。他寫了一篇文章，發表在報章或雜誌上。

　　圖 7-6 中的反思問題可用來測試學生產品，是否為第三類型充實真正的產品。如果答案跟圖中所揭示的相同，我們就可以確保學生的工作符合這個概念的標準。

類型 III 充實的標準		
問題	是	否
1. 每個學生都做過嗎？	-	√
2. 每個學生都應該做嗎？	-	√
3. 每個學生都能做到嗎？	-	√
4. 每個學生都想做嗎？	-	√
5. 學生是否心甘情願、專注地去做嗎？	√	-
6. 學生是否使用了適當的資源和方法論？	√	-
7. 除了老師，工作是為了有一個對其他聽眾的影響？	√	-

圖 7-6　類型 III 充實的標準

三合充實模式之評析 ✍

優點方面

1. 這種充實活動是以資優學生的特質為基礎而特別設計的。
2. 充實設計是以一般正規課程為基礎而加深加廣，目的在於使資優兒童具有一般能力。因此，設計活動時，須同時考慮資優與正規兩種課程的關係，三合充實活動就是在說明資優兒童分化教育計畫的問題與需要。
3. Renzulli 曾提供了三合充實活動在內容、過程、結果和學習環境方面的學習綱要，並提出一個統合其他專家的計畫架構，使這個計畫更適合資優兒童。
4. 其他模式較偏重課程一、二方面的研究，不像 Renzulli 提供綜合性的研究架構。
5. 提供一個包括哲學、計畫、資優定義、資優分類、數學活動和評量策略的全面統整有彈性且有效的研究架構。
6. 這種充實活動並沒有太深奧的教育術語，頗適合父母、行政人員和學生。
7. 尊重資優學生興趣和學習類型。
8. 其課程發展以真實生活為基礎。
9. 提供一個哲學理念說明資優學生需要接受特別設計的資優課程。
10. 本研究同時也提供那些不屬於這個活動計畫的學生的個別輔導。

弱點方面

1. 活動內容是否新奇值得再研究。
2. 對活動結果的成效問題，缺乏統整性研究。
3. 由於它的活動是為資優兒童所作的特別設計，教育人員一窩蜂地趕時髦，並沒有慎思熟慮去探討它所實施的一些哲學理論。
4. 三合充實模式強調選擇最有成就潛能的兒童，但是 (1) 沒有為那些

智力異於常人的兒童提供教育服務；(2) 沒有爲那些需要獨特學習型態的兒童做特別的課程設計。這些哲學理念可能和學校人員、家長、老師們的不一樣。

5. 資優特質是根據成人的研究結果，它們很難絕對地說明這些特質是否是導致成功的原因。

6. 工作專注和創造力也很難評量，因爲教師們並沒有受過這種專業訓練。這種哲學的立論看似乎很清楚且容易運作，惟事實上這種模式也簡單得令人不知所從。

結語

Renzulli 認爲資優是由中等智力以上、高創造力及高工作專注等因素交互作用所組成的。如果想要促使這些能力充分展現，藉由一般教學計畫是無法達到的，因此他提出了三合充實模式，透過三種類型的充實來激勵資優學生的潛能，讓資優學生成爲社會上具有傑出的貢獻者。三合充實模式雖分爲三種類型的活動，但彼此是關聯的，例如：第一類型本身固有加廣的目的，但價值可因一般性試探活動而促成了第二及第三類型充實活動的發展。另外，學生若完成了第三類型充實活動的獨立研究，其成果報告也可作爲第一類型的充實活動。

三合充實模式在資優班數學領域課程規劃和設計示例

市大附小資優班退休老師　蔡淑英

壹、資優班數學領域課程架構與內容

Renzulli 的「三合充實模式」，包含「一般探索活動」、「團體訓練活動」及「個人或小組探究眞正問題」等三種類型的充實。這個模式旨在

促進三種充實類型之間的相互作用，如果獨立或順序進行三種類型的充實，就會無法實現這些特性，而且教師可將一些學生第三類型的產品作為其他學生的第一類型和第二類型訓練。

目前國小資優班服務的對象為三至六年級學生，以下是筆者參考「三合充實模式」的理論，據以規劃資優班數學領域的課程架構與內容，如下圖所示。

三合充實 模式	第一類型 一般探索活動	第二類型 團體訓練活動	第三類型 個人或小組探討實際問題
課程類型	◆數學遊戲 ☯ 參觀活動 ➢專題講座 💻 專題閱讀發表	⚒ 教師引導式主題研究	▣兒童興趣中心主題研究 1. 創意想法發表。 2. 科展製作。
適用年級	三、四、五年級	四、五年級	高年級
適用對象	一般智能資賦優異學生		數理資賦優異學生

貳、類型I數學領域充實活動

它強調試探數學學習的興趣及加廣性質的充實課程，筆者共為類型 I 規劃了下列四種充實活動，其目的在於擴充資優生的數學知識和豐富數學與生活連結的經驗，並試圖培養資優生未來從事高層次數學研究的興趣。

一、數學遊戲

設定兒童已經具備原班數學課綱學習內容的基本能力下，把握資優生樂於接受挑戰的天性，設計既有趣又好玩的學習情境，來激發兒童對數學的學習興趣。培養兒童以數學語言溝通、討論和批判事物的能力，進而養成兒童運用數學知識與方法解決問題的基本能力。這對於提升資優生未來從事高層次數學研究的興趣有很大的幫助。以下分享六個課程規劃和設計的實例，以及由這些數學遊戲主題提升為第三類型兒童興趣中心數學科主題研究～創意想法發表或科展製作的實際運作結果。

課程規劃和設計實例 1：地磚的創意造形

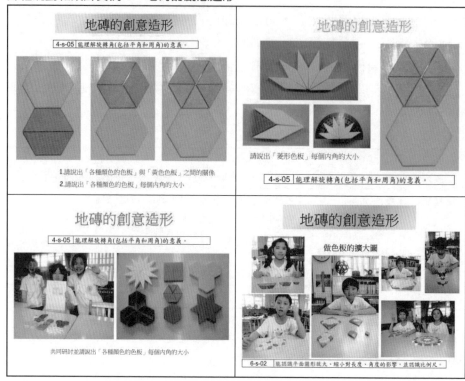

兒童興趣中心主題研究～科展製作：正多邊形與地磚

研究的問題
1. 探討選用單一形狀的正多邊形鋪地磚的可行性。
2. 探討同時選用兩種或三種不同形狀的正多邊形鋪地磚的可行性。

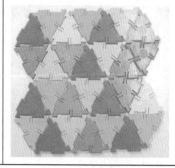

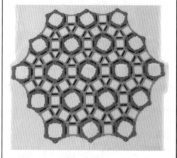

課程規劃和設計實例 2：骰子的數學世界

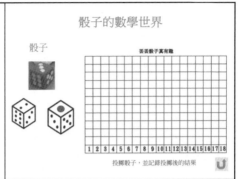

骰子的數學世界

【配合第九單元】單元名稱：統計圖表

1.觀察骰子認識骰子的視圖。
2.進行丟一顆骰子的活動，並紀錄投擲後的結果。
3.計算同時投擲兩顆骰子後的點數總和,並紀錄投擲後的結果
4.繪製統計圖表。
5.評析骰子投擲後的結果。
6.表達、溝通與分享。

骰子的數學世界

骰子

投擲骰子，並記錄投擲後的結果

兒童興趣中心主題研究～創意想法發表：丟丟骰子真有趣

研究的問題：分析同時投擲 2 顆和 3 顆骰子的情形並與實際投擲結果對照。

課程規劃和設計實例 3：玩石子遊戲

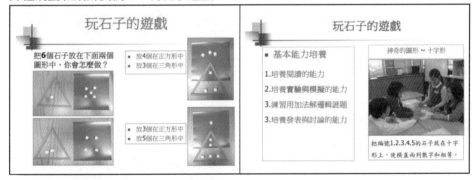

玩石子的遊戲

把6個石子放在下面兩個
圖形中，你會怎麼做？

■ 放4個在正方形中
■ 放3個在三角形中

■ 放3個在正方形中
■ 放5個在三角形中

玩石子的遊戲

■ 基本能力培養

1.培養閱讀的能力
2.培養實驗與模擬的能力
3.練習用加法解邏輯謎題
4.培養發表與討論的能力

神奇的圖形～十字形

把編號1.2.3.4.5的石子放在十字
形上，使橫直兩列數字和相等。

兒童興趣中心主題研究～創意想法發表：大三角形的神奇數字

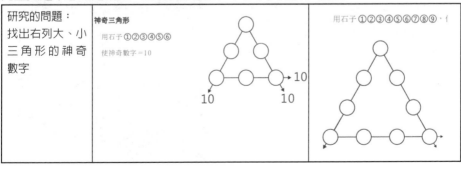

研究的問題：
找出右列大、小
三角形的神奇
數字

神奇三角形

用石子①②③④⑤⑥

使神奇數字＝10

用石子①②③④⑤⑥⑦⑧⑨，

課程規劃和設計實例 4：王老先生有塊地

1. 五個正方形連塊的創意造形。 2. 由 12 種不同類型的五方連塊中，任選 8 個在方格紙上進行用五連塊圍一個最大土地的活動，並把實作結果畫出來。 3. 計數封閉區域的土地面積。 4. 研究成果發表與分享。 5. 師生共同評估。	 任意選用8個五連塊進行圍土地的活動

兒童興趣中心主題研究～創意想法發表：用五方連塊圍出最大的土地

研究的問題： 改變不同類型的五方連塊個數，進行用五連塊圍一個最大土地並計數封閉區域的土地面積。	 3-s-01 能辨識平面圖形的內部、外部與其周界。 3-s-02 能辨識周長，並實測周長。

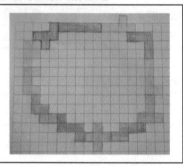

課程規劃和設計實例 5：圓形之美

用如意公分尺畫圓，認識半徑與圓 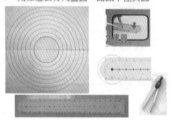	畫一個正三角形外的最小圓  1.以正三角形的三個對稱軸的交點為圓心畫一個紅色的圓 2.以正三角形的三個頂點為圓心畫三個藍色的圓
圓形之美兒童的創作 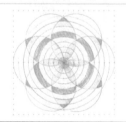	圓形之美兒童的創作 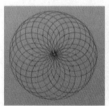 24等分圓 作者：馬欣睿　　24等分圓 作者：林塊聆

課程規劃和設計實例 6：火柴棒幾何學

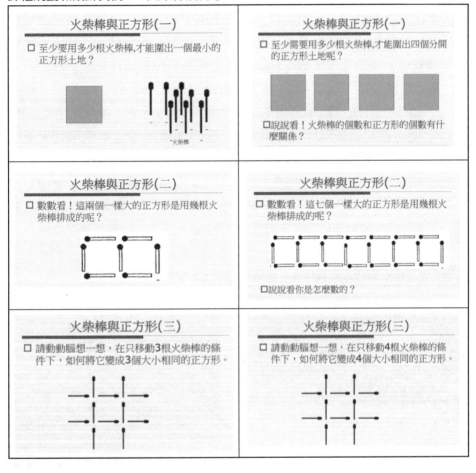

兒童興趣中心主題研究～科展製作：數數牙籤組合中的圖形

二、參觀活動

　　走出教室學數學，其目的在擴充學生數學知識和豐富數學與生活連結的經驗。「數學步道」可豐富學生數學與生活連結的經驗，「縣市或全國科學展覽會」可擴充學生數學知識，都是值得帶兒童前往探索的好地方。

■「數學步道」是從環境中選取數學題材，不是另外設計出一條步道，它不是以數學為目的而是將數學當作手段，讓參與者認識環境。它的教學目標在培養兒童以數學的觀點考慮周遭事物，並運用數學知識與方法解決問題的能力。教師可依照課程需求帶領學生走訪「臺大數學步道」、「中正紀念堂圍牆的造形與對稱」、「二二八和平紀念公園對稱之旅」等。學生在活動中可以親身體驗到生活環境中處處充滿數學的樂趣，更可以欣賞數學的美。

數學步道課程規劃和設計實例 1：參觀地點中正紀念堂

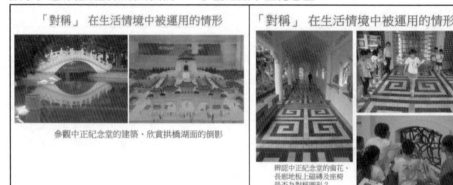

數學步道課程規劃和設計實例 2：和平公園紀念碑的造型

1. 走訪二二八和平紀念公園，欣賞數學之美，看看立體的對稱圖形，是如何被工程師靈活運用於紀念碑及其周遭環境的造型中？
2. 應用對稱的原理在真實的情境中，讓兒童進行模擬與解題活動。

　　參觀「縣市或全國科學展覽會」它可以讓學生看到同年齡層的兒童如何活用數學知識與方法解決問題。參觀活動結束後，教師可讓學生提出口頭或書面報告來和同學一起分享與討論。教師也可以讓學生針對自己有興趣的問題進行深入探究，將它提升為第三類型兒童興趣中心數學科主題研究～創意想法發表或科展製作。

三、專題講座

　　教師可因應整體課程規劃的需求，聯繫演講各行業的專家為學生辦理動態的體驗學習活動，包括一些動手活動而不是直接的講座，安排主題式的迷你課程讓學生體驗，使得學生能夠預想進一步參與興趣中心的設計與規劃時，可採取的後續行動。例如：在學生進行建築科學與藝術之美的設計活動前，教師可分別聯繫各行業的大師進行一系列的專題講座，不斷地給學生機會來引發學生對建築、空間規劃的好奇心和興趣。敦聘的大師包括：優秀建築師田園先生、植物在環境空間的應用大師林碧霞女士、公共藝術與空間設計大師郭博州教授等，除了對談外同時進行動手體驗的活動。教師進而使學生實際模擬小小建築師進行空間規劃活動並廣告行銷。

四、專題閱讀發表

　　把握資優生喜歡閱讀的天性，提供兒童與資訊互動的機會，培養兒童自我導讀的能力，增強兒童的數學概念，養成兒童主動學習的習慣。

　　數學專題閱讀的資料來源：漢聲精選數學叢書 41 本；讓我們來玩數學吧（小天下出版，作者：黃敏晃）；快樂學習圓形、正方形、三角形（遠則科學教育基金會出版，作者：Catherine Sheldrick Ross，譯者：陳順發）；遠流魔數小子；以及全國科學展覽優勝作品等等，都是親切易懂的優良讀物。

　　對於五年級的資優生，老師可以根據兒童個人有興趣的主題鼓勵兒童閱讀並做簡單的閱讀摘要，學期結束前為兒童辦一場「數學專題閱讀發表

會」，請每一位兒童報告與分享個人最有興趣的一個主題。在發表會上報告者是專家，他可以接受同學的提問，這個經驗對兒童而言是可貴的。

參、數學領域類型 II 充實活動

在數學領域類型 II 充實活動中，筆者規劃了「教師引導式主題研究」，其目的在於讓學生學會數學科主題研究報告初步的撰寫方式，並試圖培養資優生未來從事高層次數學研究所應具備的能力。其中包括創造思考、變因控制和問題解決等方法訓練。教師本著為兒童的發現做好準備的精神，來設計與安排學生能夠勝任的主題，讓學生經由自己的親自參與、不斷的思考與探究，真正感受一下，數學原理是如何被發現的？是如何被創造的？讓學生的數學科學習內容不再只侷限於數學課本中一些規則的記憶而已。

「教師引導式主題研究」教學活動流程：首先由教師提供資優生能夠勝任的研究的主題，主題所呈現的問題明確，先由教師布題、學生解題出發；進而轉為學生嘗試自行擬定問題、自行解題並提出研究發現，研究發現可能是兒童過去不知道但經由這一次的研究才知道的。

「教師引導式主題研究」取材的來源可選自縣市或全國科學展覽會的優勝作品，由教師熟讀後加以改編；或由教師就其數學專業博覽群書加以組織之後自編完成。適合四年級的研究主題有：格點多邊形的面積、七巧板與正方形、五方連塊與長方形；高年級的研究主題有：正多邊形與正多面體、數字謎面問題的設計與解題、正多邊形的內角與內角和等。

課程規劃和設計實例 1：格點多邊形的面積～教師的引導

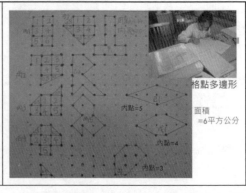

格點多邊形的設計理念

- 提供「11×11的正方形釘板」，請兒童在正方形釘板分別做出指定面積大小的多邊形，讓兒童探討圖形「面積」、「周界上的點」與「周界裡面的點」三者之間的關係。
- 期待兒童成為數學學習的主人，靈活的運用格點多邊形的三種變因，自行擬定想要探究的問題，進而自行解題並分享研究發現。

- 11×11的正方形釘板

格點多邊形的**周點內點**與**面積**

- 在釘板上做指定面積大小的格點多邊形。
- 內點＝（　）、周點＝（　）的格點多邊形面積。
- 內點的個數＝（　）、周點＝3、4、5...的格點多邊形面積。
- 周點的個數＝（　）、內點＝1、2、3...的格點多邊形面積。

格點多邊形的面積～兒童研究成果發表

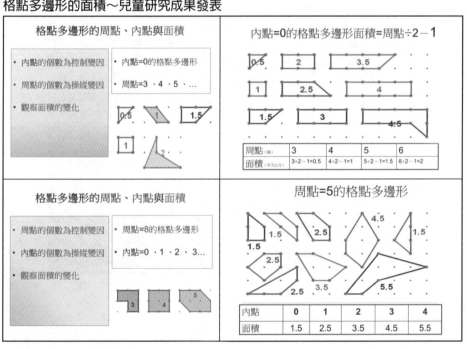

課程規劃和設計實例 2：五連塊與長方形～教師的引導

五連塊與長方形面積～兒童研究成果發表

兒童興趣中心主題研究～數學創意想法發表：

1. 改變不同類型的五方連塊個數，在方格紙上進行拼組長方形的活動。

2. 學生自行擬題、解題、發表創意想法並撰寫研究報告。

兒童興趣中心主題研究～科展製作：五連塊與長方形面積

類型	五方連塊個數	面積(個方格)	長方形的規格		是否可以拼組成功？	目前我拼組成功的個數
			長邊(方格)	寬邊(方格)		
類型一	1個	5	5個	1個	是	1
類型二	2個	10	10個	1個	否	
類型三	2個	10	5個	2個	否	
類型四	3個	15	15個	1個	否	
類型五	3個	15	5個	3個	是	7
類型六	4個	20	20個	1個	否	
類型七	4個	20	10個	2個	是	2
類型八	4個	20	5個	4個	是	79
類型九	5個	25	25個	1個	否	
類型十	5個	25	5個	5個	是	87
類型十一	6個	30	30個	1個	否	
類型十二	6個	30	15個	2個	否	
類型十三	6個	30	10個	3個	是	112
類型十四	6個	30	6個	5個	是	23
類型十五	7個	35	35個	1個	否	
類型十六	7個	35	7個	5個	是	141
類型十七	8個	40	40個	1個	否	
類型十八	8個	40	20個	2個	否	

課程規劃和設計實例 3：正多邊形的內角與內角和～教師的引導

1. 教師提供畫有許多正多邊形的學習單，讓學生運用切割成三角形的方法來探討正多邊形的內角和與內角的計算方法。
2. 學生自行解題。
3. 小組討論並提出研究發現。

兒童興趣中心主題研究～科展製作：正多邊形分割成三角形的分割總數與類型

正多邊形分割成三角形的分割總數與類型

■ 全國科展第35屆高小組第一名作品

正多邊形分割成三角形的分割總數與類型

■ 第35屆全國科展教授們的評語：

多邊形的相異三角形分割總數是很有意義的圖形論問題。學生從正多邊形出發，因對稱關係而衍生另一種類型問題。學生從五、六、七、八邊形出發，有效的給出正多邊形分割總數的遞迴公式。學生研究的投入，與創造的發揮都超過普通的水準。另外展出的呈現與版面設計也很好。

課程規劃和設計實例 4：正多邊形與正多面體～教師的引導

<table>
<tr>
<td>
1. 教師介紹多面球體的視圖和提供正多邊形的智慧片，讓學生製作多面球體，進而讓學生認識多面體與正多面體。
2. 計數多面球體的頂點、邊和面的個數。
3. 找出每一個正多面體頂點、邊和面個數之間的關係。
4. 認識正多面體的展開圖。
</td>
<td>
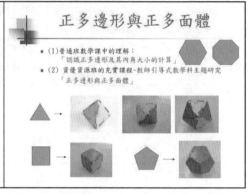
</td>
</tr>
</table>

兒童興趣中心主題研究～問題的擬定

肆、數學領域類型 III 充實活動

在數學領域類型 III 充實中，筆者主要是實施數學本位的「兒童興趣中心主題研究」，目的在於提供給能追根究底且樂於主動探索問題的資優生一個發表的園地。學生可以由類型 I 和 II 的充實活動中，針對感興趣的

數學主題，以個人或小組的方式進行深入探究。這種探究會有創意想法發表和科展製作兩種呈現的方式。

　　實施「兒童興趣中心數學科主題研究」教學，兒童可以由「教師布題」、「學生解題」的身分，轉變成既是真正的「布題者」也是真正的「解題者」。兒童進行研究所花的時間長短大有不同，第一個層次「創意想法發表」兒童進行研究所花的時間較短，但兒童創造發明的能力卻可養成，它的研究發現是過去沒人發現過的，但是內容也許還不夠完整有待證明。第二個層次「科展製作」，此活動的**目標在於**培養兒童應用「數學思考」能力解決所面臨的問題，其中包括問題的擬定、解題策略與研究精神。它較適合樂於長期思考一個主題，努力不懈型的資優生，兒童進行研究所花的時間少則九個月，多則一年半，近年來在附小誕生的北市或全國科展前三名的作品都是屬於這個類型，一件好作品的誕生，往往需要一群小小研究者本著一份執著與熱誠的態度，不斷地經由活動中去探索、討論、分析並整理資料，進而掌握「解題規律」，完成研討。進行這樣的教學活動，教師應把握以下原則：(1) 儘量給予學生獲得獨立工作的經驗；(2) 給予兒童充分的數學思考時間，耐心地去等待；(3) 仔細聽兒童的研究發現，並適時給予肯定和讚美；(4) 雖鼓勵，但不強迫：教師應體諒兒童初次做研究可能會面臨困境，當教師發現憑他們現有的數學知識與兒童的認知發展，已無法突破困境時，教師應尊重兒童研究的意願，協助兒童將目前的研究發現，加以整理成初步的書面報告，讓兒童在班級內發表；(5) 數學作業的處理應具彈性，教師可改以數學寫作活動取代，讓兒童試著把研究發現寫出來。

　　以下分享四個數學科主題研究教學課程設計範例和一個科展製作指導師生的角色定位範例：

數學科主題研究教學課程設計範例1：數字謎面

(一) 設計理念

　　這個主題是一個屬於以數學領域為主的統整化課程，它提供資優生發表創意想法與合作解題的園地，從解決數謎問題的過程中，兒童不但可以享受到按照自己的已知智能和學習方式來學習數學的樂趣，而且可以親自

體驗自己具備擬定問題、分析問題、解決問題與撰寫數學研究創意想法報告的能力。

(二) 課程架構

課程類型	數學遊戲	教師引導式主題研究與創意想法發表	
教學單元	數字謎題創意解法	設計數字謎面問題	揭開數字謎題面紗
單元目標	培養分析問題與解決問題的能力	培養擬定問題與解決問題的能力	培養數學思考與撰寫研究報告的能力
教學內容簡介	1. 理解數字謎面的意義。 2. 嘗試解決 B + B = TA 的數字謎題。 3. 嘗試解決 ONE + ONE = TWO 的數字謎題。 4. 分析與討論英文字母所代表的數字彼此間的關係。 5. 分享研究成果。	1. 理解數字謎面問題設計的方法。 2. 界定研究範圍並列出所有可能的算式。 3. 將所有的算式翻譯成英文並進行初步篩選活動。 4. 分析與討論數字謎面問題的篩選結果。 5. 分享研究成果。	1. 研討數字謎題 ONE + ONE = TWO 的解題順序及全部解法。 2. 解決自行設計出來的數字謎面問題，並呈現解題順序及全部解法。 3. 撰寫研究報告。 4. 研究成果發表與分享。
備註	科展製作： 1. 第 41 屆全國科展第二名作品說明書網址「數字謎面」 https://www.ntsec.edu.tw/Science-Content.aspx?cat=38&a=6821&fld=&key=&isd=1&icop=10&p=7&sid=399 2. 第 41 屆全國科展教授們對「數字謎面」的評語 ONE + ONE = TWO，每個字母各自代表 0、1、2、3……9 的數字，到底可以創造多少個如此有趣的謎面呢？作者做了完整的搜索，並把所有的答案都用組合總數的方式做了計數。作品的邏輯性及陳述的流暢都是一時之選，是典型的國小六年級的優秀科展力作。		

數學科主題研究教學課程設計範例2：圓形真的好美

(一) 設計理念

從「圓形之美」與「圓形釘板上的圖形」出發，讓兒童分別進行用如意公分尺探究圓弧所產生的設計圖，以及探究圓形釘板上的釘子用橡皮筋可圍出的圖形。進而鼓勵兒童閱讀漢聲精選世界兒童數學叢書「圓」和

「橢圓」兩個主題，希望培養兒童摘要、發表與形成問題且願意主動探究的能力。

(二) 課程架構

課程類型	數學遊戲	兒童興趣中心 數學創意想法發表	
教學單元	圓形之美	圓形釘板上的圖形	圓與橢圓
單元目標	探究圓弧所產生的設計圖	探究圓形釘板上的釘子可圍出圖形	培養閱讀、摘要、發表與研究能力
教學內容簡介	1. 用如意公分尺畫同心圓。 2. 用等分圓的方式，找到圓周上等距離的分點。 3. 分別以圓周上等距離的 n 個分點為圓心，畫相同半徑的 n 個圓。 4. 進行圓形之美的創作與美化活動，並分享。 5. 領會數學本身的美。	1. 用等分周角的方法，在圓形色紙內畫出最大的正 n 邊形。 2. 用摺紙的方法，找出圓形色紙上的 12 個等分點並畫出最大的正 n 邊形。 3. 在圓形釘板內做出各種基本平面圖形。 4. 與他人分享思考歷程與成果。	1. 閱讀與摘要漢聲精選世界兒童數學叢書第 9 本主題：「圓」；第 31 本主題：「橢圓」。 2. 兒童發表與分享閱讀心得。 3. 師生共同研討閱讀內容。 4. 摘要閱讀內容並針對有興趣的問題主動進行研究。 5. 與他人分享思考歷程與研究成果。
教學資源	1. 學習單、螢光筆 2. 如意公分尺	圓形色紙、圓形釘板、學習單	漢聲精選世界兒童數學叢書

數學科主題研究教學課程設計範例3：五方連塊與長方形

(一) 設計理念

從兒童所熟悉的正方形創作五方連塊圖形出發。透過具體操作，進行選用指定五方連塊個數「圍一個最大土地」及「拼組成長方形」的活動。藉此活動培養兒童控制變因、運用數學知識與方法解決問題、記錄實作成果的能力，進而希望能培養兒童以數學語言溝通、討論和批判各種解法的能力。

(二) 課程架構

課程類型	數學遊戲	教師引導式 主題研究	兒童興趣中心 數學創意想法發表
教學單元	王老先生有塊地	五方連塊與長方形	小數學家的創意
單元目標	創意解法記錄、發表與分享	培養數學思考、溝通、討論與批判能力	培養問題設計與問題解決能力
教學內容簡介	1. 五方連塊的創意造形。 2. 任選 8 個不同類型的五方連塊在方格紙上進行用五方連塊圍一個最大土地的活動。 3. 記錄實作結果。 4. 點數土地面積。 5. 研究成果發表與分享。 6. 師生共同評估。	1. 任選 3 個不同類型的五方連塊來拼組成長方形。 2. 記錄實作結果。 3. 兒童發表與分享各種拼組方法。 4. 任選 4 個不同類型的五方連塊來拼組成長方形並記錄實作結果。 5. 兒童發表與分享長方形的類型與各種拼組方法。 6. 師生共同評估。	1. 改變不同類型的五方連塊個數在方格紙上進行用五方連塊圍一個最大土地的活動。 2. 改變不同類型的五方連塊個數在方格紙上進行拼組成長方形的活動。 3. 自行擬題、解題並撰寫研究報告。 4. 發表創意想法。
教學資源	1. 學習單 2. 正方形智慧片	12 個不同類型的五方連塊	12 個不同類型的五方連塊

數學科主題研究教學課程設計範例4：七巧板的創意造形

(一) 設計理念

中國傳統的七巧板是一種很好的益智遊戲，七巧板不僅可創造許多具有美感而又有趣的圖形，更具有濃厚的數學及幾何學意味，因此使得許多中外人士對七巧板的推演和變化，投以相當的關注。

(二) 課程架構

課程類型	數學遊戲	教師引導式 主題研究	兒童興趣中心 數學創意想法發表
教學單元	摺紙幾何	七巧板與正方形	七巧板與多邊形
單元目標	認識七巧板中圖形	培養圖形創造能力	培養幾何推理能力
教學內容 簡介	1. 探討把正方形色紙對摺後，可以產生的圖形。 2. 探討把正方形色紙對摺後再對摺可以產生的圖形。 3. 探討在正方形色紙內摺出大小正方形的方法。 4. 認識七巧板。 5. 探討用正方形色紙摺出七巧板的方法。	1. 探討用小的巧板來拼組大的巧板的方法。 2. 探討用 2～7 片七巧板拼組正方形的方法。 3. 記錄實作結果。 4. 兒童發表與分享正方形的類型與各種拼組方法。 5. 師生共同評估。	1. 探討用 2～7 片的七巧板拼組三角形的方法。 2. 探討用 2～7 片七巧板拼組長方形、平行四邊形梯形等基本平面圖形的方法。 3. 自行擬題、解題並撰寫研究報告。 4. 發表創意想法。
教學資源	1. 正方形色紙 2. 七巧板 3. 幾何扣條	1. 學習單 2. 七巧板	七巧板

科展製作指導師生的角色定位範例

設計理念：

　　這個主題是一個由數學遊戲「數字拼圖」出發所誕生的作品，它除了榮獲北市附小校內科展與北市國小組數學科展的特優外，還代表北市參加全國第 49 屆中小學科展，榮獲最佳團隊合作獎的殊榮。從這件作品的誕生，可看出教師角色的轉換，從「研究問題的形成」開始，到「學生的帶領」再到「版面的製作」與「學生的應對指導」。教師從「引導者」的角色退而成為兒童的「協助者」與「支持者」，讓兒童展現高智商、高創意與高度團隊的合作，最後讓團隊成員個個成為「數學家」的教學歷程，各學習階段師生的定位以及學生的學習重點如下表：

	第一階段	第二階段	第三階段
學習階段	數學遊戲	兒童興趣中心主題研究～科展製作指導	
	教師的引導	兒童的探究	研究成果的展現
師生角色定位	「教師布題」 「學生解題」	兒童是真正的「布題者」也是真正的「解題者」	兒童是「數學家」 教師是「協助者」
學習重點	1. **教師的布題**～認識數字拼圖的問題。（見備註） 2. **學生的解題**～理解數字拼圖的問題，尋求解題的方法 (1) 理解 4×4 數字拼圖的問題。 (2) 探索 4×4 數字拼圖問題的可能解法。 (3) 探索 5×5 數字拼圖問題的可能解法。 (4) 探索 6×6 數字拼圖問題的可能解法。 (5) 探索 7×7 數字拼圖問題的可能解法。 3. 學生的發表與分享～分享數字拼圖問題的各種可能解法，組織研究團隊。	1. **研究問題的形成**～依據研究團隊的興趣，各團隊的兒童自行擬題並確定研究的範圍。 2. **問題的解決**～創造思考與創新的解題策略 (1) 運用擴散性思考列出許多解決問題的主意。 (2) 分析問題並進行模擬。 (3) 記錄實際模擬的結果。 (4) 各團隊自辦小型的階段性專題研究發表會，與研究團隊成員共同討論與分享初步的研究發現。 (5) 運用聚斂性思考來尋得解題通則。 (6) 撰寫研究報告。 (7) 研究成果發表與分享。	**尋求接受**～參加競賽展現研究成果 1. 報名參加校內科展，團隊成員分工合作 (1) 說明書的撰寫。 (2) 簡報製作。 (3) 口頭報告與解說。 2. 榮獲校內科展特優取得報名參加北市科展資格。 3. 參加北市科展，團隊分工合作為校爭光 (1) 共同深究如何推廣研究結果。 (2) 修正說明書。 (3) 科展的版面製作。 (4) 作品的陳述演練。 4. 榮獲北市科展特優報名參加全國科展。 5. 參加全國科展，榮獲最佳團隊合作獎。
備註：教師的布題～從 1 開始用連續數個數字填入小正方形的方格中，連續的兩數字其方格都必須相鄰（上、下、左或右），然後必須全部填滿所有的方格後才算成功，接著計算大正方形任一對角線方格上的所有數字，看誰的數字總和最大或最小誰就是贏家。			

本章重點

1. 全校性充實模式（SEM）主要是將「三合充實模式」與用以識別高潛能學生之「旋轉門鑑定模式」相結合而成的。

2. 旋轉門模式是一種允許學生根據其能力、興趣、需要，隨時參與或退出的特別教學方案，將在一般能力或某些特殊項目範圍內表現最好的前 15%～20% 的學生選出，提供其較充實的課程。

3. 為發展三合充實模式（Renzulli）對一般課程和充實活動的重要假定，包含 (1) 有充實範圍必須是學生真誠而熱心地選擇後，想去從事研究的主題或活動；(2) 為有效適應他們所成長的文化背景，資優學生必須具備某些精練的能力；(3) 所精練的能力必須盡可能促其創新、與眾不同且恰當；(4) 充實活動包括遠超過一般課程所包含的經驗和活動；(5) 充實活動必須在尊重學習者的興趣和學習類型的原則下進行；(6) 對能產生充實經驗的物質環境（指教室環境及教學資源）應有彈性而不宜太固定。

4. 資優特質有三項，分別是中等智力以上、高創造力及高工作專注，資優是由這三種特質的群集因素互動而成的。

5. 三合充實模式中包含一般探索經驗、團體訓練活動及個人或小組探究真正問題。前兩種類型的充實活動適合所有學習者，而資優學生則適合所有的充實活動。

6. 在第一類型充實：一般探索經驗活動中，強調試探興趣及加廣性質的充實課程，其目的在於擴充學生知識領域與生活經驗、試探並培養學生從事高層次研究的興趣，以及作為教師安排認知與研究方法訓練的基礎。

7. 第二類型充實：團體訓練活動中，強調認知、情感與研究方法訓練。訓練活動包括：(1) 創造思考和問題解決、批判思考和情感過程的發展；(2) 學習如何分類和分析資料等技能；(3) 高級研究和溝通技巧。

8. 三合充實模式的最大回報是讓學生參與第三類型充實。真正的類型Ⅲ充實經驗之問題特徵，包含 (1) 個人化的興趣；(2) 使用真實的方法論；(3) 沒有現有的解決方法或正確的答案；(4) 目的在對教師以外的聽眾產

生影響。

9. 類型 III 充實學習代表了內容、過程和個人參與的綜合及應用。學生角色從學習者轉變爲第一手調查者，教師角色從知識傳遞者轉變爲教練、資源提供者和從旁指導的組合。

溫故知新專欄 ....

※選擇題

1. 依據 J. Renzulli 的全校性充實模式，下列哪些篩選資優學生納入人才庫的方式比較適宜？甲、人格測驗　乙、教師提名　丙、能力測驗丁、自我推薦　(A) 甲乙丙　(B) 乙丙丁　(C) 甲乙丁　(D) 甲丙丁
【☆ 98 教檢，第 9 題】

2. 實施全校性充實模式（Schoolwide Enrichment Model）時，有關資優學生普通課程和充實課程的規劃方式，下列哪一項作法較不適切？(A) 普通課程內容必須做適當的修改　(B) 部分充實課程融入普通課程的進度之中　(C) 普通課程維持原來的進度，充實課程採外加式的規劃　(D) 普通課程進度配合資優學生的個別學習狀況加以濃縮
【☆ 99 教檢，第 20 題】

3. 某校資優資源班欲採行全校性充實模式規劃資優教育方案，下列哪一項較爲符合該模式的實施原則？　(A) 可採用標準化測驗篩選學生進入人才庫　(B) IQ 達平均數以上的學生即可納入人才庫　(C) 前兩階段的充實活動採外加式課程，所有學生皆可自由選修　(D) 已納入人才庫的學生即可參加個別或小組的實際問題探究充實活動
【☆ 99 教檢，第 25 題】

4. 下列哪些敘述較符合資優教育全校性充實模式（Schoolwide Enrichment Model）課程規劃的理念？甲、增進深度學習的經驗　乙、進行與實施課程濃縮　丙、刪減已經會的教材著重弱勢能力的補強丁、根據其學生學習偏好與特長安排充實課程　(A) 甲乙丙　(B) 乙丙丁　(C) 甲乙丁　(D) 甲丙丁　【☆ 100 教檢，第 13 題】

5. 關於三合充實模式的敘述，下列何者較不適切？　(A) 三類型活動具有階層性須循序漸進　(B)「練習記筆記、晤談、分析資料、歸納結論」是第二類型活動　(C) 第三類型活動主要針對真實情境的問題進行個人或小組的探究　(D)「讓學生接觸不同領域的知識，擴充生活經驗」屬於第一類型的活動　【☆ 101 教檢，第 7 題】

6. 在 J. Renzulli 的旋轉門模式中，主張甄選在一項或多項領域中位於前 15-20% 的學生列在人才庫裡，下列敘述何者較不適切？　(A) 擴大人才庫的成員，讓更多人接受正規課程之外的菁英教育　(B) 學生表現位於百分等級 85 以上者，已能精通普通課程，可為其提供充實經驗　(C) 有研究顯示能力在 15% 左右的學生，其創造生產性的行為表現並不亞於能力較頂尖的學生　(D)「閾限（threshold）效應」研究顯示具有中等以上能力以及有工作熱忱和創造潛能的學生，有較高的機率發展資優行為　【☆ 101 教檢，第 28 題】

7. J. Renzulli 的全校性充實模式（The Schoolwide Enrichment Model），其理念較接近下列哪一種觀點？　(A) 資優教育菁英化　(B) 資優教育普通化　(C) 普通教育菁英化　(D) 普通教育資優化
　【☆ 102 教檢，第 9 題】

8. 有關 J. Renzulli 三合充實模式的敘述，下列哪些較為適切？甲、以服務資優學生為主要目的　乙、濃縮一般課程安排充實學習活動　丙、第三類型充實活動強調生產性的思考　丁、研究技巧訓練係屬於第二類型的充實活動　(A) 甲乙丙　(B) 乙丙丁　(C) 甲乙丁　(D) 甲丙丁　【☆ 103 教檢，第 2 題】

9. 資優班陳老師設計一系列關於臺灣過去與未來的教學單元，下列哪些安排屬於 J. Renzulli 三合充實模式中的第三類型活動？甲、探究臺灣本土民謠產生的年代、歌詞意義及其背景因素　乙、依臺灣的年代發展與重要歷史事件，佈置一個歷史廊道　丙、利用網路及圖書館資訊，蒐集清朝時期漢人渡海來臺的相關事蹟　丁、分別從漢人與原住民角度，批判漢人渡海來臺取得土地的合理性　(A) 甲乙丙　(B) 甲乙丁　(C) 甲丙丁　(D) 乙丙丁　【☆ 105 教檢，第 7 題】

10. 有關 J. Renzulli 全校性充實模式的敘述，下列哪些較為適切？甲、資

優鑑定的標準明確，達標準化測驗前端的學生才能進入方案　乙、未被列入才能檔案的學生，仍有機會接受充實活動或獨立研究　丙、整體模式的運作可依學區結構、教育目標與相關資源進行調整　丁、參加第三類型充實活動的學生須先參加第一和第二類型的活動　(A) 甲乙　(B) 甲丁　(C) 乙丙　(D) 丙丁　【☆ 106 教檢，第 15 題】

11. 有關全校性充實模式（SEM）課程規劃的敘述，下列哪一選項較為適當？甲：教師採用正式與非正式評量方法，瞭解學生的優勢　乙：配合學生個別學習狀況，運用課程濃縮與充實活動使普通課程產生區分性　丙：普通課程維持原進度，充實課程採外加方式進行　丁：提供連續性的特殊服務，包括個人或小組諮商、獨立研究的輔導、良師典範等　(A) 甲丙丁　(B) 甲乙丙　(C) 乙丙丁　(D) 甲乙丁　【◎ 106 桃園市教甄特教資優教育綜合測驗 -B，第 13 題】

12. 資優班林老師運用三合充實模式來提供資優教育，他對學生進行一些技巧訓練，包含高層思考、學習技巧、溝通技巧和研究技巧等，這是該模式何種類型的充實活動？　(A) 個別及小組探究真正的問題　(B) 團體訓練活動　(C) 一般的探究活動　(D) 特殊的充實群組　【◎ 106 桃園市教甄特教資優教育綜合測驗 -B，第 22 題】

13. 在 Renzulli 三合充實模式中，強調認知、情意與研究方法訓練，發展使用工具書的技能如索引、文摘、百科全書的能力，應屬於哪一類型活動？　(A) 個別或小組探討實際問題　(B) 團體訓練活動　(C) 一般試探性活動　(D) 試探興趣及加廣性質充實課程　【◎ 106 桃園市教甄特教資優教育綜合測驗 -B，第 30 題】

14. 以下哪些資優教育課程模式重視資優學生的獨立研究能力？甲：Renzulli 三合充實模式　乙：Feldhusen and Kolloff 普度三階段充實模式　丙：Treffinger 自我引導學習模式　丁：Betts and Kercher 自主學習者模式　(A) 甲乙丙　(B) 乙丙丁　(C) 甲丙丁　(D) 甲乙丁　【◎ 106 桃園市教甄特教資優教育綜合測驗 -B，第 40 題】

15. 關於三合充實模式的敘述，下列何者較適切？甲、第一類型活動目的是試探並培養學生從事高層次研究的興趣　乙、三類型充實活動具有階層性，須循序漸進　丙、「創作藝術或技藝產品、編寫劇

本、出版圖書」屬於第三類型活動　丁、「培養觀察、記錄、實驗、分析資料、歸納結論」屬於第二類型活動　(A) 甲乙丙　(B) 甲乙丁　(C) 甲丙丁　(D) 甲乙丙丁

【◎ 107 桃園市教甄特教資優教育綜合測驗 -B，第 26 題】

16. 教師提供博物館參觀或名人研究應屬於 Renzulli 的資優課程三合充實課程活動的哪一階段課程內容較為適當？　(A) 第一階段課程內容　(B) 第二階段課程內容　(C) 第三階段課程內容　(D) 都可以

【◎ 108 金門縣教甄特教資優教育，第 33 題】

17. 林老師設計了一個「綠色能源」的教學單元，他先安排資優學生觀賞各國綠能發展之影片，再請學生蒐集相關資料，討論「綠色能源的優點及限制」，並以「綠能應用」為主題進行小組口頭報告，最後說明空間設計概念讓學生完成「綠建築模型」。林老師的教學設計較能達成下列哪些資優教育模式的目標？甲、三合充實模式乙、多元智能教學模式　丙、自我引導學習模式　丁、創造性問題解決模式　(A) 甲乙　(B) 甲丙　(C) 乙丁　(D) 丙丁

【☆ 108-2 教檢，第 25 題】

18. 資優班陳老師針對班上喜愛火箭的學生，規劃了一系列三合充實模式的學習活動。下列哪些活動屬於「第二類型充實活動」？甲、觀看國外專家介紹火箭的影片　乙、分析火箭飛行角度與距離關聯丙、設計固態火箭並進行飛行測試　丁、蒐集各類火箭結構的相關資料　(A) 甲乙　(B) 甲丙　(C) 乙丁　(D) 丙丁

【☆ 109 教檢，第 1 題】

19. 有關全校性充實模式（School-wide Enrichment Model, SEM）的敘述，下列哪些較為適切？甲、參與充實活動的學生至少會完成一份獨立研究報告　乙、全校所有的學生都可以進入人才庫並接受充實活動丙、有明確研究主題的學生可直接進行第三類型充實活動　丁、有高度興趣與熱忱的學生可經教師提名參與充實活動　(A) 甲乙　(B) 甲丙　(C) 乙丁　(D) 丙丁　　【◆ 111 教資考，第 3 題】

20. 以下有關 Renzulli 全校性充實模式的敘述何者正確？甲、三個階段的充實活動都開放給全校學生按照興趣報名參加　乙、全校性充實

模式的課程設計採用普度三階段充實模式　丙、需要為資優學生規劃及實施普通課程的課程濃縮計畫　丁、以研究計畫草案篩選接受專家指導獨立研究的資優學生　(A) 甲乙　(B) 乙丙　(C) 丙丁　(D) 甲丁　【◎ 111 桃園市教甄筆試教育綜合測驗 C，第 13 題】

※問答題

1. 王老師是一位任教國小高年級資優班的教師，相當欣賞 Renzulli 的三合充實模式。他計畫在下一個學期針對資優學生生涯探索中的「職業探索」主題設計教學方案，並且想結合 Renzulli 的三合充實模式進行教學。試幫王老師設計一個簡要的課程架構與內容。

【☆ 97 教檢，第 3 題】

2. 試說明 J. Renzulli 三合充實模式的內涵及其各階段的適用對象。

【☆ 98 教檢，第 1 題】

3. 愛心中學積極推動美術資優教育，在學校行政人員、教師、家長及社區的支持下，資優班召集人林老師擬以 J. Renzulli 的全校性三合充實模式（The Schoolwide Enrichment Triad Model）規劃課程。試說明此模式的意涵，並協助林老師規劃各類型的充實活動。

【☆ 102 教檢，第 4 題】

※ 選擇題答案

| 1.(B) | 2.(C) | 3.(A) | 4.(C) | 5.(A) | 6.(A) | 7.(B) | 8.(B) | 9.(B) | 10.(C) | 11.(D) |
| 12.(B) | 13.(B) | 14.(C) | 15.(C) | 16.(A) | 17.(A) | 18.(C) | 19.(D) | 20.(C) | | |

☆表示教檢舊制「課程教學與評量」應試科目；◆表示教資考新制「課程教學與評量」應試科目，整理自 https://tqa.ntue.edu.tw/；◎表示各縣市教甄試題

平行課程模式

平行課程模式之構成要素

平行課程模式之課程設計要素

平行課程模式應用的程序和過程

平行課程模式之評析

結語

本章重點

　　課程模式是課程設計和發展的框架，可應用於任何學科領域、年級、環境，包括資優學生。在考慮適合資優教育的課程模式時，差異化學習體驗的要素尤為重要（Karnes & Bean, 2009）。由於學生的經驗、才能和偏限性各不同，教師須針對個別學生的需求，安排課程和評估。資優學生需要更深入的學習體驗，並在提供真實學習和與現實世界建立聯繫的課堂中成長茁壯。採用差異化策略讓這些學生能以最有利於他們當前能力和理解水平的方式參與材料，使他們能夠超越同年級水準課程綱要的充實內容。因此，考慮資優教育模式的選項時，重要的是要考慮模式重視和採用差異化學習經驗和評量的程度（Karnes & Bean, 2009）。

　　由於 Tomlinson 等人（2002）所倡導的「平行課程模式」（Parallel Curriculum Model, PCM）符合上述作為資優課程模式的標準。這個模式建議所有學習者都應該有機會體驗大象並從「看到整體」中受益。另外，隨著學生對於各方面知識的理解變得更專業，課程應該透過「提高智力需求」（Ascending intellectual demand）來支持學生發展專業知識。以下將就平行課程模式之構成要素、課程設計要素、平行課程模式協議的步驟，以及平行課程模式之評析等分別加以描述。

平行課程模式之構成要素

　　PCM 是一種為各種學生發展課程的概念本位取向，不只侷限於資優學生。由四個平行課程所組成，可以單獨或組合使用，第一個平行是「核心課程」（Core Curriculum），第二個是「連結課程」（Curriculum of Connections），第三是「實踐課程」（Curriculum of Practice），第四是「認同課程」（Curriculum of Identity）。這四個平行功能作為發展，建立必要知識和技能的不同階段，最終引導學生朝著成為該領域專家的目標前進（Tomlinson, 2016）。四個平行中的每一個都擴展和深化了知識、聯繫和學生對材料的參與；當四個平行課程一起使用時，這些平行建立了理解層次，鼓勵學生根據他們的個人優勢和興趣，以越來越複雜的方式參與內容。如圖 8-1。

核心課程	連結課程	實踐課程	認同課程
本課程是基礎課程，它建立與學科最相關知識和技能的豐富框架。它是所有平行的起點。	本課程源自並擴展核心課程，旨在幫助學生在各種情境、時間和環境中了解關鍵概念、原則和技能並產生互動。	本課程源自並擴展核心課程，目的是幫助學生像專業人士一樣，提高對學科的技能和信心。它是為了促進學生作為該學科從業者的專業知識。	本課程源自並擴展核心課程，旨在幫助學生從現在和未來可能性中看待自己與學科的關係；透過將其與他們的生活和經歷聯繫起來，更全面地了解該學科；提高對學生優勢、興趣和成長需求的認識，並將自己視為該學科的專家，可以為它或過透它做出貢獻。認同課程使用課程作為自我定義和理解的催化劑，相信透過向外看學科，學生可找到向內看的方法。

圖 8-1　平行課程模式之組成

第一個平行：核心課程

核心課程的本質與意圖

「核心課程」又可稱為「核心平行」（Core Parallel）。這個平行的重點是建立關於手頭主題的知識。它提供學生一種重要架構：「**訓練必要的概念和原則**」，協助學生組織他們所學的，並使其產生意義。在此平行範圍內探索的學習活動，可能會著重在特定學科中被普遍接受為「需要知道」的事實，要求學生分析以單一個關鍵主題為中心的資料。這個平行向學生介紹基本的核心概念，例如：行星、平衡，讓學生在開始進行跨課程連結之前吸收定義、用途和事實。這種平行還介紹了指導單元課程學習的重要原則，解釋兩個以上主題之間如何相互連結，要求學生概括並探索其因果關係。

由於核心課程是為滿足課程綱要而設計的最具代表性單元，因此它始終與其他三個平行中的一個或多個結合使用。保持與核心課程的連結可確保該單元滿足必要的綱要，同時結合一個以上的其他平行，讓師生能夠在更深入且抽象的層面上探索主題和原則（Tieso, 2008）。

核心課程的目的是確保學生建立一個知識、理解和技能的框架，為學生在學科的專業知識之旅做好準備。圖 8-2 概括了核心課程的意圖（National Association for Gifted Children, 2002）。

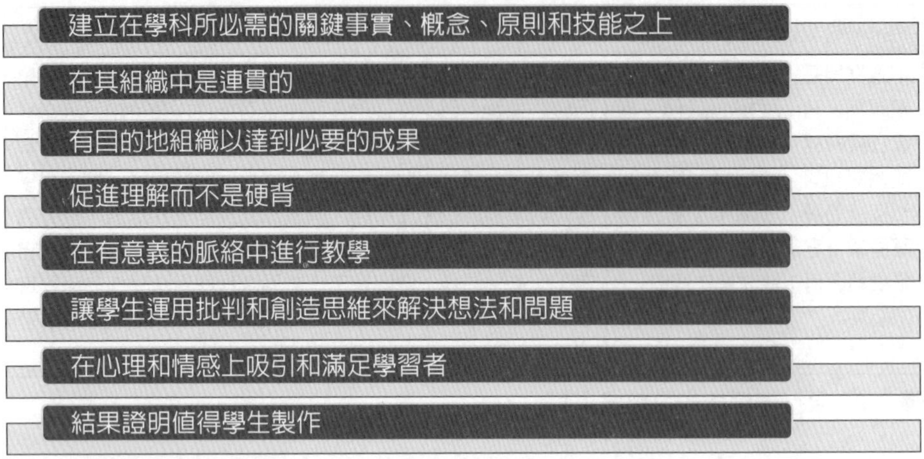

建立在學科所必需的關鍵事實、概念、原則和技能之上

在其組織中是連貫的

有目的地組織以達到必要的成果

促進理解而不是硬背

在有意義的脈絡中進行教學

讓學生運用批判和創造思維來解決想法和問題

在心理和情感上吸引和滿足學習者

結果證明值得學生製作

圖 8-2　核心課程的意圖

　　隨著學生在核心課程的特定方面展現出優異的才能和興趣，這些學生將會需要在不斷提高的智力需求水準下工作，以利體驗挑戰並有機會發展他們的能力。

核心課程和提升的智力需求

　　就核心課程而言，不斷提升的智力需求可透過下列多種方式實現（Tomlinson et al., 2002）：

- 使用更高級的閱讀、資源和研究材料
- 將想法和技能應用到與課堂上探索的應用程序非常陌生和不同環境中
- 設計的任務性質更開放或模稜兩可，和／或要求學生發揮更大程度的獨立性
- 鼓勵學生和成人專家在共同感興趣的領域開展合作
- 設計作品需要學生不斷反思想法和訊息的重要性，並促使學生產生新且有用的方式表達想法和訊息

第二個平行：連結課程

連結課程的本質與意圖

「連結課程」又可稱爲「連結平行」（Connections Parallel）。這個平行的目的是透過介紹跨越幾種不同文化、學科和經驗的概念、原則和技能，加深學生對核心課程的理解。在這種平行關係中，要求學生關注主題如何跨越多個學科、文化和時間段。與核心課程配合使用時，連結活動可以讓學生了解某個學科中某個主題的核心概念和原則，如何在其他內容領域、時間和世界其他地方保持相關性（Tieso, 2008）。

由於連結平行將核心課程擴展到單一主題和概念之外，因此鼓勵學生探索與普遍主題相關之個人興趣中心的特定單元領域。另外，由於連結平行要求學生在該單元的總體主題與其他學科領域、時間段和文化之間建立概念聯繫，所以這種平行適用於能夠注意並擴展學科內和學科之間的微妙連結（Purcell et al., 2002）。圖 8-3 爲連結課程的意圖（National Association for Gifted Children, 2002）。

連結課程在於幫助學生思考和應用關鍵概念、原則和技能：	在整個學科的一系列實例中
	跨學科
	跨時間和時間段
	跨地點
	跨文化
	跨越時間、地點和文化
	受各種條件（社會、經濟、技術、政治等）的影響
	透過影響和受這些想法影響的各種人的視角
	透過檢查概念與學科發展之間的聯繫

圖 8-3　連結課程的意圖

連結課程和提升的智力需求

與核心課程的情況一樣，教師應該引導多數學生在跨時間、地域、

學科、視角等的學習中建立連結。因此，不是課程連結的想法特別適合資優學生，而是將材料、任務和產品對智力需求的程度與學習者的水準相適配。前述核心課程中為創造提升智力的需求而建議的多數通用途徑，也可以適用於連結課程。另外，下列方法也有助於增加連結課程中任務的挑戰程度（Tomlinson et al., 2002）：

- 在看似不同的元素（例如：音樂、法律和醫學）之間尋找合法和有用的連結
- 制定解決方案、建議或方法，以有效彌合觀點差異並仍然有效地解決問題
- 根據學生從過去在特定領域中抽取的型式，為未來的方向提出建議或預測
- 在明顯不熟悉的環境中應用理解或技能
- 建立連結並開發方法或系統，以表示更高的品質標準（例如：富洞察力、高度綜合或富有表現力的），而不是要求較低但仍然積極的品質標準（例如：準確、適當、可行的）
- 尋找多個連結領域之間的互動模式（例如：經濟、政治和技術等相互影響的方式）

第三個平行：實踐課程

實踐課程的本質與意圖

「實踐課程」又稱為「實踐平行」（Practice Parallel）。它也是源自並擴展核心課程，目的是幫助學生透過像該學科專業人士那樣應用這些理解和技能，來擴展他們在該學科中的理解和技能。這個平行著重於學生在特定學科中發展技能和知識的實際應用，並指導學生從一個領域的新手到專家的旅程。學生扮演現場專業人士的角色，解決問題並回答模仿真實世界實務者的真實問題，還要檢視工作中的習慣、情感和道德。邀請專業人士到課堂上發表，讓學生看到他們在學校所學的事物對真實社會具有相關性，並在此平行範圍內的學習活動，要求學生承擔專業人士的角色，致力於研究、創造和生產代表對課程及其在現實世界中相關且深刻理解的產品，這樣有助於深化學生的理解，並擴展他們的批判思考和創造性問題解

決能力（Purcell et al., 2002）。

　　事實上，對於許多學生，尤其是那些對實踐和情境學習反應最好的學生，實作比參加更具有吸引力，這些學生可能會比透過更多的教學方法而學到更多、更有效。當學生成為某個領域的從業者時，知識的相關性、複雜性、好奇心和貢獻力也會得到最好的試煉。

　　在某些時候，實踐課程可能會要求學生發揮學者專家的作用，培養個人對某個領域知識、技能、工具和方法貢獻的鑑賞。另外，平行課程方法的預期靈活性顯示，相同學生的實踐課程可能從學者（scholar）的方法開始，並演變為專家從業者（expert practitioner）的工作。圖 8-4 為實踐平行課程的意圖（National Association for Gifted Children, 2002）。

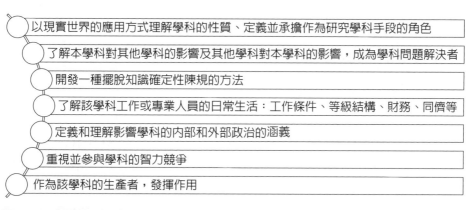

圖 8-4　實踐課程的意圖

實踐課程和提升的智力需求

　　顯然，幾乎所有學生都需要有機會學習和體驗成為實踐者、問題解決者和各種領域貢獻者的感覺。在實踐課程上，提升智力需求可以透過所需獨立程度、調整速度、增加複雜性、任務模糊數量，以及材料水準等通用途徑來實現。另外，提高實踐課程中的智力需求，可以透過完成下列內容來實現：

* 透過應用，發展與該領域相關的個人知識框架和理解
* 為自己的工作制定目標，作為成長的下一步品質，並根據這些標

準評估自己的工作

- 向該領域的專家提交他們工作的最佳品質範例，以獲得專家級的回饋

- 處理當前對該領域專家造成困難的問題

- 透過重複的現場本位任務測試這些知識和理解框架，並在必要時進行改進

- 比較該領域從業者和貢獻者使用的品質標準與學校通常使用的品質標準

- 尋求理解和解決當前給該領域專家帶來困難的問題，並能獲得過程中的回饋

- 將他們自己處理學科本位的困境、問題或問題的方法與該領域專家的方法進行比較和對比

第四個平行：認同課程

認同課程的本質與意圖

「認同課程」可簡稱為「認同平行」（Identity Parallel）。認同課程也是源自並擴展核心課程。它是為了幫助學生透過特定學科的視角審思自己、他們的目標，以及現在和未來為世界做出貢獻的機會。這種平行是建立在其他平行之上，最終要求學生了解一門學科的技能和思想，如何跟他們的生活聯繫起來。這種平行是高度個人化的，建立在個別學生的優勢上，最終目標是幫助所有學習者在特定學科背景的學習中達到自我實現（Tieso, 2008）。

認同課程活動引導學生關注反思的材料，幫助學生理解他們新興的自我意識與實踐者概況之間的契合度（Purcell et al., 2002）。在特定領域中，當學生在實踐課程活動中扮演專業人士的角色時，認同課程讓學生參與關於他們在這些專業角色的背景下的相對優弱勢。學生仔細檢視他們作為專業人士的成長，並考慮他們在某個領域的長期興趣（Purcell et al., 2002）。透過鼓勵學生對自己在真實學習環境中的表現進行深度分析，認同課程讓學生在課程之外達到自我實現。

這種平行有助於學生思考：(1) 他們的生活是如何被學科塑造的；(2)

個人在一個領域的發展階段中可能存在的挑戰和衝突；(3) 個人可能對一個領域做出不同程度的貢獻；(4) 在一個領域內可能遇到的困難和成功；(5) 個人代表和被選定領域代表的意義。圖 8-5 為認同課程的意圖（National Association for Gifted Children, 2002）。

- 反思他們與學科相關的技能和興趣
- 了解他們的興趣可能對學科有用的方式，以及學科幫助他們發展技能和興趣手段的方式
- 培養對其工作模式的認識，因為它們與該學科的操作模式相關
- 反思學科對世界的影響，對更廣闊世界中他人生活的影響
- 檢視該學科的倫理和哲學特徵及其影響
- 將自己投射到學科中
- 在學科背景下並透過與主題的互動發展自我
- 培養跟自我和學科相關的自豪感和謙遜感

圖 8-5　認同課程的意圖

認同課程和提升的智力需求

　　實際上，所有學生都應該有機會根據學科來審視自己，以便更清楚地了解自己的才能、興趣、價值觀和目標。因此，與其他平行課程一樣，在認同課程中學生可透過下列方式，實現不斷提高的智力需求（Tomlinson et al., 2002）：

- 尋找和反思代表該領域的真理、信念、工作方式、風格等
- 對學科的一個方面進行民族誌研究，並反思發現和個人啟示
- 對學科中的一個棘手問題進行長期的問題解決，使他們遇到和調合多種觀點，並具有系統地反思經驗
- 研究和建立學科定義的品質工作標準，將這些標準應用於自己在該學科中的長期工作，並具有系統地反思經驗
- 與該領域的高級專業人士或從業者合作，共同解決問題和反思
- 挑戰或尋找學科的想法、模型、工作方式或信仰體系的侷限性
- 透過使用另一學科的概念、原則和工作模式來研究和反思一門學科，反思所獲得的互動和見解

平行課程模式之課程設計要素 ✍

關鍵課程計畫的構成要素

　　課程模式是為滿足獨特的需求、背景、目標和目的而開發的課程設計格式。為了解決特定目的，課程發展者設計一個以上課程構成要素來創建模式。PCM是獨特的，因為它是一組用於組織四個平行的課程設計：「核心、連結、實踐和認同」。這個模式指出教師在計畫課程時應考量關鍵的全面性課程構成要素，包含內容／標準（Content / Standards）、評估（Assessments）、介紹性活動（Introductory Activities）、教學策略（Teaching Strategies）、學習活動（Learning Activities）、分組策略（Grouping Strategies）、產品（Products）、資源（Resources）、延伸性活動（Extension Activities），以及學習者需求的調整（Modifications for Learner Need）等（Tomlinson et al., 2002），如表 8-1。由於每一個要素不僅確保學生專注於關鍵的資訊、技能、概念和原則，而且還能使學生從 PCM 四個平行之各種有利位置來體驗學習。

表 8-1　關鍵的全面性課程構成要素

課程要素	定義	示例性特徵
內容 （標準）	希望學生透過課程和教學理解和做的事情。標準是關於什麼年級水平的廣泛性陳述。學生應該知道並能夠做到。	示例性標準包含「大觀念」、持久的理解和學科技能。另外，它們為師生提供清晰度、力量和真實性。
評估	評估是教師用來確定學生掌握學習目標程度的各種工具和技術。	設計良好的評估具診斷性，與學習目標保持一致並提供高上限和低基線，以確保所有學生的學習都可衡量。它們在教學前、中和後使用。高品質的評估為教學提供訊息。

（續表 8-1）

課程要素	定義	示例性特徵
介紹性活動	介紹為單元奠定了基礎，可能包括：(1) 一個焦點問題；(2) 確定學生先前知識、興趣和學習偏好的需求評估；(3) 激勵學生的預告；(4) 有關目標和單元期望相關的訊息；(5) 關於學生期望的訊息；(6) 考慮學生對與單元主題相連結的興趣或經驗。	高品質的介紹包括所有六個要素，以及為學生提供訊息的預先組織者，他們可以使用這些訊息來幫助評估其對本單元學習目標的實現情況。
教學策略	這是教師用來在課堂上介紹、解釋、演示、示範、指導、指導、轉移或評估的方法。	有益的教學方法與學習目標緊密結合、多樣化、促進學生參與，並為學習者提供支持、反饋和鷹架。
學習活動	單元的學習活動是那些幫助學生感知、處理、演練、儲存和轉移知識、理解和技能的認知體驗。	有效的學習活動與學習目標保持一致，並促進與學習目標相結合的認知參與（即分析、批判、實踐和創造思維）。
分組策略	指教師可用來安排學生在課堂上進行有效學習的各種方法。	設計良好的分組策略與學習目標保持一致。有效的分組策略多樣且常變化，以適應學生的興趣、問題、學習偏好、先驗知識或學習速度及近側發展區域。分組成員經常變化。
產品	產品是學生創作的成果表現或作品樣本，可提供學生學習的證據，可代表學生的日常或短期學習，也可提供學生知識、理解和技能的長期累積的證據。高品質產品常兼作評估工具。	強而有力的產品真實、公平、尊重、高效、符合標準和診斷。
資源	資源是在教學活動中支持學習的材料。	示例資源的格式各不相同，並與學習目標、學生的閱讀理解水準及學習偏好相關聯。
延伸性活動	這是從學習目標和學生興趣中產生的預先計畫好的或偶然的體驗。	有力的延伸性活動為學生提供了選擇。它們在某種程度上與內容／標準相關，是開放且真實的並激發學習的興趣和投入。
學習者需求的調整	教師可透過優化課程與學生獨特學習需求間的適配性來促進學習。這種調整稱為提升智力需求。	設計良好的調整策略與學習目標和學生的興趣、問題、優先學習模式、產品偏好、先前知識和／或學習率密切相關。

實現平行課程模式目標的關鍵課程組成部分

核心課程

核心課程是繞著訓練基本或必要的資訊、概念、原則和技巧而建立的。教師設計課程時要協助學生回答下列核心問題（Tomlinson et al., 2002）：

- 這些想法是什麼意思？
- 為何這些想法是重要的？
- 這些想法擔負什麼目的？
- 概念和想法如何針對這項組織過的主題，讓人們更能夠了解其他主題？
- 如何將這些想法結合在一起？
- 為什麼這些想法有意義？
- 這些想法如何運作呢？

為了確保學生一致從事學習經驗，幫助他們回答這些問題，核心課程塑造了關鍵的課程構成要素，聚焦在必要的概念和原則。表 8-2 為使用關鍵課程構成要素來發展核心課程的示例（Tomlinson et al., 2002）。

表 8-2　使用關鍵課程構成要素發展核心課程的示例

課程要素	調整技術
內容 （標準）	• 繪製標準以列出該學科的基本知識、概念、原則和技能 • 確定適當的代表性主題 • 透過使用代表性主題來發展課程單元，以解決學科中的關鍵概念、原則和技能
評估	• 預先評估學生對主題或學科內主要事實、概念、原則和技能的先備知識 • 發展衡量學生對概念、原則和技能知識的量規 • 考慮將概念圖視為評估格式
介紹性 活動	• 提供學生概念圖 • 使用焦點問題幫助學生評估與關鍵概念、原則和技能相關的先備知識 • 發展初步學習經驗，向學生展示該學科前沿的專家所研究的內容
教學策略	• 使用探究式教學法和簡報技巧 • 提供模擬或角色扮演機會，以模擬信息分析師的角色 • 歸納式教學，從例子開始，培養解釋模式和關係的規則和原則

（續表 8-2）

課程要素	調整技術
學習活動	• 讓學生使用合作學習或引導式討論，以小組形式分析信息和數據 • 讓學生使用原始數據、示例、事件和觀察來檢測型式並得出結論 • 要求學生擔任該學科的第一手調查員和分析員 • 讓學生專注於分析、解決問題和學科技能
分組策略	• 學生發展概念和原則時，使用成對和小組學生來支持對示例和信息的分析 • 觀察個別學生並提供反饋，以支持分析性思維的發展 • 使用圖表對大組學生進行簡報，以確保整班都能將活動、數據和示例與核心概念和原則聯繫起來
產品	• 要求學生創造反映他們探究和分析工作的產品 • 讓學生做出預測、解釋型式並展示原始數據和主要來源信息之間的關係 • 要求學生展示單元活動、經驗與學科概念和原則之間的聯繫，反思性文章、日記和圖表支持這項任務
資源	• 提供該領域歷史和當代探究者、發明者和研究人員的傳記 • 提供日記、表格和圖表，以便學生可以記錄他們的數據、反思他們的學習經驗，並勾勒出一個模式來代表他們對於概念和原則之間關係的理解 • 為學生提供概念圖和高級組織者，以預覽單元中探索的重要概念和原則 • 提供圖形組織者以支持認知和方法技能的習得
延伸性活動	• 確保延伸性活動源於賦予內容意義的關鍵概念和原則或與之相關 • 請資優教育專家或媒體和技術專家，支持你尋找與單元或學科核心知識相關的成人探究和研究榜樣、主要源文件、實地研究機會和現實世界問題 • 請內容領域的專家和其他擅長探究式教學的教師進行團隊教學、指導或就課程的進展和成功提供有用的反饋
學習者需求的調整	• 增加或減少你的鷹架以支持概念實現和認知處理 • 提供額外的代表性主題進行比較，以減少歧義或增加額外的複雜層次 • 在選擇資源與設計學習活動和產品時，使用的提升智力需求的平行指南

連結課程

　　連結平行課程聚焦於必要的概念和原則如何連結主題、時間、文化、訓練、人和事件的知識，它協助學生看到學科的一個層面如何與其他層面相關聯；協助學生看到文學和數學之間有意義的連結；協助學生了解所有人任何時候、任何地點之間的共同點；協助他們連結自己的生活與他們正在學習的事物。在連結單元上，學生使用必要資料、技能、觀念和原則，找尋共通性和各個例證之間的差異。設計連結課程的教師想要他們的學生

回答以下問題（Tomlinson et al., 2002）：

- 運作中的關鍵概念和原則是什麼？
- 我正在學習的想法和技能，如何在其他情境上運作？
- 我如何使用想念和技能來發展洞察力或解決問題？
- 我學到的想法和技能如何在其他環境中發揮作用？
- 面對樣概念和原則的新實例時，我如何調整我的思考和運作方式？
- 我怎麼知道我的調整是有效的？
- 看待一件事如何幫助我了解另一件事呢？
- 不同的人為何會在同一個議題上有不同的看法？
- 時間、地點、文化、事件和環境如何塑造觀點？
- 以何種方式審視問題或議題的不同觀點對我有益？
- 我該如何評估不同觀點的相對優弱勢？
- 我觀察到我正在學習的和自己的生活之間有何連結？

為確保學生回答這些問題的學習經驗，連結課程塑造了關鍵的課程要素聚焦於重要的連結。表 8-3 為在連結課程上使用關鍵課程構成要素的示例（Tomlinson et al., 2002）。

表 8-3　在連結課程上使用關鍵課程構成要素的示例

課程要素	調整技術
內容／標準	• 列出每一個學習單元要解決的主要事實、概念、原則、傾向和技能。 • 考慮學生將在本單元學習的概念。確定類似概念在其他主題、領域或學科中的使用。 • 考慮學生將在本單元學習的原則。確定解釋其他主題、領域或學科之間關係的類似原則。
評估	• 為學生提供列出主要概念的詞庫，並要求他們創建概念圖，將一個主題中的相關概念和原則與另一主題或學科中的相關概念和原則連結起來。 • 制定衡量跨主題和學科的宏觀概念、過程和概括理解成長的量規。
介紹性活動	• 培養和分享高級組織者，列出他們將在本單元中獲得的主要概念、原則、技能和意向。 • 介紹宏觀概念、概括和主題的想法。將這些術語與概念、規則和原則進行對比。

（續表 8-3）

課程要素	調整技術
	• 提出並分享跨越主題和學科的兩個或多個概念、技能、原則或傾向的重點問題。將不斷尋找他們在一門學科中研究的細節與這些多學科主題和宏觀概念之間的連結。
教學方法	• 分享或幫助學生創造比喻，在主題和學科之間架起橋梁。 • 為學生提供在合作小組中工作的機會，讓他們在主題、事件和學科之間進行類比。 • 使用學科內或跨學科解決問題的模擬或場景，來支持宏觀概念的發展。
學習活動	• 發展與內容獲取相關的學習活動，要求學生識別聯繫、獲取宏觀概念、進行跨學科概括並使用主題解決綜合問題。讓學生參與使用以下思維技能：比較和對比、演繹和歸納思維、創造性解決問題、看到模式和關係、發展洞察力、系統思考。
資源	• 為學生提供概念圖和高級組織者，預覽單元中探索的重要概念和原則。 • 查找在不同學科中涉及相同概念的照片、歷史紀錄、雜誌文章、網站等。 • 找出與單元學習目標相關的跨學科問題或模擬。
產品	• 分配概念圖以分析宏觀概念和綜合原則的獲得。 • 要求學生展示一個主題、學科或事件的核心概念和原則，與另一個領域或時間段的核心概念和原則之間的關係。 • 要求學生使用反思性文章、日記、圖表和類比，來展示他們的統整性知識連結。
延伸性活動	• 請技術老師幫助你確定指向其他主題、時間段或個人的網站鏈接。 • 與另一位內容領域專家合作，確定宏觀概念、主題、傾向和跨學科過程，這些過程可以合併到兩個或多個連續教授的單元中。 • 詢問內容領域專家和其他在某一領域或學科內的概念、原則、傾向和過程方面的專家，以共同計畫、團隊教學、指導或就課程的進展和成功提供有用的反饋。
分組策略	• 與個別學生進行簡短會議，評估他們能夠將跨學科示例和現實世界問題與核心概念和原則連結起來的程度。 • 觀察個別學生並提供反饋以支持認知技能的發展。 • 使用地圖和圖表對大組學生進行簡報，確保整個班級都能將宏觀概念、概括和過程與核心概念和原則連結起來。
學習者需求的調整	• 減少教師鷹架以支持宏觀概念、跨學科過程和傾向、主題和系統思維的發展。 • 提供額外的代表性主題進行比較，以減少歧義或增加複雜性。將這些主題保留在同一學科內，以降低認知難度或擴展到其他學科增加智力需求。

實踐課程

在實踐課程上，學生使用關鍵資訊、概念、原則、技能和方法，來討論議題並提出訓練內問題的解決辦法。實踐課程連結學生與其教室外面的世界，讓他們能夠體驗不同的專業生活，確保主動和學生爲中心的學習經驗。設計實踐課程的教師製作學習經驗來驅動學生，想要他們回答以下問題（Tomlinson et al., 2002）：

- 實務工作人員如何使用該領域的關鍵概念和原則開展工作？
- 我可以怎樣學習這個領域中使用的技能、工具和方法？
- 構成學科框架的概念和原則如何被學科內的人轉化爲實踐？
- 在這一領域中的日常問題的特徵是什麼？
- 從業者如何知道在特定情況下使用哪些技能？
- 從業者使用何種策略來解決非常規領域中的問題？
- 從業者如何感覺在一個特定實例中，此項途徑和方法是有效？
- 在這一領域中什麼是有意義的證據？
- 從業者如何做出有根據的推測？
- 從業者是如何得出結論的？
- 在這個領域中哪一種性格的人對於工作效率是十分重要的？
- 是什麼樣的動力使從業人員在這一領域工作呢？
- 在這一領域中品質的指標是什麼？
- 在這個領域是根據什麼標準來衡量成功的？
- 在這個領域中的道德問題和標準是什麼？

發展實踐務課程的教師運用關鍵的課程要素，以確保學生一致地從事學習經驗，幫助他們採取訓練上解決問題者和實務人員的角色，並利用重要的資訊、概念、原理、技能和方法，探究該領域上眞實的問題和課題。表 8-4 爲在實踐課程上使用關鍵課程構成要素的示例（Tomlinson et al., 2002）。

表 8-4　在實踐課程上使用關鍵課程構成要素的示例

課程要素	調整技術
內容／標準	• 考慮學生將如何使用他們在調查中發現的信息，來加深他們對關鍵原則和概念及其關係的理解。 • 確定將用於解決問題或調查問題的問題解決過程的類型或探究模式。 • 與學生一起提出問題，確定開展調查的方法和程序，蒐集和分析數據，得出結論，並確定研究結果的涵義。
評估	• 確定在使用方法技能以幫助學習者持續成長方面不同的複雜程度、專業知識或技術熟練程度。 • 確定將使用哪些產品來傳達新的理解和記錄成長。 • 觀察並注意行為隨時間的變化（例如：堅持、獨立和懷疑）。
介紹性活動	• 使用重點問題、難題、困境和不一致的事件，來證明對方法技能的需求是合理的。 • 確定可以幫助學生識別問題、培養使用探究技能的技術專長，以及知道使用哪些工具和程序來最好地解決這些問題的專家。
教學方法	• 根據學者所使用的行為發展目標（例如：調查研究、問題本位學習、獨立研究、蘇格拉底式提問、模擬），制定一系列更具歸納性和探究性的教學策略。 • 學習者在使用專業人員的工具和程序方面表現持續成長時，調整適配他們的教學方法。
學習活動	• 確保學習活動為學生提供使用專業工具獲取新信息、加強學習和參與研究的機會。 • 向學生介紹探究過程或研究步驟。 • 使用繪圖技術分析數據。
分組策略	• 根據學生的準備程度、學習風格、技能成就，採用各種分組安排（小組的、個人的、基於興趣的、跨年級的）。
資源	• 查找視頻、書籍、照片、藝術品、電子信息、該領域的專家、主要和次要源文件及操作指南以支持學生研究。 • 確定可以幫助學生學習不同學科中使用的技能和方法的社區專家。
產品	• 確定可用於證明對特定領域的原理和概念、研究程序和研究領域的新發現有更深入理解的證據的產品種類。 • 選擇與專業人士在其領域中創造的產品類型非常接近的產品類型，例如：紀錄片、書籍、文章、作品和科學研究。
延伸性活動	• 仔細聆聽學生在授課之前、期間和之後提出的其他問題。 • 考慮可以為準備就緒的學生提供高級技術援助的社區專家。 • 確定學生想要探索、練習或應用新獲得的實踐技能的其他領域。

（續表 8-4）

課程要素	調整技術
學習者需求的調整	• 提高學生在研究過程中使用的資源材料的水平。 • 確定轉移和應用知識的新環境。 • 指導學生在他們認為是下一步研究的工作中建立自己的目標。

認同課程

　　認同課程也是繞著訓練內有組織且有意義的概念和原則而建構的。使用認同課程的學生可能透過一篇小說、研究音樂形式或數學上的一章，來學習有關這些概念和原則，也可能學習有關訓練上的專家角色。另一項同時發生的重點是認同是由什麼所塑造的。學生一致地深思內容如何成為深度自我了解的催化劑，這種課程持續要求學生發現他們與其所研究主題和觀念之間的關係。隨著時間發展，從事認同課程的學生能夠日益正確地看待自己：「興趣、資產和目標」。

　　學習認同課程，學生將考慮他們能或不能從自己的事件和經驗中學習到什麼。因此，學習動機可以提升，學生會變得主動參與一項最重要的發展任務。在認同課程上，學生學習一種訓練的必要資訊、技能、概念和指導原則，作為增進自我了解的工具。或者是他們可能檢視實務、動機和專家思維習性，以利更了解自己的工作、動機和思維習慣的方法。認同課程引導學生回答下列問題（Tomlinson et al., 2002）：

- 當我對一個想法很感好奇，從中我獲得什麼？我該如何下結論？
- 在這項訓練上，人們如何思考和運作，這些方法是熟悉的、令人驚訝的或引起我的好奇的嗎？
- 對於該領域，實務工作者和貢獻者的問題和課題是什麼？這些問題和課題像或不像我想要花費一生探究的問題和課題？
- 在這項訓練上，職業或愛好可能性的範圍是什麼，我自己可以看到哪些工作範圍？
- 在這項訓練上，實務工作者和貢獻者面臨到怎樣的困難？
- 實務工作者和貢獻者如何因應困難？
- 我該如何面對我遇到的困難？

- 透過學習英雄及其屬性我自己學習到什麼？
- 這項訓練對於世界貢獻的智慧是什麼，以及這些智慧如何影響到我？
- 我可以用什麼方法讓自己貢獻智慧給這個世界？
- 隨著時間的推移，我將如何塑造學科？
- 它如何塑造我？

認同課程中的主要問題示例如下：

發展認同課程的教師，使用關鍵的課程要素，當他們學習有關一項訓練重要觀念和／或有關訓練上專家和實務工作者的工作時，幫助學生反思自己能學習到什麼。表 8-5 為在認同課程上使用關鍵課程構成要素的示例（Tomlinson et al., 2002）。

表 8-5　在認同課程上使用關鍵課程構成要素的示例

課程要素	調整技術
內容／標準	• 針對與課程單元的目標和目的最適配的實踐專業人士的概念、原則、技能和意向。 • 與學生合作，從他們的學習和工作檔案中蒐集和分析數據。創建顯示學生學習和工作檔案的圖表。確定班級概況中的模式和趨勢。還要記下個人剖面圖。 • 在單元中做出適當調整，解決學生學習和工作檔案中的模式（例如：滿足學生的興趣，鼓勵學生有機會以他們喜歡的學習或表達方式工作），並一致地透過他們的工作反思自己。
評估	• 創建長期評分標準，以確定課堂中學生能力的特殊才能發展階段，確定每一個學生處於新手到專家連續體的哪個階段，並決定可用於引導學生達到下一個熟練程度的策略。 • 為學生提供時間來記錄和分析他們自己的學習和工作概況，並確定新出現的模式和趨勢。現在的自己，未來的自己。
介紹性活動	• 為學生提供一個學科內所有領域的圖形組織者，使他們能直觀地看到一個學科內從業者所做的工作範圍。 • 集思廣益，無論是現在或早期，該領域從業專業人員的個人特徵。讓學生將自己的興趣和能力與專業人士的興趣和能力進行比較。 • 分享有關重要時刻和塑造這些時刻的人具啟發性的紀錄片和報紙文章。
教學方法	• 使用問題本位學習來提高學生對在該領域應用的解決問題能力的認識。 • 利用模擬讓學生反思學科的課題和問題。 • 使用可視化技術幫助學生反思過去、現在和未來的自己。

（續表 8-5）

課程要素	調整技術
學習活動	• 要求學生作決定時使用適當標準來選擇可能的最佳選擇。 • 幫助學生提高為他們的工作設定適當目標的能力，使用這些目標來指導工作，隨著工作進展修改目標，並根據他們的目標評估工作。 • 幫助學生發展內省技能及將自己的個人特徵和目標與專業人士進行比較的能力。
分組策略	• 使用個別會議來討論學生的興趣、反思、學習和工作檔案的成長，並推進與內容和個人反思能力相關的學生學習。 • 使用配對進行大聲思考，以支持學生的反思和自我評估、學生對新興主題和模式的學習和工作檔案的分析及學生的編輯。
資源	• 找到在與學習單元相關的職業中從事專業工作的人，邀請他們成為學生的典範良師。 • 在適當的閱讀水平上找到歷史和當代專業人士的傳記。 • 為學生提供由該學科專業人員創建的各種產品。
產品	• 鼓勵學生創建他們最好的作品集，並提供機會評估他們作品集中反映的成長。 • 確保學生有機會使用專為產品和成果表現設計的量規進行自我評估。 • 為學生提供機會反思作為學習者和工作者正在成為什麼樣的人，並把想法寫下來。
延伸性活動	• 為學生提供參與跟課程單元及其興趣相關模擬的機會。 • 為學生提供訪問當地專家和相關領域專業人士的機會。 • 在適當的時候為學生尋找影子體驗、實習或典範良師。
學習者需求的調整	• 為可能在該領域具有潛力但尚未對該主題和／或學科表現出興趣的學生提供支持。 • 提供不同層次的支持，幫助學生獲得與其新興認同感相關的內容和技能。 • 支持提高學生在目標自我評估中的獨立性。

平行課程模式應用的程序和過程

　　Tomlinson 等人（2006）曾協助使用者更完整且深度思考 PCM 的一些重要層面及課程發展過程，以符應不同群體的學生。這是建構 PCM 的協議式通用版本，目的在於使這個模式的課程編寫過程更容易組織和達成。這個協議式通用程序和過程，如圖 8-6。

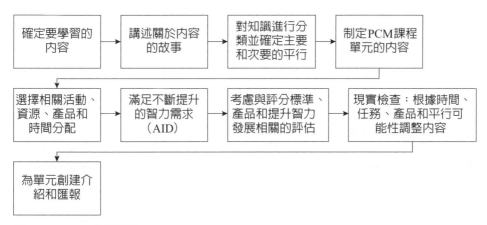

圖 8-6　PCM 通用程序

確定要學習的內容

　　教師希望學生掌握的內容是設計 PCM 單元時最重要的考慮因素。教師要為 PCM 單元選擇內容並確定其優先順序，可能會考慮之前或之後教授或未教授的相關內容或複習他們教科書中所涉及的知識。教師往往會考慮自己對單元主題理解的多個方面。這種反思過程使他們能夠避免該單元只是重複教師已經可用的內容，而是創建一個單元來解決與核心、聯繫、實踐和認同相關的知識平行線。

講述關於內容的故事：創建開頭、中間和結尾

　　為避免學生學習的訊息和他們所從事的活動脫節，第二步是將他們在第一步中確定的相關想法，寫成完整句子並排序，以便他們創建一個具有邏輯開頭、中間和結束的故事。雖然這個「故事板」有時會修改，但是讓參與者將他們單元的每一個主要想法寫成一個完整句子，每個主要想法只使用一個便利貼，使這一步更清晰。同時讓小組中的其他人提供反饋、提出澄清問題或分享另一種觀點或可能性。

對知識進行分類並確定主要和次要的平行

　　第三步涉及對其排序列表中的內容進行分類，以確定重點和次要領

域，如表 8-6 及內容繪製圖表，如表 8-7。使用此圖表繪製內容時，首先在最左側的欄位中依序列出單元的主要思想。然後根據右側的標題梳理出學生要學習的相關內容。這樣可以確保內容圖表中的每一行，都包含對課程單元每一個階段將教授的主要觀念和支持知識的全面性描述。

表 8-6　知識類別結構

知識類別	定義	示例
事實	具體細節；可驗證的信息或數據	中華民國的首都是臺北市
概念	具有共同元素的類別	城市、國家
原則	解釋兩個或多個概念之間關係的基本真理、法律、規則或學說	首都城市通常位於主要交通路線沿線。社會、經濟、政治和地理因素影響著首都的位置
技能	熟練程度、能力或技術；一種策略、方法或工具	使用經度和緯度定位首府城市
態度	信念、性格、鑑賞或價值	培養對首都城市文化遺產的欣賞
問題解決、轉移和應用	使用知識來解決可能無法立即理解目標的能力	檢視資本需要更動時可能出現的課題

表 8-7　制定 PCM 課程單元的內容

作者：_____　單元標題／內容：_____　多位數除法：_____　年級：_____

主要思想	時間分配和平行	原則和普遍性／概括	概念	技能	應用	意向和情感目標	主題和宏觀概念	引導性問題
1. 世界上有很多數學題需要多位數除法								
2. 除法就是把大量的數字分成幾個小組，這些小組加起來就是同一個東西								
3. 除法正好與乘法相反。如果你能乘，你就可以除								
4. 要真正理解多位數除法，你必須理解位值								

來源：參考自 Tomlinson et al.（2006）

內容圖表的目的是幫助教師確定給定單元中的自然機會，以解決多個平行課程，如表 8-7 中的第 2 列。如果發現多數主要思想都強調對一門學科至關重要的事實、概念、原則和概括，我們就知道已經確定了與核心平行相關的內容。另外，如果發現選擇專注於實踐專業人員使用的技能、工具、技術和應用程序，就知道將強調平行實踐。然而，如果內容表中涉及各種知識，就可以預期一個單元可以解決所有四個平行。

命名與定位焦點

在步驟 4 中，對於一些較小的單元，這一個步驟只需要確認一個單詞或短語，以捕捉內容表中特定行的本質。例如：表 8-8 中概述的多位數除法單元的第一個主要思想：「**世界上有很多數學題需要多位數除法**」可能命名為「**尋找真實世界的相關性**」。另外，內容圖表中的某些「行」可以使用一個類別、註釋或標籤來組合，以表徵它們之間的相似性。例如：多位數除法單元的主要思想 2～4 的內容，都圍繞對界定除法的概念和原則的理解。這些思想就可以統稱為「**除法的概念和規則**」，如表 8-8。

表 8-8　制定 PCM 課程單元的內容、活動和產品

作者：＿＿＿＿＿　單元標題／內容：＿＿＿＿＿　年級：＿＿＿＿＿　時間分配：＿＿＿＿

主要觀念（分塊）	時間分配和平行	原則和普遍性／概括	概念	技能	應用	意向	主題	引導性問題
尋找真實世界的相關性								
除法的概念和規則								
建構主義教學活動	作業和產品		資源	AID	評估		延伸性和平行	

來源：參考自 Tomlinson et al.（2006）

選擇相關活動、資源、產品和時間分配

一旦確定，闡明單元每一個部分的主要重點可以更容易地確定該部分的適當方法，並設計相關的教學和學習活動。從表 8-8 中可知，在此表的

第一列頂部列出了第 3～4 步中確定的分塊主要思想。在此之下，考慮並描述了對學生最重要的這些分塊思想，進行深入理解的相關教學和學習活動。圖 8-7 和表 8-9～8-11 中的資料可用來支持在教學方法、學習活動、產品和資源方面的腦力激盪。

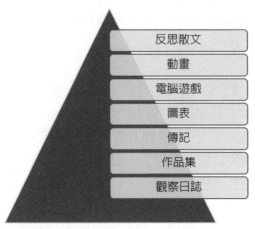

圖 8-7　真實產品的示例

表 8-9　資源示例

資源		
人	非人類	
	印刷品	非印刷品
內容領域專家	傳記、詩歌、戲劇、日記、雜誌文章、期刊、網絡、大學教科書、報紙、電子郵件、手冊、地圖、調查數據	軟體、文物、工具、發明、技術、古董、海報、繪畫、立體模型、楷模、照片、觀察、實驗

表 8-10　可用於設計學習活動的認知過程示例

思考能力		定義
分析思考能力（加深對知識和技能的理解的各種認知過程）	識別特徵	識別表徵對象、事件或現象的獨特、具體和相關細節的能力
	觀察	感知和選擇對象或體驗屬性的能力
	區分異同	在對象、想法或事件之間進行精細區分的能力
	尋找模式	感知和提取物體或現象中重複方案的能力

（續表 8-10）

思考能力		定義
	確定因果關係	查看和提取給定事件或行動最有力的原因或結果的能力
	預測	查看型式、比較和對比、識別關係、確定因果關係，以及預測未來可能發生事件的能力
	做類比	識別兩個熟悉的項目或事件與相似的項目和事件之間的關係，以解決問題或啟動創造性生產力的能力
批判思考能力（用於分析和評估數據和證據的各種思維技能，以發展、判斷論點或立場的有效性或回應論點或立場）	歸納思維	基於重複觀察得出一致但不完整數據，得出推論結論的能力
	演繹思維	從前提得出合乎邏輯的結論的能力
	確定優缺點	衡量給定想法或行動優缺點的能力
	識別觀點	認識到個人和團體可能具有影響他們對問題看法的價值觀和信仰的能力
	判斷必要和附帶的證據	評估信息並將其分為有用和不太有用類別的能力
	使用想法／產品修改技術	使用技術的能力，例如：替換、組合、改編、修改、放大或縮小、投入新用途、消除、逆轉或重新排列部分，以形成更有用的整體。
	腦力激盪	在確定解決問題的各種創新和眾多替代方案時，與他人合作不判斷的能力
	創造性解決問題	識別、研究和計畫解決需要新穎系統解決方案的能力

來源：參考自 Burns（1993）

表 8-11　教學方法示例

教學方法	定義
直接教學	一種教學方法，由教師對新概念或新技能進行系統解釋，然後在教師引導下進行實踐
圖形組織者	一種使用可視化圖表幫助學生理解內容和思維策略的教學策略
分合法	一種教師和學生分享或發展隱喻、明喻和／或類比的教學方法，在學生的先前知識或經驗與新學習之間架起一座橋梁
蘇格拉底式提問	一種教學策略，其中教師向學生提出精心構建的問題序列，以幫助他們提高對自己在某個問題上立場的邏輯推理和批判性思維；可以用作一種技術，將學生當前的理解水平與學生需要獲得的新知識聯繫起來
模擬	一種歸納式教學方法，讓學生扮演參與複雜現實生活情境的人的角色

（續表 8-11）

教學方法	定義
影子體驗	教師採用的一種教學策略，其中一個學生或小組群學生接受選定領域或學科的短期接觸；老師可能會讓學生參與幾個小時或幾天
獨立學習	教師鼓勵個人或小組學生探索自我選擇學習領域的教學策略

滿足不斷提升的智力需求（AID）

在此階段，教師要考慮如何調整單元內容和任務，以滿足具有不同能力水準學生的需求。他們可以透過考慮學生的先備知識和學習機會、認知水準、閱讀、研究技能、學習率、溝通和／或內在動機，確定學生在單元內容方面的專業水準差異。然後，這些訊息將用於確定內容、資源和產品，並創建任務來挑戰這些學習者。

圖 8-8 可用來發展具有不同發展階段或熟練程度的學習者概況。這種確認學生當前熟練程度的機制有利於幫助教師考慮如何為已精通專業知識的學生升級內容、資源、任務或產品。

學科領域／主題	臺灣歷史		年級	幼兒園
描述學生在這個特定主題和年級水準方面的發展階段差異。在專業知識的五個階段（新手、基礎、勝任、精通和專家）中考慮七個因素（先備知識、認知技能、學習率、閱讀能力、溝通技巧、動機和研究技能）。最後，考慮並描述為表現出熟練程度或專業知識的學生發展的 AID 活動。				

因素	新手（Novice）	基礎（Basic）	勝任（Competent）	精通（Proficient）	專家（Expert）
先備知識	可以命名舊的東西	可以復述有關過去事件的家庭故事	能說出臺灣歷史上的 1-2 個事件、人物或地點	可以復述歷史故事	能講述幾個關於美國歷史的故事或軼事
認知技能	能聽懂指令，能回憶和描述歷史事件的細節	可以找到歷史故事、事件、文物或地點的異同	可以將歷史事件、人物、故事和他們自己的生活聯繫起來	看到歷史事件與當前時間之間的因果關係	對歷史事件、人物或文物進行推斷

學習率	透過 10 個或更少的例子、解釋或重複理解 2-3 個歷史概念	理解 2-3 個歷史概念，其中 7 個或更少例子或解釋	用 5 個或更少的例子理解 3-4 個歷史概念	用 3 個或更少的例子理解 3-4 個歷史概念	用 2 個或更少的例子理解 5-7 個歷史概念
閱讀能力	可以在老師朗讀時跟隨故事情節	可以復述朗讀的內容	可以模仿閱讀關於歷史事件的類圖	能讀無字繪本，記住內容	可以閱讀帶有上下文或語音提示的簡單分級書籍
書面溝通技巧	使用塗鴉和發明拼寫來寫標題	使用聲音符號技巧和發明技巧來寫一個單詞的標題	使用聲音符號技能和發明拼寫來寫標題	使用聲音符號技能和發明拼寫來寫一個短句子	使用聲音符號技巧和發明拼寫來寫一個短段落
研究技能	在提示和支持下檢查歷史文物	獨立檢查歷史文物	透過瀏覽一本關於歷史的書來維持自我	提出有關歷史事件、人物或文物的字面問題	提出關於歷史事件、人物或文物的解釋性問題
動機	表現出對歷史的好奇	在提示下參加一小段時間的指導	表現出歷史的內在動機	表現出對歷史的熱情	對歷史表現出持續的興趣

描述你可以如何為表現出熟練或專業知識的學生修改本課程／單元／活動：

內容	資源	任務	產品
• 提供有關臺灣歷史上各個時代、事件和人物的書籍、錄像帶或故事。專注於即使是最先進的學生也不熟悉的歷史時期或事件。	• 請學校圖書管理員找到通常用於中級學生的歷史紀錄片。在單元期間將這些作為 AID 機會提供。	• 展示歷史事件、地點或文物的照片，並邀請學生就這些主題提出許多歷史問題。讓學生使用觀察和推理來回答他們自己的問題。	• 提供中心活動，讓學生可以透過錄音帶聆聽歷史故事並創作書面摘要和插圖。 • 創建歷史圖畫書和博物館文物的展示。邀請學生檢查歷史信息並使用即興創作、插圖或創意遊戲材料重新創建事件或場景。

圖 8-8　在該學科領域和年級水平不同專業知識階段的學習者概況

來源：修改自 Tomlinson et al.（2006）

考慮與評分標準、產品和提升智力發展相關的評估

　　一旦完成了第 6 步中的學習者概況並設計了若干 AID 選項，就表示已經完成了很多關於單元評估的前期工作。只需稍微調整學習者的新手、基礎、勝任、精通和專家的概況，就可以作為衡量學生從本單元開始到結束學習成長的量規。教師所要做的就是添加一個可供比較的事前評估和事後評估。

　　正確的評估格式與學生期望學習的知識類型及他們將要體驗的課程平行密切相關。評估的形式應該適合單元的平行目標和內容目標的性質或功能。例如：教師如果想要評估具有認同課程單元，在多大程度上影響學生的思維習慣或自我效能，日記和反思似乎更合適。評估學生在單元長度內的學習，並將這種成長與年級水準期望或學生過去的學習表現進行比較是很重要的。沒有這些信息，教師就可能永遠無法確定該單元是否達到了目標。

現實檢查：根據時間、任務、產品和平行可能性調整內容

　　這個步驟對於發展過程至關重要，因為它可以避免迷失方向。但是這一步很少能單獨完成，通常需要若干挑剔者的嚴厲眼光，以仔細分析我們內容圖表中的每一行和課程計畫中的每項任務，以確保它們有意義且需要都有到位。

為單元創建介紹和匯報

　　一個單元介紹可以包括多達六個不同特徵（Tomlinson et al., 2002）：
- 一個焦點問題，源自於一個單元的標準或大概念
- 高級組織者，告知學生他們將探索的內容
- 事先評估以衡量學生對該內容的了解程度
- 一種激勵性的活動可以讓學生對他們將要從事的活動產生興趣或興奮
- 展示單元及其內容在真實世界的應用的相關性
- 學生有機會分享他們已經知道或想學習的有關單元主題的知識

　　很少有一個單元包含所有這些要素；相反，學習者的檔案決定了應該包括哪些元素來促進參與、提供結構或展示相關性。類似圖 8-9 中的信息可用作菜單，協助教師決定哪些介紹性選項，對於給定單元和特定學生群體是可行和必要的。團隊合作對於這項工作至關重要。

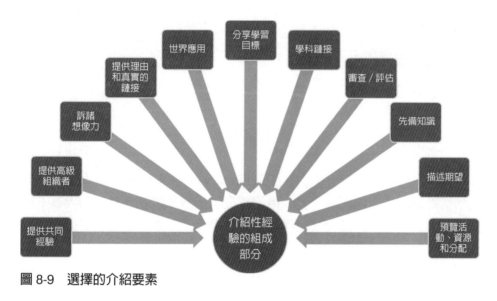

圖 8-9　選擇的介紹要素

　　另外，單元結束時的匯報則提供了一個獨特機會，讓學生反思他們已經形成的新理解。這種匯報的目的是幫助學生重述、記住和保留關鍵的想法和策略，並支持得出可能對我們有幫助的結論。

平行課程模式之評析

PCM 具有下列優弱點（Renzulli et al., 2009）：

優點方面

1. 這種模式有助於培養學生的深思熟慮，鼓勵跨課程規劃，鼓勵基於學習者需求的差異化學習，促進理解而不是死記硬背，在精神上有效地吸引和滿足學習者，並產生值得學生生產的證據。

2. 學生的高參與度。

3. 靈活性允許學生結合個人興趣和才能。

4. 一個或幾個平行可以串聯使用。

5. 包含不斷上升的智力需求水平。

弱點方面

1. 需要大量的初始計畫時間。

2. 資源是必要的。

結語

PCM 建立於過去有關有品質課程的智慧，在支持最高品質的課程提供學習者最廣泛可能範圍，及確保學校提供資優學習者有意義的挑戰上可能扮演主動角色。這個模式應作為擴展教師專業水準，及擴展學生智能的催化劑。

四個平行中的每一個都加深了學生對課程的參與，更深刻地加強現實世界與課堂之間的聯繫。核心課程要求學生分析推動學科發展的核心概念和原則；聯繫課程要求學生考慮和理解一門學科的大思想與其他學科、文化和其他時期聯繫的無數方式；實踐課程讓學生沉浸在專業世界，讓他們將自己視為真正的實踐者；認同課程透過每一個學生體驗與反思，將課程範圍擴展到前三個平行線之外，並在真實體驗中成長，允許學生理解和利用他們在未來學術和專業事業中的天賦。

本章重點

1. PCM 是一種為各種學生發展課程的概念本位取向，由核心、連結、實踐、認同等四個平行課程所組成，可以單獨或組合使用。

2. 核心課程是基礎課程，它建立了與學科最相關的知識，和技能的豐富框架。它是這個模式中所有平行的起點。

3. 連結課程源自並擴展了核心課程。它旨在幫助學生在各種情境、時間和環境中了解關鍵概念、原則和技能並產生互動。

4. 實踐課程源自並擴展了核心課程。目的是幫助學生像專業人士一樣，提高對學科的技能和信心。它是為了促進學生作為該學科從業者的專業知識。

5. 認同課程源自並擴展了核心課程，旨在幫助學生從現在和未來可能性中看待自己與學科的關係；透過將其與他們的生活和經歷聯繫起來，更全面地了解該學科；提高對學生偏好、優勢、興趣和成長需求的認識；並將自己視為該學科的專家，可以為它和／或過透它做出貢獻。認同課程使用課程作為自我定義和自我理解的催化劑，相信透過向外看學科，學生可以找到向內看的方法。

6. 教師在計畫課程時應該考量關鍵的全面性課程構成要素，包含內容／標準、評估、介紹性活動、教學策略、學習活動、分組策略、產品、資源、延伸性活動及學習者需求的調整等。每一個要素不僅確保學生專注於關鍵資訊、技能、概念和原則，還能使學生從 PCM 四個平行之各種有利位置來體驗學習。

7. 教師設計核心課程時要協助的學生回答核心問題，例如：這些想法是什麼意思？為何這些想法是重要的？這些想法擔負什麼目的？如何將這些想法結合在一起？這些想法如何運作呢？

8. 教師設計連結課程想要學生回答的問題，例如：運作中的關鍵概念和原則是什麼？我正在學習的想法和技能，如何在其他情境上運作？看待一件事如何幫助我了解另一件事呢？我觀察到我正在學習的和自己的生活之間有何連結？

9. 設計實踐課程的教師製作學習經驗來驅動學生回答問題，例如：實務工作人員如何使用該領域的關鍵概念和原則開展工作？在這一領域中的日常問題的特徵是什麼？從業者如何知道在特定情況下使用哪些技能？從業者使用何種策略來解決非常規領域中的問題？

10. 認同課程引導學生回答的問題，例如：在這項訓練上，人們如何思考和運作，這些方法是熟悉的、令人驚訝的或引起我的好奇的嗎？在這項訓練上，實務工作者和貢獻者面臨到怎樣的困難？對於該領域，實

務工作者和貢獻者的問題和課題是什麼？這些問題和課題像或不像我想要花費一生探究的問題和課題？

11. PCM 應用的程序和過程，依序為確定要學習的內容、講述關於內容的故事、對知識進行分類並確定主要和次要的平行、制定 PCM 課程單元的內容、選擇相關活動／資源／產品和時間分配、滿足不斷提升的智力需求、考慮與評分標準／產品和提升智力發展相關的評估、現實檢查：「根據時間、任務、產品和平行可能性調整內容」、為單元創建介紹和匯報。

12. PCM 有助於培養學生的深思熟慮，鼓勵跨課程規劃，鼓勵基於學習者需求的差異化學習；該模式要求教師提前有效規劃，教師必須承擔導演的角色，學生被迫批判性和深入地思考。

溫故知新專欄

※選擇題

1. 下列何者較符合資優教育平行課程中「核心課程」的概念？ (A) 探究某一歷史事件的事實真相，分析族群衝突的原因，並釐清其因果關係 (B) 模擬事件的衝突情境，分析相關人物的角色，並評估自己化解衝突的能力 (C) 從過去的藝術、音樂作品和目前社會環境、民眾心理的角度，分析某一事件 (D) 針對歷史事件，蒐集資料，探討其解決衝突的方法，應用於當前問題的解決

【☆ 100 教檢，第 15 題】

2-4 為題組　閱讀下文後，回答 2-4 題。資優班李老師採用「平行課程模式」，以「創意機器人」為主題設計一個學習方案。

2. 下列何者較不適合做為「核心課程」的學習目標？ (A) 超音波機器人的組裝 (B) 機器人程式設計概論 (C) 機械手臂的力學原理 (D) 紅外線感測器的原理

3. 下列何者較適合做為「聯結課程」的學習目標？ (A) 自動化設施與家庭生活 (B) 機器人對就業市場的衝擊 (C) 機器人自動化設施程

式設計　(D) 強化機器人的專業技術與功能

4. 下列何者較適合做為「認同課程」的學習目標？　(A) 機器人如何認同人類的價值觀　(B) 如何讓機器人發揮更多社會價值　(C) 如何透過機器人增進我的工作效率　(D) 如何運用我的強項投入機器人的開發　　　　　　　　　　　　　　【☆ 104 教檢，第 28-30 題】

5. 有關平行課程模式的敘述，下列哪些較為適切？甲、四類課程應平行運用，不可偏廢　乙、四類課程可以運用於個人、小組或整個班級中　丙、連結課程可讓學生了解知識與概念的關聯，強調跨領域時間與文化的學習　丁、實務課程是讓學生可以了解核心知識、認識領域中的事實概念與原理應用　(A) 甲乙　(B) 甲丁　(C) 乙丙　(D) 丙丁　　　　　　　　　　　　　　　　　【☆ 105 教檢，第 13 題】

6. 有關 C. Tomlinson 平行課程模式的敘述，下列哪些較為適切？甲、可增長學生多元化的知能　乙、能促進學生適性化的學習　丙、需依序安排不同類型的課程　丁、主要在發展學生的認知能力　(A) 甲乙　(B) 甲丁　(C) 乙丙　(D) 丙丁　　　【☆ 106 教檢，第 20 題】

7. 林老師想將職業生涯探索的省思融入課程設計，你會建議他採取下列何種課程模式？　(A) 多元智能模式（Gardner, 1993）　(B) 平行課程模式（Tomlinson, 2009）　(C) Discover 課程模式（Maker, 2001）　(D) 多元才能發展模式（Taylor, 1982）

　　　　　　【◎ 107 桃園市教甄特教資優教育綜合測驗 -B，第 17 題】

8. 教師呈現許多不同時間點與文化背景的圖形設計實例，請學生依據自己對於設計方法與概念的知識推測所呈現的作品可能是什麼時空下的產物。以上歸屬於平行課程（The Parallel Curriculum Model）中的何種課程？　(A) 聯結課程　(B) 實務課程　(C) 核心課程　(D) 自我認同課程

　　　　　　【◎ 107 桃園市教甄特教資優教育綜合測驗 -B，第 24 題】

9. 資優班林老師在教宋詞欣賞時，引導學生辨識與之前所學唐詩的差異，以看出宋詞在風格、字數、聲韻等面向的特性。依平行課程模式觀點，林老師較可能是在進行哪一類型的課程？　(A) 聯結課程　(B) 核心課程　(C) 實務課程　(D) 自我發展課程

【◎ 107 臺北市教甄初試特殊教育（資優類），第 45 題】

10. 林老師先讓班上的女性資優生閱讀《居禮夫人傳》，並分組訪談一位女性的成功人士，最後並要求每位學生完成一份自傳稿，內容需與居禮夫人或所訪談的成功人士做比較。依平行課程模式觀點，林老師是在進行那一類型的課程？　(A) 核心課程　(B) 實務課程　(C) 聯結課程　(D) 自我發展課程

【◎ 107 臺北市教甄初試特殊教育（資優類），第 46 題】

11. 資優班楊老師以校園昆蟲爲主題，運用平行課程模式進行教學，有一項活動內容爲探討昆蟲鳴叫發聲的原理，以及鳴蟲與民俗文化的關係。這樣的教學設計較屬於下列哪一種課程？　(A) 核心課程　(B) 連結課程　(C) 實務課程　(D) 認同課程

【☆ 108-1 教檢，第 3 題】

12. 下列哪些資優教育課程或教學較有助於發展資優學生高層次的知識概念？甲、水平充實　乙、六頂思考帽　丙、平行課程模式　丁、充實矩陣模式　(A) 甲乙　(B) 甲丙　(C) 乙丁　(D) 丙丁

【☆ 108-2 教檢，第 19 題】

13. 資優班邱老師以「資源再利用」爲主題，運用平行課程模式進行教學，其中有一項活動內容爲：找尋資源的新用途——讓廢棄資源重新發光，讓學生替家裡不用的資源想出新的用途並實際使用。這樣的教學設計較屬於下列哪一種課程？　(A) 核心課程　(B) 連結課程　(C) 實務課程　(D) 認同課程

【◎ 109 中區縣市政府教甄國中特殊教育 - 資賦優異學科，第 3 題】

14. 資優班周老師精簡普通班課程，將 5 節國語課程中的 2 節用來訓練學生寫詩，並探討古詩和現代詩的差別。整個教學歷程讓學生討論，並根據學生的反應隨時擴充問題。另外也鼓勵學生利用假日到圖書館當義工吸收經驗。周老師較可能採用下列哪些教學模式規劃上述活動？甲、充實矩陣模式　乙、平行課程模式　丙、多元菜單模式　丁、三階段充實模式　(A) 甲乙　(B) 甲丙　(C) 乙丁　(D) 丙丁

【◆ 110 教資考，第 22 題】

15. 資優班王老師運用平行課程模式，以「美的饗宴」進行藝術領域的

課程。下列何者較符合「連結課程」的概念？　(A) 挑選適合繪本故事的配樂　(B) 整理藝術的語言與美的形式　(C) 以家人的故事進行繪本創作　(D) 鑑賞與評析張大千的繪畫作品

【◆ 111 教資考，第 2 題】

16. 有關平行課程模式的敘述，下列哪些較爲適切？甲、主要在發展學生的認知能力　乙、能促進學生適性化的學習　丙、可增長學生多元化的知能　丁、需依序安排不同類型的課程　(A) 甲乙　(B) 甲丁　(C) 乙丙　(D) 乙丁

【◎ 111 新北市國小暨幼兒園教師甄試特殊教育科（資優類），第 59 題】

17. 爲有效發展學習者的潛能，滿足高能力學習者的需求，資優教育學者提出一套四個互相關聯的課程，包括：核心課程、聯結課程、實務課程、自我發展課程。請問這是指哪一種資優教育課程模式？　(A) 問題本位學習（Problem-Based Learning）　(B) 自主學習者模式（The Autonomous Learning Model）　(C) 社會性主動思考模式（Thinking Actively in a Social Context）　(D) 平行課程模式（The Parallel Curriculum Model）

【◎ 111 桃園市教甄筆試教育綜合測驗 C，第 28 題】

※問答題

1. 資優班曾老師以「校園植物」爲主題，運用平行課程模式進行教學，試說明四類平行課程的內涵，並分別列舉兩項相關的教學活動。

【☆ 108-2 教檢，第 2 題】

※ 選擇題答案

1.(A)　2.(A)　3.(B)　4.(D)　5.(C)　6.(A)　7.(D)　8.(A)　9.(B)　10.(D)　11.(B)
12.(D)　13.(C)　14.(A)　15.(A)　16.(C)　17.(D)

☆表示教檢舊制「課程教學與評量」應試科目；◆表示教資考新制「課程教學與評量」應試科目，整理自 http://tqa.ntue.edu.tw；◎表示各縣市教甄試題

自主學習者模式

　　自主學習者模式重視學習自主性，期待學生成爲自主學習者。以下將針對自主學習者模式的涵義與基本原理、自主學習者模式的向度，以及自主學習者模式之評析進行描述。

自主學習者模式之涵義與基本原理

涵義

　　自主學習者模式（Autonomous Learner Model, ALM）爲美國北卡羅萊大學（University of North Carolina, UNC）名譽教授 George Betts（1985）所提出的。這個模式重視學習自主性，期待學生成爲自主學習者。此模式中的自主學習（autonomous learning）爲何？他認爲「自主學習者是透過擴散和聚斂思考相結合來解決問題的人，在選定的努力領域中，並且在外部指導最少的情況下發揮作用」（Betts & Kercher, 1999）。透過自主學習方法，學生不僅可以發現自己的學習需求，還可以設定自己的學習目標，自行設計實現這些學習目標的方法，並監控和評估自己的學習進度。

　　至於如何成爲自主學習者呢？他認爲資優學生固然聰穎，但並非天生的自主學習者，需要透過自我引導式學習（self-directed learning），才能成爲在社會上具有責任、創意及獨立的自主學習者、終身學習者。雖然學生在 ALM 中負責他們的學習，但這並不意味著教師或其他學習形式的角色變得多餘。相反，教師在學習過程中扮演著不同的角色。教師更多地成爲促進者和引導者，而不是學習過程的主要推動者。

ALM的獨特性

　　Renzulli 三合充實模式和 Treffinger 自我引導也有自我引導式學習的內涵。但是，ALM 的獨特性在於更強調學生主導自身的學習（Betts & Neihart, 1986）。尤其在課程設計方面，ALM 認爲主導權應該從教師手中轉移給學生，讓學生從開始進行課程設計時就參與其中，而非以往單純接受教師安排或選修課式的選擇。因此，學生不再是被動接受教師規劃好的學習，而是成爲規劃自己學習歷程的一分子。

強調資優生社會情緒發展

Betts 的 ALM 為資優教育眾多理論中，第一個強調資優學生社會情緒發展的模式。學生在 ALM 下的學習，除了能夠發展自我概念、正向自尊心、熱情領域的探究，以及批判思考、創造思考、問題解決與決策能力發展外，還能連結自身與同儕、家庭，乃至於社會。

在連結自身與外在世界的實務應用上，對應的是情意教育及生涯發展。透過情意教育的團體活動、反思等，對學生的學習態度、自我概念，以及對同儕、學科和學校的看法皆有正面影響。

讓學生成為自主學習者

要讓學生成為自主學習者，在應用 ALM 初期，學生是需要高度的協助與支持。課程設計時，教師可依據學生具備 ALM 技能、概念與態度的多寡，搭配各校特色彈性運用；可以是與學科課程相互獨立的，也可以是整合的。獨立式如運用抽離式方案、資源班或在普通班部分時段；整合式如「面向二：個人發展」中的學習技巧可以融入文學課程，或者是人際技巧中訪問、領導、團體歷程、討論可以融入社會研究中的社區問題、世界議題或歷史事件；又或是五個向度中的定向輔導，依序進行至深入研究或同時進行。應用的核心精神是讓學生參與，並且依照學生個別需求來作安排。

資優者ALM基本原理

ALM 是根據從許多來源蒐集的訊息發展的，以滿足學習者的多樣化需求（Betts, 1985; Betts & Kercher, 1999）。ALM 的基本原則包括：

- 重點放在認知、情意、社會和個人的身體發育。
- 鼓勵和促進自尊。
- 發展和提高社交技能。
- 普通班是方案的核心支持。
- 抽離和資源方案和特殊課程是必要的組成部分。
- 教師要區分性課程。
- 學習者要區分性課程。

- 課程基於學習者的興趣和熱情。
- 學習者參與有指導的開放式學習體驗。
- 學習責任由學習者承擔。
- 需要讓學生成為終身學習者的經驗。
- 教師是學習過程的促進者，也是知識的傳播者。
- 學習是統合的和跨學科的。
- 學習者發展更廣泛的基本技能基礎。
- 高層次、批判性和創造思考技能在學習過程中得到整合、強化和展示。
- 學習者培養適當的提問技巧。
- 尋求學習者的不同反應。
- 內容論題廣泛，重點放在主要主題、問題、議題、想法上。
- 排除學校的時間和空間限制，以進行深度學習。
- 學習者發展新的和獨特的產品。
- 學習者在深入發展中使用各種資源學習。
- 文化活動和充實內容提供新的和獨特的成長經歷。
- 專題研討會和深入研究是學習過程中不可或缺的組成部分。
- 良師典範提供成人楷模、積極支持，以及個人指導和促進。
- 深入研究的完成和展示是學習過程中不可或缺的一部分。
- 評估自我發展和學習者創造的產品是必要和值得的。

自主學習者模式之向度與內涵

　　ALM 包含五個向度分別是「定向輔導」、「個別發展」、「充實活動」、「專題研討會」，以及「深入研究」（Betts, 1985, 2016），如圖9-1。

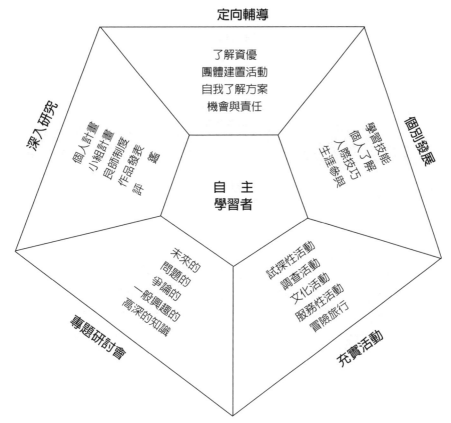

定向輔導

了解資優
團體建置活動
自我了解方案
機會與責任

深入研究

個人計畫
小組計畫
良師制度
作品發表
評鑑

個別發展

學習技能
個人了解
人際技巧
生涯參與

自主
學習者

專題研討會

未來的
問題的
爭論的
一般興趣的
高深的知識

充實活動

試探性活動
調查活動
文化活動
服務性活動
冒險旅行

圖 9-1　ALM 原先的五個向度及其內涵

定向輔導向度

　　定向輔導（Orientation）向度對於學生發展成為自主學習者是非常重要的。在此向度，學生將透過了解資優、能力、興趣及團體活動，對於身為資優者的自己有些基本認識，同時也將了解 ALM，在成為終身學習者時所需擁有的機會與責任。在 1996 年後，這個向度調整為包含「了解資優、特殊才能、智能和創造力」（Understanding Giftedness, Talent, Intelligence & Creativity）、「團體塑造活動」（Group Building Activities）、「自我 / 個別發展」（Self/Personal Development）及「方案的機會跟責任」（Program & School Opportunities & Responsibilities），如圖 9-2。茲分述如下：

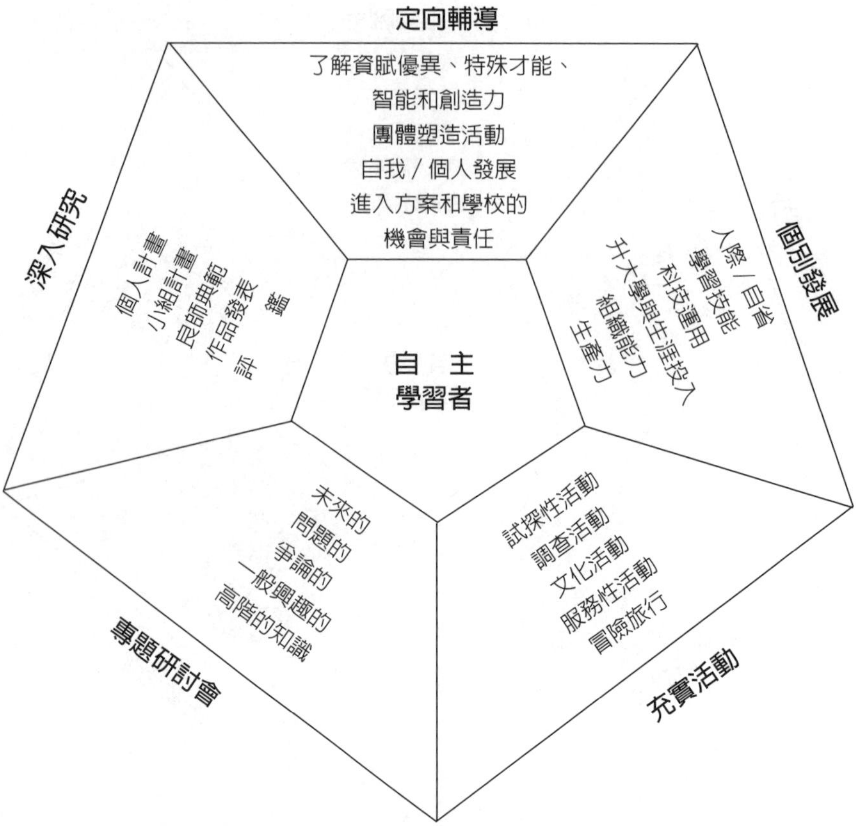

圖 9-2　ALM 新修正後的五個向度及其內涵

來源：Betts & Kercher（1999）

了解資優、特殊才能、智能和創造力

　　學生經由與資優者的接觸，像是與資優者討論、訪談社區中資優者、聽演講、研究資優者等加深加廣活動，藉以了解資優、智力、創造力、潛力等觀念，學生最終的產品可能是口頭的、視覺的、書面的或動覺的。

團體塑造活動

　　此部分是要促使學生與他人合作。團體任務、規則與合作策略在此是很重要的。學生們學習團隊動力技能及如何營造積極的培育環境，可以藉由團體活動、教室活動或特別議題的學習合作中，有機會接觸其他資優學生，了解團體中自己及他人的角色與功能，並相互支持。

自我／個別發展

你會如何描述自己？你是否了解自己的天賦和才能，還是更了解自己的弱點？你的自我概念和自尊是什麼？在此部分探索和回答了這些和許多其他問題。讓學生挖掘自己、探索自己。了解自己後，可能會導致能力和潛力的更好發展。學生可透過探討興趣與才能、學習風格，分辨自己與他人的差異，以及了解自主學習者基本概念、自身行為對他人的影響，漸漸發展自我概念。

方案的機會與責任

這部分有兩重點：讓學生了解 ALM 及設計在這個學校、社區的學習計畫。透過讓學生了解模式的目標、領域、活動，描繪期望，提供學生作決定需要的資訊，引導學生發展自己的學習計畫。

個別發展向度

ALM 的第二個向度是個別發展（Individual Development），它旨在為學生提供成為終身學習者所必需的適當技能、概念和態度。在 1996 年後，該向度由原先四個領域擴展為六個具體領域，包含「人際／內省」（Inter/intra personal）、「學習技能」（Learning skills）、「科技運用」（Technology）、「升大學與生涯投入」（College and career involvement）、「組織能力」（Organizational skills），以及「生產力」（Productivity），如圖 9-3 並分述如下。

人際／內省

此部分延伸自定向輔導向度的自我／個別發展。自我概念和自尊的發展，以及與他人有效互動技能的發展是一個持續的追求。因此，ALM 將此區域包含在向度二和向度一中，讓學生更深入認識自己的情感，了解自己的責任，培養積極的生活態度，提升內省能力與人際互動。

可採用團體活動、討論、角色扮演，也可以採個人分析方式，例如：個人教育計畫、學習者側面分析。

人際／個人內省	生產力	學習技能	組織技能	大學和職業參與	科技運用
• 學習者的剖面圖 • 六個自我 • 需求評估 • 個人化教育計畫 • 人際交往能力	• 熱情學習 • 項目規劃 • 口語／寫作 • 產品選擇（口語、視覺、動覺、寫作） • 自我／項目評估	• 創造思考 • 批判思考 • 解決問題 • 作決定 • 未來思考	• 目標設定 ▶ 短期／長期 • 時間管理 • 生活管理	• 探索 • 調查 • 規劃 • 選擇 • 參與	• 計算機 • 軟體 • 網絡 • 光盤 • 多媒體 • 遠程學習

圖 9-3　個別發展向度的具體領域

學習技能

個別發展的學習技能領域側重於作為自主學習者發揮作用所需的技能。學習技能更加個性化，而特定的數學技能則是針對特定內容的。Bloom（1956）的分類法被納入作為教授思考技能的基礎。其他方法包括批判性和創造思考，以及發現問題和解決問題的方法。可在學生參與的課程活動或任何活動中加入這些技巧。

科技運用

顯然，技術將成為個人發展的一個主要領域。隨著時代發展，這些技術包括：電腦、電腦程式、人工智慧、互聯網和遠程學習等。透過使用技術蒐集訊息後，重點應放在每個學習者的訊息、經驗和先前知識的綜合上。可在學習活動中融入運用方式及練習機會。

升大學與生涯投入

在個別發展這一領域，學生尋求有關大學和職業參與的知識。具體活動包括帶有高中後規劃問卷的定向研究、與大學代表面談及完成大學申請和簡歷。學生還要完成一份職業規劃、一次面試、參加招聘會，並完成一個產品，其中概述了他們在職業選擇中可能追求的 3～5 個方向。這可能包括：口頭、視覺、書面或動覺產品。

組織能力

組織能力是終身學習的重要成分。學生學習不同的組織方法並爲自己制定方法。日常組織很重要，但生活管理也很重要。完成每日、每月和每年的生活管理，以促進與學習相關的自我理解。

生產力

資優生有潛力成爲知識生產者。而知識生產者需要開發許多不同的產品。此部分讓學生理解完成品的觀念，體驗多元、多樣的方式呈現學習成果。可透過學生討論的評鑑向度或既有的表格來審視學習成果。透過 ALM 提供的口頭、動覺和書面產品清單，如表 9-1。

表 9-1　透過 ALM 可用的口頭、口頭、動覺和書面產品示例

社論	西洋鏡	網頁
調查	個人介紹	面試
獨奏會	PowerPoint 演示文稿	小組展示
編舞	辯論	雕塑
問卷	啞劇	陶器

充實活動向度

ALM 充實活動（Enrichment Activities）向度的目的是向學習者介紹學習者本位內容的概念，超越教師本位內容，並教導學習者像教師一樣，發展他們自己的內容、過程和產品。學習編寫課程對於自主學習至關重要。充實活動向度包含五個特定領域：探索（Explorations）、研究（Investigations）、文化活動（Cultural activities）、服務（Service）、冒險旅行（Adventure trips）。茲分述如下：

探索

探索是短期且持續的。你想追求什麼新想法？主要是找到社區中可利用資源，發展興趣，並與專門知識接觸，參觀各種機構。可先讓學生了解身邊的親朋好友專長與興趣，再視社區資源及學生時間，進行參與、參觀

或實習。

研究

在成功完成多次探索後，學生將進行下一階段的學習，即調查。調查是能夠完成深入研究的下一步。向學生傳授獨立探究所需的步驟和技能。使用的表格側重於調查的標題和描述、特定活動和小型產品描述。學生接受老師的指導和指導，以便開展成功的調查。

文化活動

該領域的發展目的在為學習者提供超越場景的機會，比他們通常在博物館、戲劇、詩歌朗誦或舞蹈表演、音樂會上學到更多。學習者在演講或參觀之前或之後安排與相關人員會面。他們準備了問題，這將增加他們對文化活動的理解。每學期完成三項活動，以全班方式結束文化活動。

服務

服務是充實活動向度中主要的成分。這個領域為學習者提供了透過服務活動了解自己及與他人的關係的機會，旨在教授人道主義及其對社會的影響。活動包括為機構工作、為窮人籌集食物和金錢、或與老人共度時光。

冒險旅行

冒險旅行可以是一天、一週或更長時間。目的是讓學習者、感興趣的家長和老師共同規劃一次有意義的旅行。包含三部分：事前計畫、參與實際行程、體驗評估。

專題研討向度

專題研討（Seminars）向度旨在讓學生展示他們成為學習者和小組合作的能力。專題研討由學習者發展並由教師協助，著重於探索以下五個領域：未來的（futuristic）、爭論的（controversial）、解決問題的（problematic）、一般興趣的（general interest）、高階知識的（advanced knowledge）。學生在過程中參與自我評量、討論會中的觀念、評估呈現的有效性、討論未來提升研討會的方式。

深入研究向度

ALM 的第五個向度是深入研究（In-depth Study），包含五個部分：個人或團體計畫（Individual or group projects）、良師典範（Mentorships）、演示（Presentations）、評量（Assessment）。茲分述如下：

個人或團體計畫

透過向度五深入研究，學生是真正的學習者，擁有作為學習者發揮作用所必需的技能、概念和態度，並已成功完成探索和調查。大多數學習者選擇在這個向度上單獨工作，而一些小組會在完成研討會後形成。對於這種體驗，小組不應超過三個學習者，作為學習過程的促進者直接與教師合作。

良師典範

只要有可能，鼓勵學習者與良師典範合作。問題是，如何找到合適的良師典範？答案是由學習者自行尋找。向度五適用於那些現在是自主學習者的人。

演示

在整個學習過程中，學習者必須包括介紹他們的的深入研究。一些深入研究持續兩三個月，而另一些則在參與兩年後完成。在整個評分期間進行簡短介紹，而在結束時進行最終產品介紹。

評量

我是自主的嗎？我是否能夠規劃項目、參與項目、完成項目並評估項目？對學習者、過程和產品的評量是 ALM 學習過程必要的成分。

自主學習者模式之評析

ALM 固然有其明顯的優點，但是也有其弱點（Maker & Schiever, 2005; Meyer et al., 2008; Renzulli et al., 2009）：

優點方面

- 學生、教師、行政人員和家長透過向度一：「ALM 的定位」，可以全面了解資優、特殊才能、智力和創造力。
- 學生有機會追求感興趣的領域。
- 學生可與導師一起工作。
- 學生成為獨立、自主的學習者。
- ALM 旨在適應學生多樣化和不同興趣的現實。
- 學生成為終身學習者。
- ALM 涵蓋內容、過程和產品。
- ALM 可與所有內容區域一起使用。
- ALM 適用於所有年級。
- 自主學習和學業成績之間存在正相關，儘管也可能有其他因素共同促成這項結果。
- 與限制性更強的學習環境相比，自主學習環境還鼓勵更多參與的學生享受學習過程，並且更有動力學習。
- 自主學習環境減輕了教師指導課堂學習的壓力，讓他們有更多時間專注於需要更多關注的群體。

弱點方面

- ALM 尚未完成實證研究。
- 由於五個向度及每一個向度中涉及的步驟，ALM 是一個複雜的模式。
- 由於有效運行 ALM 的程序所需的組織技能增加，教師需要大量時間。
- ALM 不靈活，因為每一個向度都建立在後續向度上。
- 如果沒有他們所學習領域的重要資源，學生就無法完成深入學習。
- 如果嘗試在小學階段實施這種學習方式，自主學習會遇到很多問題，尤其是中、低年級學生。因為學習者應具備批判思考和解決問題能力，並具有自我監控進步的能力。

- 這種模式需要學生很多的紀律。缺乏紀律、專注和毅力可能會導致完成學習路徑所需的時間更長，甚至完全無法實現學習目標。

結語

　　自主學習者模式就是希望學生這五個向度下的學習，能夠發展自我概念、熱情領域的探究，以及批判思考、創造思考、問題解決與決策能力，成為自主學習者。雖然這種學習模式可以透過學生的選擇產生更多參與的學習者，但是學者指出給予選擇本身是無效的（McCombs, 2010）。這種選擇首先需要具備「選擇能力」，過多的自由會導致學生難以做出決策。如果學生沒有發展判斷和作決定的能力，他們又如何決定什麼最符合他們自己的利益，什麼最能滿足他們的個人學習目標呢？為了讓自主學習發揮作用，教師不只要給學生選擇，還需要協助他們發現自己的興趣、需求和價值觀，同時尋找他們想要實現的目標。

本章重點

1. 自主學習者模式重視學習自主性，期待學生成為自主學習者。
2. 自主學習者是透過擴散和聚斂思考相結合來解決問題的人，在選定的領域中並在外部指導最少的情況下發揮作用。
3. Renzulli 三合充實模式和 Treffinger 自我引導也有自我引導式學習的內涵。但 ALM 的獨特性更強調學生主導自身的學習，尤其課程設計，ALM 認為主導權應從教師手中轉移給學生。
4. Betts 的 ALM 是眾多資優教育理論中，第一個強調資優學生社會情緒發展的模式。
5. ALM 的基本原則很多，例如：鼓勵和促進自尊、發展和提高社交技能。
6. ALM 包含五個向度分別是定向輔導、個別發展、充實活動、專題研討會及深入研究。

7. 定向輔導（Orientation）向度對學生發展成為自主學習者非常重要。這個向度為包含「了解資優、特殊才能、智能和創造力」、「團體塑造活動」、「自我／個別發展」及「方案的機會跟責任」。

8. 個別發展向度（Individual Development），它為學生提供成為終身學習者所必需的適當技能、概念和態度，包含「人際／內省」、「學習技能」、「科技運用」、「升大學與生涯投入」、「組織能力」及「生產力」。

9. 充實活動（Enrichment Activities）向度的目的是向學習者介紹學習者本位內容的概念，發展他們自己的內容、過程和產品，包含探索、研究、文化活動、服務、冒險旅行。

10.專題研討（Seminars）向度旨在讓學生展示他們成為學習者和小組合作的能力，著重於探索五個領域：未來的、爭論的、解決問題的、一般興趣的、高階知識的。

11.深入研究（In-depth Study）向度包含：個人或團體計畫、良師典範、演示、評量。

溫故知新專欄

※選擇題

1. 自主學習者模式主張學生的角色，應由學生轉換成為學習者。資優班王老師設計的教學活動中，下列何者最能讓學生表現出自主學習者的角色？　(A) 與其他資優學生座談　(B) 探討我的未來不是夢　(C) 擔任社區資源回收義工　(D) 探討氣候變遷對地球的影響

【☆ 100 教檢，第 1 題】

2. 關於 G. Betts 自主學習者模式的敘述，下列哪一項較不適切？　(A) 安排學科加速學習提早完成學業　(B) 透過服務活動、文化教學等充實活動進行學習　(C) 定向輔導學生自我了解，並給予其機會和責任　(D) 安排體驗人際關係與生涯規劃等課程，引導學生個別發展

【☆ 101 教檢，第 1 題】

3. 有關自主學習者模式的敘述，下列哪些較為適切？甲、充實活動由教師依學生興趣或學習動機訂定差異性課程　乙、讓學習者發展獨立和自我引導學習的能力、觀念和態度　丙、學習者對有興趣的領域，從事長期性的小組或個人研究　丁、協助學習者認識其天賦，發展正向自我概念與自我效能　(A) 甲乙丙　(B) 乙丙丁　(C) 甲乙丁　(D) 甲丙丁　　　　　　　　　　　【☆ 103 教檢，第 15 題】

4. 有關資優教育模式之敘述，下列哪些較為適切？甲、自主學習者模式可融於一般課程中，也可採外加方式單獨實施　乙、三合充實模式中的三種活動型態可彈性調整順序，不一定要依序教學　丙、自主學習者模式中的充實活動，目的在於增進學習技巧、人際技巧及生涯參與　丁、自我引導學習模式中，教師介入程度由多到少依序是命令型態、任務型態、同儕—小組型態、學生—教師合約型態、自我引導型態　(A) 甲乙丙　(B) 甲乙丁　(C) 甲丙丁　(D) 乙丙丁　　　　　　　　　　　　　　　　　【☆ 105 教檢，第 14 題】

5. 王老師在情意教育課程，安排資優學生進行服務學習，這是屬於 G. Betts「自主學習者模式」中的哪一個構面？　(A) 定向輔導　(B) 專題討論　(C) 深入研究　(D) 充實活動　　【☆ 106 教檢，第 1 題】

6. 有關資優教育模式的敘述，下列哪些較為適切？甲、自主學習者模式重視情意與個體的發展　乙、充實矩陣模式著重核心課程的加速學習　丙、三合充實模式的三種類型活動要依序進行　丁、自我引導學習模式強調逐步褪除教師指導　(A) 甲乙　(B) 甲丁　(C) 乙丙　(D) 丙丁　　　　　　　　　　　　　　　　【☆ 106 教檢，第 11 題】

7. 有關 Betts 自主學習模式之敘述，下列何者較不適切？　(A) 此模式分成五個向度　(B) 充實活動向度中包含探究、調查、文化、服務等活動　(C) 自我瞭解、人際關係與生涯規劃之介入等活動屬於定向輔導向度　(D) 深入研究向度允許學習者就其感興趣的領域進行研究、提出成果並予以評鑑

　　　　　【◎ 106 桃園市教甄特教資優教育綜合測驗 -B，第 10 題】

8. 某位資優班教師設計課程讓資優學生發展終身獨立和自我引導學習的能力、觀念和態度，例如人際及自我的學習技巧、組織能力，屬

於 Betts「自主學習者模式」的哪一個向度？ (A)定向輔導 (B)個別發展 (C)充實活動 (D)專題討論

【◎ 107 桃園市教甄特教資優教育綜合測驗 -B，第 23 題】

9. 資優班林老師以「孔子」為主題進行教學，為讓不同優勢的學生有所展現，期末主題報告時，有的學生分享孔子周遊列國所走的距離與所花的時間；有的學生探討論語的內容與現代生活的關聯；有的學生蒐集孔子塑像的圖片，並設計 Q 版公仔。這樣的設計，較符合下列哪些模式的理念？甲、C. Taylor 的多元才能模式 乙、G. Betts 的自主學習者模式 丙、J. Renzulli 的多元菜單模式 丁、H. Gardner 的多元智能模式 (A)甲乙 (B)甲丙 (C)乙丁 (D)丙丁

【☆ 108-1 教檢，第 28 題】

10.下列哪一活動較符合 G. Betts 自主學習者模式中定向輔導向度的課程設計？ (A)由學生自行選擇一個議題，進行深入探討 (B)提供試探未來升學就業等生涯進路之機會 (C)藉由參加各類型團體活動認識自己與他人 (D)安排科學博物館參訪並聆聽相關專題講座

【◎ 109 中區縣市政府教甄國中特殊教育 - 資賦優異學科，第 15 題】

11.平安國小的資優教育團隊決定以 Betts 的自主學習者模式，作為學校資優課程設計的依據，以下何種課程是符合該模式內涵的設計呢？ (A)「美化菜單」：指教師之創意貢獻 (B)「定向輔導」：使學生、教師和家長了解資優教育的中心概念 (C)「團體訓練活動」：目的為提升思考、感受、研究、溝通和方法的訓練 (D)「核心課程」：重點為學科的本質與基本觀念原則，如同該學科之專家對於該知識領域之思維與實踐

【◎ 111 臺北市教甄初試特殊教教育（資優類），第 50 題】

12.下列哪一項不是該位資優教育學者的論述？ (A) Wallas 提出資優教育的多元才能發展模式 (B) Guilford 提出智力包括運思內容、心理運作和運思結果的模式 (C) Betts 提出資優教育的自主學習者模式 (D) Williams 提出資優教育的創造與情意教學模式

【◎ 111 桃園市教甄筆試教育綜合測驗 C，第 5 題】

13.中正國小資優班以 Betts 的「自主學習者模式（The Autonomous

Learning Model）」做為該校的課程模式。三年級的許老師為剛入班的資優學生設計一連串「認識資優」的課程，包含瞭解資優的概念、認識自己的興趣與潛能等，請問此課程是屬於「自主學習者模式」的哪個向度？　(A) 專題研討　(B) 充實活動　(C) 個別發展　(D) 定向輔導　　　　　【◎ 111 桃園市教甄筆試教育綜合測驗 C，第 25 題】

※ 選擇題答案

1.(D)　2.(A)　3.(B)　4.(B)　5.(D)　6.(B)　7.(C)　8.(B)　9.(C)　10.(C)　11.(B)　12.(A)　13.(D)

☆表示教檢舊制「課程教學與評量」應試科目；◆表示教資考新制「課程教學與評量」應試科目，整理自 https://tqa.ntue.edu.tw/；◎表示各縣市教甄試題

多重菜單模式

多重菜單模式之概述

　　多重菜單模式的目的是提供一套實用的規劃指南，可以幫助課程開發人員將真實知識與教學技術的多個向度相結合。選擇菜單的概念是因為它傳達了可以在模式的幾個構成要素中的每一個之間進行選擇的想法。每個菜單都提供了一系列選項，課程開發者可以從中選擇構成課程單元課程基礎的知識片段或課程片段，以及能夠以有趣和有效的方式教授知識的各種教學技巧。

　　「多重菜單模式」（Multiple Menu Model, MMM）是種實用的計畫指引組合，教師可用來設計提供班級使用的深度課程單元。它是基於各種課程與教學理論，包括：Bloom（1954）、Bruner（1966）、Ausubel（1968）、Passow（1982）及 Kaplan（1986）。這種模式與傳統課程取向不同，因為它更加著重於平衡真實的內容和過程，包括讓學生成為初學的探究者及探討知識的相互聯結和結構。

　　選擇採用「**菜單**」（Menu）這個概念，是因為教師就像課程設計者一樣，在這種模式的每一個要素內提供各種選擇的範圍，類似於許多電腦軟體方案或餐廳菜單上所呈現的下拉視窗（pull-down windows）。菜單鼓勵教師設計深入的課程單元，以加深對一門學科結構，它的內容和方法的理解，以及教師用於創造教學和學習經驗的廣泛教學技術。

　　在多重菜單模式中有一些關於課程發展的假設和信念。這些假設為該模式提供了基礎，並有助於闡明教師、學習者和課程的角色。首先，Renzulli 等人相信能夠激發學生探索一門學科的教師們，對這門學科本身具有真正的興趣或熱情。這些老師蒐集了故事、現實情況和文件，以使課程更具真實性，並且採用策略有效地使學習者參與探究過程。其次，他們認為真實的學習包括調查活動和創意產品的開發，在這些產品中，學生將扮演第一手探索者、作家、藝術家或其他類型專業人員的角色。因此，課程發展的首要目標應該是創造一種環境，讓學生在探索專業學科的內容和方法時，思考、感受並做專業專業人員所做的事情。

多重菜單模式之要素與運用

多重菜單模式的要素包括「知識菜單」、「教學目標和學生活動菜單」、「教學策略菜單」、「藝術調整菜單」及「教學產品菜單」（Renzulli, Leppien, & Hays., 2000; Renzulli et al., 2016），如圖 10-1。第一個菜單是「知

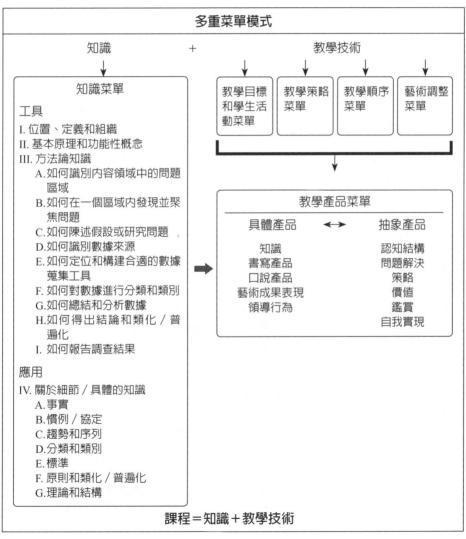

圖 10-1　多重菜單模式

識菜單」，是最為詳盡且關心所選研究領域的眞正知識和方法，以及如何運用來探究代表性主題的方法。第二至第五個菜單處理教學法和教學技術。最後一個菜單是「教學產品」，教學產品與學生跟某個領域或跨學科概念的知識相互作用，以及第一手詢問者如何構造該知識可能產生的產品類型有關。茲分述如下：

知識菜單

「**知識菜單**」（Knowledge Manu）分為四部分，前三部分是「工具」（tools）。最後一部分代表了在研究一個論題的過程中可應用這些工具之任何領域內的大量特定主題，如圖 10-2。這個模式了解到「學科」已進化成爲各自獨立的實體。運用多重菜單模式所設計的課程單元將學生置放在學科中，在此他們就像眞正的研究人員一樣，必須思考、感受和行動。

知識菜單是基於下列兩個重要的假設：(1) 要教授學科中所有重要的事情是不可能的；(2) 進行探究的必要性。此一模式透過集中在領域中的結構元素、基本原理和概念，以及研究方法來處理這些假設，然後學生運

內容領域（Content Field）：	細分（Subdivision）：
工具 （Tools）	I. 位置、定義和組織 II. 基本原理和功能性概念 III. 方法論知識 　　A. 如何識別內容領域中的問題區域 　　B. 如何在一個區域內發現並聚焦問題 　　C. 如何陳述假設或研究問題 　　D. 如何識別數據來源 　　E. 如何定位和構建合適的數據蒐集工具 　　F. 如何對數據進行分類和類別 　　G. 如何總結和分析數據 　　H. 如何得出結論和類化／普遍化 　　I. 如何報告調查結果
應用（Applications）	IV. 關於細節／具體的知識 　　A. 事實　　B. 慣例／協定　　C. 趨勢和序列　　D. 分類和類別 　　E. 標準　　F. 原則和類化／普遍化　　G. 理論和結構

圖 10-2　知識菜單

用這些工具來探究學科內具有代表性的主題。爲了達成這項目標，課程設計者要面臨下列四項挑戰：

協助學生尋找、定義和組織所研究的領域

分析給定知識領域的第一個任務是向學生提供有關該領域在廣泛知識中的「位置」、該領域的一般性質、該領域內知識的各種細分及具體知識的訊息。這個菜單旨在幫助學生在任何給定的組織系統中，找到他可能正在工作的位置。這可以藉由發展「**知識樹**」（knowledge tree）或尋找知識光譜內一門學科的圖像表徵，並提供有關領域內次分支關係的資訊來達成，同時要探討有關學科的基本問題，例如：

- 如何界定所研究的領域
- 研究領域的任務或整體的目的是什麼？
- 每個次領域主要集中在哪些領域？
- 在此研究領域上，研究人員欲探究何種問題？
- 次領域會問什麼樣的問題？
- 每個次領域的主要資料來源是什麼？
- 該領域或次領域的知識是如何組織和分類的？
- 是否有事件的歷史或年表可以讓你更佳地了解該領域或次領域？
- 是否有任何重大事件、人物、地點或信仰是該領域的主要關注點，或該領域的全部內容的最佳案例？

選擇所教授學科的基本原理和功能性概念

每項知識領域都建立在一組「**基本原理**」（basic principles）和「**功能性概念**」（functional concepts）上，它們有助於促進理解、訊息處理和代表該領域本質的訊息交流。基本原理可能是事實和具體的（例如：地球每365 又 1/4 天繞太陽轉一圈），或是抽象的並可進行各種解釋（例如：社會的主要社交機構是家庭、學校、政府）。功能性概念則是學科領域專家使用的智力工具（Ward, 1961）。這些概念是一個領域的專用詞彙，也是學者之間精確交流的工具。我們應該將原理和概念視爲工具，協助學生了解

內容領域內任何具有代表性的主題。

讓學生熟悉有關領域或論題的探究方法

知識菜單的這一部分對於課程發展尤其重要，因為它對更活躍的教學技術具有重要意義。在整個學習單元中，教師根據知識菜單的方法論向度所定義的來解釋、說明和讓學生參與研究過程，例如：確定悲劇英雄研究中的問題領域、關注問題、陳述假設、查找資源、對資料進行分類和組織、彙整數據、得出結論、報告發現。圍繞知識習得（通常稱為過程或思考技能的學習向度）的各種程序，本身應該被視為一種內容形式。這些技能構成了具有最大遷移價值的認知結構和解決問題的策略。

透過為學生提供調查方法的專業知識，我們增加了更多歸納或動手學習體驗的可能性。一旦學生了解有關領域或論題的基本訊息及進行跟該論題相關的某種研究程序，我們就可以進入應用層次。雖然在知識方法上需要高度的理解領域和有時複雜的儀器設備。學生可以成功地學習和運用一些與多數知識領域有關入門水準的方法（Bruner, 1960）。

有了在知識菜單中學習到的工具及對領域方法的更成熟理解，學生將不再是訊息的被動接收者，並且能夠開始在該領域內產生知識的過程。

選擇具有代表性的主題來探究

教師要選擇課程主題來說明基本原理和代表性概念。在某些方面，選擇過程與老師過去使用的過程類似；也就是說，必須考慮到學生的年齡、成熟度、以前的學習和經驗背景。此外，與傳統教學不同，多重菜單模式要求教師將所有可能的內容，逐一分解為真正代表該領域基本原理和概念的部分。這些主題應該讓年輕人融入學科內，並讓他們練習基本原理、功能性概念和他們已經學過的方法。代表性主題也應吸引想像力（Phenix, 1964）。針對這項理由，應該選擇代表強而有力且具爭議性的基本觀念和概念，擴大學生的興趣和動機。

教學技術菜單

第二至第五項菜單關心教學法、組織和單元的順序。它們引領教師選擇目標、策略、順序和藝術調整的最佳組合，來協助學生探究知識菜單的

眞正內容。

教學目標和學生活動菜單

「**教學目標和學生活動的菜單**」（The Instructional Objectives/Student Activities Menu）旨在爲課程發展人員提供廣泛的一般陳述和與學習的各個方面相關的特定行爲，如圖 10-3。包括下列四個部分：

■ **同化和保留**。菜單的第一部分處理訊息輸入或獲取過程。

■ **訊息分析**。第二部分著重於廣泛的思考技能，這些技能描述了爲實現更高水準的理解而處理訊息的方式。

■ **訊息綜合與應用**。第三部分是處理思考過程的輸出或產品。

■ **評估**。最後部分也是一個輸出過程，但在這種情況下，重點是在審美、道德和功能性品質上，對信息的審查和判斷。

I. 同化和保留	• 傾聽、閱讀、觀察、感受、感人的、氣味、計數、操弄、素描、筆記、命名 • 確認訊息類型（例如：原始數據、意見等） • 確認訊息來源（例如：百科全書、年鑑等） • 確認訊息檢索系統
II. 訊息分析	• 分類：分門別類、配對屬性、組織和重組、區分和比較 • 解釋／詮釋：提問、討論、辯論、推論 • 序列和型式：次序、製表、圖表測量推測 • 翻譯（轉換）：插值、外推、相互關聯重述嘗試錯誤 • 資料蒐集：面談、使用工具、實驗 • 總結和解說：評論、結論、捍衛立場、假設、類化、實踐、演示、呈現 • 探索替代方案：估計、腦力激盪、創造性問題解決、問題發現、問題聚焦
III. 訊息綜合與應用	• 寫作：文學（虛構）、作曲、技術、編輯、新聞（非虛構） • 演講的／當前的：藝術的、功能性的／訊息性的 • 建構：藝術的、功能性的、有意見的 • 繪畫、繪圖、設計：藝術的、功能性的 • 表演：舞蹈、戲劇、運動、音樂 • 管理：製作、指導、領導、安排、執行
IV. 評估	• 根據內部標準進行判斷（個人價值觀、審美偏好、個人信仰和態度） • 根據外部標準進行判斷（判斷量化或質性想法或產品的常規標準）

圖 10-3　教學目標／學生活動菜單

來源：整理自 Renzulli et al.（2016）

課程發展人員在使用此菜單時應記住三個重要的考慮因素：

■ **菜單上的四個類別並不是要以線性和順序的方式遵循**。在思考和解決問題的現實世界中，我們必須經常循環回到更高級的訊息輸入和分析活動，以提高我們產品及判斷的範圍和質量。因此，整個過程必須視為相互關聯活動的循環或螺旋式序列。

■ **在整個課程開發過程中，實現特殊性和全面性的總體目標**。每個單元和課程都應該以這樣一種方式來開發，也就是我們對過程目標的確定就像我們對要教授的內容一樣。在給定的時間內，我們應該嘗試透過選擇多樣化的學生活動，來實現過程開發的全面性。

■ **此菜單上的目標和活動旨在涵蓋所有情意過程**。假設學生從事本菜單中所列出的活動時，以及當這些活動跟某些主題（知識）相結合時，諸如：參加、接受和評估等過程以統合方式發生，從而促進情意過程的發展。因此，模式中不包含單獨的情意菜單。

這項菜單讓課程設計者記得內容和歷程目標，必須藉由活動在組織良好的課程上探討。在真實思考和問題解決世界上，當發現、同化新資訊並用來增進作品與判斷的範圍和品質。分類歷程技巧及分享活動目標可以協助學生學習、確認和控制他們本身的思考型式和行為。

教學策略菜單

「**教學策略菜單**」（Instructional Strategies Menu）提供了廣泛的策略範圍，代表教師組織學習情境的方法，如圖 10-4。這些策略範圍從高度結構的情境（例如：編序教學）至開放式的機會（例如：獨立研究），皆需要學生高度的自我指導。當然，許多策略是相互結合使用的。

與前面討論的菜單的情況一樣，應力求在使用這些策略時取得平衡，還應努力為更聰明的學生開發課程體驗，以支持教學策略連續體之結構性較弱的部分。這與資優教育的總體目標及多數特殊課程對自我引導學習和創造性生產力的重視是一致的。另外，這個菜單提醒課程發展者提供教學平衡和變化性，以及選擇最能夠迎合其教學目標的策略，例如：編序化教學策略則將適用於教授電腦操作技能的內容；而模擬或角色扮演策略可能更適合處理有爭議的問題的內容。

I. 背誦與演練	II. 同儕小老師	III. 編序化教學	IV.演講	V.討論
VI. 討論	VII.引導式獨立學習或探索	VIII.學習或興趣中心活動	IX.模擬、角色扮演、戲劇、引導式幻想	X.學習遊戲
XI.複製報告或項目	XII. 調查報告或項目	XIII.無引導的獨立學習或探索	XIV.實習或師徒	

圖 10-4　教學策略菜單

教學順序菜單

「教學順序菜單」（Instructional Sequence Menu）主要是基於學習理論學家的觀點，提供了組織和順序化的指南，以擴大計畫性學習活動的結果，例如：Gagné 和 Briggs（1979）、Ausubel（1968），如圖 10-5。

I	II	III	IV	V	VI	VII	VIII
• 獲得注意力、培養興趣和動機	• 告知學生給定單元、課堂活動的目的或目標，並提供有關將涵蓋材料的高階圖解組織	• 將論題與先前學習的相關材料相關聯	• 透過一種或多種教學策略和學生活動的組合來呈現材料。（注意：強調以下兩個一般學生角色之間的區別：傾聽、觀察和記錄；參與、互動和接收回饋）	• 為個人或團體的高階後續活動提供選項和建議	• 評估成果表現並提供回饋	• 為相關的未來論題提供高階圖解組織	• 指出遷移機會和潛在應用

圖 10-5　教學順序菜單

此菜單始於獲得學生的注意力和發展興趣、動機的必要性，然後提供決定先前知識、統合新經驗、引導練習、評估成就表現，以遷移知識至新情境的步驟。此一菜單與其他菜單不同，這些項目可能會以順序方式出現；然而，該順序也可能會在一個單元中多次循環使用，有時甚至在給定的課程中。

根據 Gagné 和 Briggs 的說法。教學順序上的一個重要考慮是組織材料，讓學生精熟必要的先決條件，被廣泛解釋為包括對要學習的材料和基本術語的積極態度。基於這個原因，**教學順序菜單**以一個項目開始，提醒注意獲得注意力和發展動機的必要性。他們還強調了在可能的情況下，將當前論題與以前學習的相關材料相關聯的價值。將當前論題整合到一個更大的架構中，這將為手頭的論題增添更大的意義。透過知識菜單第一部分中推薦的策略，可以部分解決這個問題。

最後，他們建議不要將遷移留給偶然，而是課程發展者提供所學訊息與可能應用此類訊息的其他情況之間的聯繫。以類似的方式，Ausubel 的有意義學習理論認為，當向學生提供要教的材料的預覽或概述及材料的組織方式時，學習會得到強化。透過在教學順序開始時，讓學生了解內容和過程目標，可以很容易地處理這些「高階圖式組織」（advanced organizers）。

藝術調整菜單

「**藝術調整菜單**」（The Artistic Modification Menu）邀請教師透過共享有關事件、主題或概念的軼事、觀察、嗜好或個人信念來個人化課程。這樣它可以跟任何教學策略一起使用，並可以在教學順序的任何階段使用。以這種方式對課程進行個人化安排，會引起學生的興趣和興奮，如圖 10-6。從實踐的角度來看，這個菜單的目的是為教師提供一系列建議，使他們能夠將自己的藝術詮釋添加到他人準備的課程材料中，並藉由創造教師興致和參與來增加意義，進而喚醒學生的興趣、好奇心與動機。換句話說，此菜單要求課程發展人員邀請教師為先前發展的課程材料做出自己的創造性貢獻。

I	II	III	IV	V	VI	VII	VIII
• 與學生分享與內容直接或間接相關的個人經驗。如：展示你前往綠島相關的旅行資訊	• 分享有關某人的知識或內部人士事件或論題的訊息。如：指出《時代》雜誌上關於人類學單位相關研究的真實性存在爭議的文章	• 分享個人興趣、愛好、研究或大量參與的個人活動。如：向學生展示與族譜單元相關的個人族譜	• 分享個人價值觀和信仰。如：描述與你參加與國內當代歷史單元相關的示威活動的事件。	• 分享個人收藏、家庭文件或紀念品。如：將蒐集的描述與處理內戰和亞伯拉罕·林肯之死有關的約翰·F·肯尼迪遇刺的報紙、雜誌等歸類	• 分享你對與你所涵蓋的論題相關的書籍、影、視節目或藝術表演的熱情。如：講述與二戰研究有關的《無畏之人》等書中的間諜故事	• 指出書報或其他來源可能存在的爭議或限制。如：依賴菸酒類公司廣告的雜誌，可能傾向避免發表有關菸和酒危害的文章	• 其他（建議教師可採用其他方式個人化在特定單元或課程中包含的材料）

圖 10-6　藝術調整菜單

教學產品菜單

「**教學產品菜單**」（The Instructional Products Menu）涉及到關心與教師經由課程材料及教學法所呈現的學習經驗結果；然而，在這種情況下，多重菜單模式強調從更複雜的學習行為中來看待結果。這種結果分別是具體產品和抽象產品。具體產品是由於學生與知識、原理和概念的互動而產生的物理構造。這些物理構造可能包括散文、錄影帶、戲劇和實驗的成果等。抽象產品包括行為（例如：與某個問題相關的領導活動）、強化的自信，以及新方法的習得（例如：面試技巧）。這兩種產品是相輔相成的。一旦學生產生新種類的具體成果時，他們還將也發展出新的抽象成果，例如：方法論技巧和自我保證。隨著自信和領導機會增加，可能還會出現更多的物理產品。

多重菜單模式之評析 ✑

多重菜單模式有下列幾項優弱點（Renzulli, 2000; Renzulli et al., 2016）：

優點方面

- 適用於多種情況、年齡和內容領域。
- 易於實施。
- 可納入不斷上升的智力需求水準。
- 滿足有經驗和背景知識的資優學生的多樣化需求。
- 由於知識擴張速度加快，該模式可以處理成長，因為它專注於持久知識和功能性概念／原理。
- 訊息以具體和抽象方式呈現。具體和抽象的產品為學習者提供了廣泛的選擇來應用他們所知道的。
- 菜單範圍為教育工作者提供了幾乎無限的教學和學習體驗選項。
- 透過該模式中的每一個菜單來促進區分性。

弱點方面

- 資源是必要的。
- 非常勞動密集型。
- 需要專業發展。
- 教師可能較少使用它，因為它不是一種教學工具。
- 沒有研究顯示模式的成效。

結語

　　多重菜單模式的目標在於提供想要設計課程的教師一項實用的指南。這項菜單圖解說明了一種彈性且全面的方法，使其可能達到真正知識與教學技術之間的平衡和統整。這種模式並無法使課程發展變得更容易，但模式則確保在成果上提高了教學與學習朝向有意義的方向。

　　多重菜單模式之所以與眾不同，是因為它與各學科的操作方法有著深厚的聯繫。其他模式透過增加與某個主題相關的材料數量、覆蓋率或透過改變學習者與一門學科中的材料互動所產生的產品，為教師提供了豐富課程的技能。多重菜單模式將教師和學生帶到一門學科的最核心，以檢查其在訊息領域中的位置，並了解那些在該領域產生知識的人員所採用的方法。因此，這個模式使學習者成為訊息的第一手詢問者和創造者，在學校環境中的投入要比學生作為訊息消費者所經歷的更加密集，富有成效。

本章重點

1. 多重菜單模式（MMM）是種實用的計畫指引組合，教師可用來設計提供班級使用的深度課程單元。它是基於各種課程與教學理論，包括 Bloom、Bruner、Ausubel、Passow 及 Kaplan。

2. 選擇採用「菜單」這個概念，是因為教師就像課程設計者一樣，在這種模式的每一個要素內被提供各種選擇的範圍，類似電腦軟體上所呈現的下拉視窗。

3. 多重菜單模式的要素包括知識、教學目標和學生活動、教學策略、藝術調整及教學產品菜單。

4. 「知識菜單」是最為詳盡且關心所選研究領域的真正知識和方法，以及如何運用來探究代表性主題的方法。它分為四部分，前三部分是「工具」，最後一部分代表在研究一個論題的過程中可應用這些工具之任何領域內的大量特定主題。

5. 在知識菜單上，課程設計者要面臨四項挑戰：(1) 協助學生定尋找、定義和組織所研究的領域；(2) 選擇所教授學科的基本原理和功能性概念；(3) 讓學生熟悉有關領域或論題的探究方法；(4) 選擇具有代表性的主題來探究。

6. 「教學目標和學生活動的菜單」旨在為課程發展人員提供廣泛的一般陳述和與學習的各個方面相關的特定行為，包括：同化和保留、訊息分析、訊息綜合與應用，以及評估。

7. 課程發展人員在使用「教學目標和學生活動的菜單」時應牢記三個重要的考慮因素：(1) 菜單上的四個類別並不是要以線性和順序的方式遵循；(2) 在整個課程開發過程中，實現特殊性和全面性的總體目標；(3) 此菜單上的目標和活動旨在涵蓋所有情意過程。

8. 「教學策略菜單」提供了廣泛的策略範圍，代表教師組織學習情境的方法。這些策略範圍從高度結構的情境至開放式的機會，皆需要學生高度的自我指導。許多策略可相互結合使用。

9. 「教學順序菜單」主要是基於學習理論學家的觀點，提供了組織和順序化的指南，以擴大計畫性學習活動的結果。

10. 「藝術調整菜單」透過共享有關事件、主題或概念的軼事、觀察、嗜好或個人信念來個人化課程。它可跟任何教學策略一起使用，並可在教學順序的任何階段使用。

溫故知新專欄

※選擇題

1. 有關 J. Renzulli 提出的多元菜單模式，下列哪些敘述較為適切？
甲、協助課程設計者有系統結合教學策略和學科知識　乙、可用於發展區分性課程，提供適性的教材與教法　丙、分組教學活動需按各類菜單做固定的選擇與組合　丁、藝術化教學菜單是指配合教師風格設計教學活動　(A) 甲乙　(B) 甲丙　(C) 乙丁　(D) 丙丁
【◆ 111 教資考，第 23 題】

2. 下列哪一種資優教育模式包含「知識」、「教學目標和學生活動」、「教學策略」、「藝術調整」及「教學產品」等要素，可幫助資優班教師設計深度的課程單元？　(A) 平行課程模式（Parallel Curriculum model）　(B) 多重菜單模式（Multiple menu model）　(C) 自主學習者模式（Autonomous learner model）　(D) 認知和情意分類模式（Cognitive & Affective classification model）
【◎ 111 臺北市教甄初試特殊教教育（資優類），第 44 題】

※ 選擇題答案

1.(A)　2.(B)

◆表示教資考新制「課程教學與評量」應試科目，整理自 https://tqa.ntue.edu.tw/；◎表示各縣市教甄試題

爲改變而設計（DFC）

DFC 源起與發展

DFC的源起

　　為改變而設計（Design For Change, DFC），有若干不同的名稱，例如：**「全球孩童創意行動挑戰」**、**「DFC 挑戰」**或**「DFC 創意行動」**，是在 2009 年由印度河濱學校（Riverside School）創辦人吉蘭・貝兒・塞吉（Kiran Bir Sethi）校長所提倡的。她畢業於印度設計學院（National Institution of Design），由於有著創意設計的背景，她認為孩子的學習歷程應該要有更豐富多元的人生體驗。於是當她在 2001 年於古吉拉特邦亞美達巴德（Ahmedabad）創辦河濱小學後，便夢想追尋「更好、更新穎、更有創意」的教育方式，希望「把平常看起來很普通的常識，轉化成實際行動。」這可說是 DFC 最初的發想。圖 11-1 乃是她的教育理念（李佩芬，2010）：

傳統的教學	現今的教學
• 老師告訴我 • 科目為中心 • 用「你有多聰明？」來評價孩子 • 讓孩子產生「我可以嗎 / Can I？」的自我懷疑	• 讓我親自做做看 • 更貼近學生 • 從「如何發揮才智？」來角度來啟發孩子 • 透過實際行動，建立「我可以 / I Can！」的信心

圖 11-1　塞吉（Sethi）校長的教育理念

DFC的發展

　　洪涼絹（2015）認為 DFC 的發展歷程，大致可劃分成以下幾個時期，如表 11-1：

表 11-1　DFC 的發展歷程

時期	年代	實踐內容	實踐範圍
萌芽期	2001-2005	河濱小學沒有教科書，教師利用各種教學法設計課程，同時不斷調整改善，運用體驗學習讓孩子發掘問題，希望培養對萬事的好奇心、比一般人更有能力達成目標的孩子。	印度河濱學校
發展期	2005-2009	塞吉校長等人設計了一套稱為 DFC 的孩子創意實踐行動，讓孩子想個點子，解決一件困擾他們的事情，用一週的時間設法改變現況；翻譯成 8 種印度方言，影響更多孩子與其家人。	印度 32,000 所學校
推廣期	2009- 迄今	2009 年 11 月塞吉校長受到 TED.com 的邀約分享在教育上的創意成果，9 分鐘的演講，引起全球熱烈迴響。讓各地的教師勇於踏出舒適圈，擁有一股相信自己做得到的信心，帶領學生們試著去改變周遭的生活環境。	DFC 全球迴響

　　自從 2009 年塞吉校長發起的 DFC 至今，現在已有包括美國、日本、英國、俄羅斯、巴西、芬蘭、加拿大、澳洲等 40 幾個國家加入，全球有近 48,000 所學校，超過 6 萬名教師、200 萬名孩子參與過 DFC 挑戰，這些孩子共解決了 18,000 多個問題，DFC 挑戰亦在全球獲得多個國際設計與教育獎項之肯定（https://tycaa.dfctaiwan.org）。在臺灣方面，2010 年，原任國立臺灣師大附中英語代課教師的許芯瑋，聽見塞吉校長的這段演講後深受感動，決定將 DFC 引入臺灣，同時於當時任教之國立臺灣師大附中帶著學生完成示範挑戰後，成立了 DFC 臺灣團隊，並且從 DFC 全球組織（Design for Change, Global）取得國際品牌成員之授權，成為 DFC 臺灣（Design for Change, Taiwan），而以「社團法人臺灣童心創意行動協會」為 DFC 在臺灣唯一的法人組織代表。迄今，全臺灣已經有超過 500 位教育實踐者帶著 5,000 多位孩子參加過 DFC 挑戰，他們用創意行動解決了 1,000 多個問題（https://tycaa.dfctaiwan.org）。

　　「社團法人臺灣童心創意行動協會」除了繼續辦理 DFC 挑戰，也打造了更完整的支持系統，包含了主動關懷 DFC 挑戰輔導員、經營教學社群互動並交流資訊、研發各式 DFC 教學素材課程、執行校園演講、工作坊，並推動「DFC 種子學校計畫」與「DFC 種子教師認證計畫」，與學

校共同前進，讓希望打造 DFC 校訂課程的學校，獲得更全面且有系統性的支持（許芯瑋，2012）。

DFC 的步驟與挑戰故事鼓勵議題

DFC四步驟

　　DFC 四步驟是經過教育現場需求調整後的設計思考（design thinking）流程，它非常有助於解決老師和學生在學習過程中遭遇到的問題。DFC發起人塞吉校長與 IDEO 設計公司執行長 Sandy Speicher 等人，在觀察現場教師教學及孩子學習發展的需求後，研發了更適合教學現場的 DFC 四步驟：感受（Feel）、想像（Imagine）、實踐（Do）、分享（Share），簡稱 FIDS，如圖 11-2（李佩芬，2010；Sethi, 2013；https://tycaa.dfctaiwan.org）。

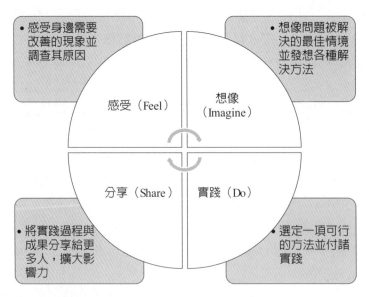

圖 11-2　DFC 四步驟

感受（Feel）

為改變而設計（DFC）的首要步驟就是先從觀察自身周遭的環境開始，從發現問題開始並探究問題形成的原因，盡可能去尋找出造成此項問題或事件背後的因素是什麼。例如：可以運用訪談其他相關人員的方式來探究各方需求與動機，學習從使用者的角度出發。

想像（Imagine）

確認想要改善或解決的問題後，我們可以先想想這個問題被解決後的「最佳情境」，並試著把最佳情境具象化。然後，開始運用無邊際的想像力來進行腦力激盪，發想出各式各樣的點子，包含瘋狂的和富有創意的。但是最後要在有限的資源下重新收斂、篩選出可行的解決點子，並將這些創意點子組合成新的解決方法。

實踐（Do）

為了能夠有效實踐，可以先針對篩選出來的新解決方法進行小型試驗，並依據他人提供的回饋意見進行調整。調整後，就埋首開始創意行動吧！在實踐過程中，要試著訪談相關使用者的心得，看看他們心情或感受有什麼樣的轉變，了解整體實踐行動對於他們造成哪些影響。也記得在這個過程中，要把你的重要歷程記錄下來。

分享（Share）

最後，將 DFC 實踐行動的歷程與省思統整成一個吸引人的故事，讓更多人知道你／你們的行動造成的影響！你／你們可以告訴大家，實踐行動過程中你學習到什麼，當你再遇到同樣的問題時會怎麼做，並運用不同的管道分享與傳遞給周遭的人。透過漣漪式的分享，不只能夠擴大行動影響力，還能夠增加自信。

DFC教學實施流程

顏佩如、陳滋珩（2021）曾依據《設計思維指南》（design thinking guide, DTG）（Sethi, 2013）指出 DFC 教學實施流程，包括：A. 啟發、B. 反思、C. 行動〔感受、想像、實踐、分享（FIDS）〕、D. 評估等，如表 11-2。

表 11-2　《設計思維指南》教師教學實施流程

教學流程	邏輯流程	實際作法	
暖身	接觸議題、誘發動機	運用設計思維,使世界變得更美好的設計,介紹 FIDS:感受、想像、實踐、分享,構建 I CAN!	
A. 啟發		以 YouTube 鏈接形式對一所學校的實際 DFC 故事進行真實案例研究,因此可以被學生視為一個實例。	
B. 反思		讓學生回顧 DFC 的故事,討論並提出困擾他們的各種問題。成對或分組進行討論,使主題生動起來,並探索關鍵技能。	
C. 行動	選擇解決問題、相關需求評估	進行 DFC 四步驟: 1. 感受(Feel)	內含見圖 10-2
	可解決方案的確認、規劃	2. 想像(Imagine)	
	實施與成功解決問題	3. 實踐(Do)	
	分享成功經驗	4. 分享(Share)	
D. 評估	肯定努力成果	提供學生自我和同儕評估工具,來回顧學生的工作和成長。	

DFC 年度挑戰故事鼓勵議題

「社團法人臺灣童心創意行動協會」每年都會公布 DFC 挑戰故事鼓勵議題。以 2021 年為例,為因應現今時事及所需,該年度鼓勵本屆 DFC 挑戰故事融入「安全、教育」兩大重點議題,並將這些改變世界的故事匯集成一股力量,產生更大的影響力。該協會後續活動(例如:DFC 故事國際串連、DFC 分享季等)也將依據此兩大議題為主題的 DFC 挑戰故事作為主要媒合組別,但其他議題之挑戰故事仍然可以報名。

1. 安全教育議題:《十二年國教課程綱要總綱》十九項議題之一
- 議題可含:校園安全(校園公共硬體設施使用、同儕互動關係)、新冠疫情防範與衛生。
- 建議融入之領域/科目:如自然科學領域、健康與體育領域、綜合活動領域與全民國防教育等。
- 參考 DFC 挑戰故事:在桃子腳築徑—手作步道

2. 教育：聯合國永續發展目標（SDGs）第四項

確保包容和公平的優質教育，讓全民享有終身學習的機會。

- 議題可含：科技輔助學習主題（遠距學習）、青銀共學主題（代間共學）。

- 參考 DFC 挑戰故事：青銀展神通。

3. DFC挑戰參與對象

(1)全國 18 歲以下之學生，不限人數皆可組隊報名，但須有一位滿 18 歲成人擔任 DFC 輔導員（輔導員可以為老師、家長之身分）。

(2)全國 18 歲以上之成人，不限人數皆可組隊報名（輔導員角色可為團隊成員）。

4. DFC挑戰繳交內容

- **DFC 挑戰學習單**。以文字記錄下 DFC 四步驟歷程（可手寫上傳或電子文件記錄上傳至 DFC 挑戰平台）。

- **DFC 四步驟照片**。上傳每個步驟一張最具代表的照片，建議完整表達主題，對焦清晰。

- **DFC 挑戰故事授權資料**。將故事授權給「社團法人臺灣童心創意行動協會」，以利分享給更多人知道。

- **師生姓名羅馬拼音**。由於證書為國際授權核發，因此需要每位參與者的姓名羅馬拼音（與護照上相同為佳）。

  若想要參與 DFC 分享季，則需另繳交以下資料：

- **DFC 挑戰故事影片**。以影片記錄運用 DFC 學習法解決問題的過程，並與我們分享。

DFC 之實徵性研究

國外方面

DFC 國際研究報告指出，孩子們在經歷 DFC 四步驟中，可培養與練習「二心二力」：同理心、創造力、行動力與自信心（https://tycaa.dfctaiwan.

org）。另外，有幾項研究亦都顯示 DFC 在協同、創造思考、同理心、解決問題、自信、批判思考或學業成績有其成效，如表 11-3。

表 11-3　DFC 研究分析

項目	內涵
哈佛研究	DFC 與哈佛大學教育研究所的一項研究：「好計畫」（The Good Project），研究 DFC 對培養同理心和解決問題的影響。這項研究重申了 FIDS 方法對協同、創造思考和同理心等技能發展的影響；透過計畫培養的信心也提高了學業成績；DFC 課程讓學生接觸重要的學生發展領域，例如：移情思考、解決問題、自信等。
斯坦福研究	斯坦福大學最近與歐洲工商管理學院（Institut Européen d'Administration des Affaires, INSEAD）合作開展的一項研究調查了實施 DFC 的設計思考課程和 FIDS 過程對兒童創造力的影響。結果顯示設計思考訓練不僅增加了信心，還顯著提高了在擴散思考任務中的觀念流暢性和精細性。信心的增加主要發生在女學生身上，而觀念的流暢性和闡述的增加則發生在兩性身上。
哥倫比亞研究	哥倫比亞的石油和天然氣公司之 Terpel 基金會曾對 8 所學校的 249 名學生進行了研究，以研究教師的引導和 FIDS 學生課程對兒童技能發展的影響。結果發現學生表現出更強的同理心、計畫、協作、創造力和批判思考，使他們能夠透過結構化的行動計畫更好地理解和解決問題。
法國研究	這項 2018 年的研究對 159 名學生進行了抽樣，以確定參與 DFC 項目是否會增加學生對他們在學校取得成功能力的信心。參與學生的自我效能感提高了 11%。

來源：整理自 https://dfcworld.org/SITE/Research

　　總之，DFC 全球組織指出 DFC 主要影響領域如下（https://dfcworld.org/SITE/Research）：

- FIDS 也是一種可轉移的模式
- 參與者展現出更高的創意技能
- 教師參與度提高
- 家長的看法變得積極
- 社區行為變化
- 學生的自我效能感顯著提高
- 顯著可持續的積極變化發生
- 學生學習二十一世紀的技能和態度

國內方面

　　DFC 臺灣在 2010 年由許芯瑋引進以來，迄今已有越來越多的教師帶領學生參與 DFC 創意行動，也逐漸開始將這套行動方案融入課程中實踐，並進行實徵性探究其學習成效。表 11-4 為國內 2011-2020 年 DFC 創意行動方案實徵性研究之分析：

表 11-4　國內 2011-2020 年 DFC 創意行動方案實徵性研究之分析

研究名稱	研究者	結論與發現
運用創造思考教學於綜合活動領域教學之行動研究：以「孩子行動，世界大不同」教學方案為例	鄭綺雯 2011	採行動研究取向，透過方案四個步驟，以創造思考策略為工具，對學童認知、創造思考與公民意識有所提升；課程中，需針對學生學習困境研擬因應策略，調整行動研究方向，對教師專業成長有所幫助。
DFC 創意行動教學方案對國小資優生創造力與利社會行為表現之影響	豐佳燕 劉雅鳳 周鈞儀 徐靜儀 2014	1. 不同性別的國小資優生接受教學後，其創造力沒差異，但年級較低者創造力表現優於年級較高者；2. 不同性別的國小資優生接受教學後，其利社會行為沒差異，但年級較高者助人行為高於年級較低者；3. 不同性別的國小資優生對 DfC 創意行動自我評估無差異，但年級較高者在執行與啟發階段的自我評估高於年級較低者；4. 資優生對行動方案的學習歷程滿意，並積極主動參與行動過程。
DFC 課程運用在綜合活動領域以提升學生自我概念之行動研究	洪涼絹 2015	DFC 課程方案實施時，教師應讓學生成為主角，自己則轉換為引導的角色；善用小組合作學習的策略；視學生特質與表現隨時調整教學策略，將可有效提升學生的自我概念與教師專業成長的可能性。
DFC 行動方案融入綜合活動學習領域之行動研究	黃曉薇 2016	DFC 課程可幫助其在關懷、分享、合作、幫助層面的利社會行為展現；同時，教師可在反省、修正教學策略中成長。
以「DFC：全球孩童創意行動挑戰」提升國小五年級學童心理資本之行動研究	牟嘉瑩 2016	採行動研究取向，透過方案各個階段的各式挫折與挑戰，可培養學生自我效能、希望、樂觀及復原力，進而使整體心理資本產生更大效應的改變。
穿越「石」空見藍天—以 DFC 教學策略應用於國中環境教育之行動研究	林琇曼 2016	1. 透過問題解決的歷程促進學生的獨立思考判斷、增進人際關係與溝通協調的能力；2. 多元智慧的展現與訓練，在教學活動中可看到不同智慧的學生展現才能獲得肯定。

（續表11-4）

研究名稱	研究者	結論與發現
DFC教學方案應用於發展國小學童減量使用一次性產品環境素養之研究	王敏 2017	1.DFC教學方案有助於提升學生的環境知識，學生在學習過程中能逐漸將環境態度內化，DFC教學方案也有助於引發學生展現出環境行動；2.DFC教學方案有助於學生的多元能力開展與學習。
國小資優生參與全球孩童創意行動挑戰與利社會行為之相關研究	吳嘉明 2018	1. 國小資優生創意行動表現的情形普遍良好，以實踐表現最佳；2. 國小資優生利社會行為表現普遍良好，以合作與分享表現最佳；3. 參與過全球孩童創意行動挑戰的國小資優生在想像、分享等層面及整體情形上比未曾參與過的佳；4. 女性和參與過全球孩童創意行動挑戰的國小資優生利社會行為表現最佳；5. 國小資優生的創意行動表現與利社會行為有顯著正相關。
「DFC：全球孩童創意行動」融入社會領域之行動研究—以國小三年級學童為例	王榮暖 2018	1. 學生透過DFC課程的四步驟，有效提升問題解決能力；2. 學生積極正向面對問題，展現情意，關懷他人。
素養導向課程與教學的實踐～以竹北國小探索外來種入侵DFC創意行動為例	林詩敏 2018	1. 培養閱讀理解策略的運用能力是提升自主學習習慣的第一步；2. 以小組方式進行探究能提升溝通、互動的能力。
DFC創意行動教學方案對國中學生創造力與創造性傾向之成效研究	王韻雯 2019	實驗組在價值性與創造力的表現顯著優於控制組，而獨創性則無；實驗組在創造性傾向之各項表現與控制組皆無顯著差異。
DFC挑戰活動在課程設計上的運用—以某私立中學為例	蕭政宏 2020	DFC挑戰活動對校園及班級氛圍的改變，讓成功完成挑戰的班級體認，他們有能力透過思考與行為，真正地凝聚班級向心力、改善環境、關心周遭並解決問題；同時，DFC課程對學生公共參與及正向情緒的提升，顯著地發生在成功完成挑戰的班級小組。

　　從表 11-4 可以發現，國內 2011-2020 年 DFC 創意行動方案實徵性研究共有 12 篇。其中將 DFC 運用於綜合活動領域有 3 篇（洪涼絹，2015；黃曉薇，2016；鄭綺雯，2011）、環境教育有 2 篇（王敏，2017；林琇曼，2016）、社會領域有 2 篇（王榮暖，2018；林詩敏，2018），以及其他 5 篇。在研究結果上，多數研究皆有獲致學習成效，主要在於利社會行為、創造力、自我概念、關懷／分享／合作／幫助層面的展現、自我效能、人際關係與溝通協調的能力、環境行動、問題解決能力，以及公共參與及正向情緒提升等方面。

結語

　　統整以上研究可以發現，教師在思考將 DFC 創意行動融入教學活動設計時，應可採取議題形式融入，透過課程統整與多元評量的觀點進行教學設計，惟課程設計應保持彈性，隨時視學生反應修正，將學習的主權發還給學生，幫助其培養出主動學習、設計思考、問題解決、溝通合作、資訊素養、創造力、批判力、決策力、行動力等各種能力，以有效適應、引領快速變遷的二十一世紀，也就是落實一個「以學習者為中心」教育理念在課程設計與教學中被實踐的歷程；這樣的理念與十二年國民教育以涵養終身學習者與未來公民的核心素養價值相近，故引為本研究之理論基礎；惟本研究之主題為事前擬定，在 DFC 創意行動的教學執行上，限縮了某些方向，主要取其學生從探究已知，自發性提出行動方案並進行修正，以及執行與分享之歷程。

本章重點

1. 為改變而設計（DFC）又稱「全球孩童創意行動挑戰」、「DFC 挑戰」或「DFC 創意行動」，是在 2009 年由印度河濱學校創辦人塞吉（Sethi）校長所提倡的。

2. DFC 發起人塞吉校長與 IDEO 執行長 Sandy Speicher 等人，觀察教師教學及孩子學習發展需求後，研發了更適合教學現場的 DFC 四步驟：感受、想像、實踐、分享。

3. 感受（Feel）就是先從觀察自身周遭的環境開始，從發現問題開始並探究問題原因，盡可能去尋找出造成此項問題或事件背後的因素是什麼。

4. 想像（Imagine）是在確認想要改善或解決的問題後，可先想這個問題被解決後的最佳情境並具象化。然後運用想像力進行腦力激盪，發想出各式各樣的點子，最後在有限資源下收斂、篩選點子並組合成新的解決方法。

5. 為了能有效實踐（Do），可先進行小型試驗，並依據回饋意見進行調整後，就開始創意行動。

6. 分享（Share）係指最後將 DFC 實踐行動的歷程與省思統整成一個吸引人的故事，讓更多人知道你／你們的行動造成的影響。

7. DFC 教學實施流程，包括：A. 啟發、B. 反思、C. 行動〔感受、想像、實踐、分享（FIDS）〕、D. 評估等。

8. DFC 國際研究報告指出，孩子們在經歷 DFC 四步驟中，可培養與練習「二心二力」：同理心、創造力、行動力與自信心。幾項研究亦都顯示 DFC 在協同、創造思考、同理心、解決問題、自信、批判思考或學業成績。

自我引導學習模式

　　發展學生自我引導或獨立學習的能力是資優教育最重要的一項教學目標，以便學生能夠自主學習，無須師長或父母經常的督導和協助。Treffinger 的自我引導學習模式（Self Directed Learning Model, SDLM）提供了學生漸進的技巧，讓他們按部就班地由他人引導的過程邁向自我引導的途徑。這個模式的基本目標在於發揮學生所長，讓他們參與課程設計，並按照他們的興趣教學，來提高其學習動機。

基本觀點

迷思與正思

　　以下觀點的澄清，有助於對 SDLM 的認識與了解（毛連塭等譯，1990；Maker & Schiever, 2005）：

自我引導學習之迷思與正思	• 自我引導學習需要師生雙方皆有周全的教學及學習計畫，不是毫無組織的教學。
	• 自我引導學習的目的是設計一種有利學生的情境來減少對學生的限制，不在於降低教學的結構性，也不是毫無結構的教學。
	• 自我引導學習並不忽視學生人際技巧的發展，雖然學生引導自己的學習活動，但他們仍有很多機會與同儕相處及研討，並非全然自己單獨活動。
	• 自我引導學習並非僅在於改變學生的學習速度及步調，學生在學習內容、成果等其他方面也有較多自我決定的機會，不過這要等到他們有自我管理能力後才能做到。
	• 自我引導學習強調評量應由師生共同檢視學習歷程及結果，共同判斷學習目標是否達到，能否開始下一個階段的學習，而不只是由教師決定。
	• 自我引導學習並非個人主義式的學習方法，但是重視學生的自動學習。
	• 自我引導學習需靠教師豐富的教學經驗及計畫，不是隨時即可實施。
	• 要使學生能夠自我引導，並不是提供一些活動讓學生做，就可以達到教學目標。

教學與學習方面

　　SDLM 認為教學應該依循四個基本過程進行，如圖 12-1：

訂定學習目標　評量起點行為　進行學習活動　評量學習結果

圖 12-1　SDLM 教學的基本過程

　　在傳統的班級教學中，上述教學活動完全是由教師主導和控制，但是在 SDLM 的學習歷程中，教師應該在上述四個不同的教學階段，按照學生的動機與能力，在每一個階段中提供不同程度的自我引導經驗。例如：

- 訂定學習目標：教師提供學生選擇的機會。
- 評量起點行為：師生共同創造選擇的機會。
- 進行學習活動：學生自行創造機會、選擇機會，教師只提供學生必需的資源。

　　一旦學生選擇了所學習的內容後，教學一定要經歷上述四個階段，而且學生也要在每一個階段的活動中，練習不同層次的自我引導方式。逐漸地由教師引導作選擇到師生共同選擇，再到學生自行決定。

　　在學習方面，Treffinger 認為學生參與活動設計後，能夠學得更好；以及學生如果能夠選擇學習內容，他們將會有較高的學習動機，進而較有自信和自主能力（Renzulli et al.,2009）。

基本要素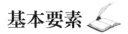

自我引導層次

　　在前述四個基本教學階段下，Treffinger 將自我引導的過程分為四個層次（毛連塭等譯，1990；Renzulli et al., 2009），如表 12-1：

表 12-1　Treffinger 的自我引導學習層次與教學階段之關係

教學階段	自我引導的層次			
	教師引導	自我引導 I	自我引導 II	自我引導 III
訂定學習目標	教師訂定目標	教師提供學生選擇的機會	師生共同創造選擇的機會	學生自行決定學習內容，教師提供資源及教材
評量起點行為	教師施測並診斷學生學習水準	教師診斷，提供學生一些選擇	師生針對個人的資料及測驗結果，共同診斷學習水準	學生自我診斷，必要時教師提供諮詢
進行學習活動	教師呈現教學內容，提供學生練習及活動機會並加以督導	教師提供學生選擇，以依學生的速率作個別化的學習	師生訂定學習合約，提供資源及選擇，讓學生決定學習的順序及速率	學生訂定研究計畫，設計活動過程
評量學習結果	教師評量學生並給予成績	教師依據學習目標評量學生，並給予意見反應的機會	同儕互評或由師生共同評量學習結果	學生自評

實施 SDLM

在實施 SDLM 之前，教師應該詢問下列問題：

- 自己能夠給學生多大的自由？
- 所有教學計畫是否都由教師一手擬訂？
- 學生能否決定自己的學習領域？
- 學生的選擇僅限於學習速度及步調？還是可以擴展到學習內容及順序？
- 誰來評量學生結果？
- 同儕可參與評量工作嗎？
- 教師願意給予學生多少自我引導的自由？

了解自己的態度之後，教師必須觀察並大略決定每一位學生在四個教學階段中的自我引導程度是隸屬於哪一個學習層次，同時讓他們盡可能自

我選擇活動。如果學生已經能夠完全進入自我引導Ⅲ，就無須讓他們重新
經歷較低層次的學習方式，而要提供他們更多獨立研究的機會。

評量自我引導層次

　　教師可以運用多種方式蒐集訊息，來評量學生自我引導的層次，例
如：觀察、檢核表。最常用來評量學生自我引導層次的工具就是使用自評
量表，讓學生依照自己的特質及需要進行填答，例如「自我引導學習成熟
度量表」（The Self-Directed Learning Readiness Scale, SDLRS）（Mourad & Torrance,
1979）。此外，教師還需觀察學生，以了解學生自我引導的能力；同時同
儕、家長及其他教師的意見皆值得參考。以下則呈現 Treffinger 所設計的
「自我引導學習特質檢核表」，可用來評量學生的學習層次以設計學習活
動，也能評量學生的學習結果（毛連塭等譯，1990；Renzulli et al., 2009），如表
12-2。

表 12-2　自我引導學習特質檢核表

教學階段	學習層次	學習特質或技巧	符合程度	
			符合	不符合
訂定學習目標	Ⅰ	* 當給一些學習主題或領域時，能選擇一個自己感興趣的題材	☐	☐
		* 喜歡從小組題材中選擇學習活動	☐	☐
		* 對於研究主題能主動提出問題	☐	☐
		* 給一些選擇時能建立喜愛的優先順序	☐	☐
		* 當只能作一個選擇時，善於運用策略作最佳的決定	☐	☐
		* 當提供給他某些行動所不能產生的後果及影響時，他能夠作其他的預測	☐	☐
	Ⅱ	* 給一個廣泛主題及研究領域時，能從中找出問題及研究題材	☐	☐
		* 給一個廣泛的研究問題時，能從中發現許多研究主題及題材	☐	☐
		* 偶爾對一些新的主題提出疑問	☐	☐
		* 提供選擇時，能建立喜愛的優先順序	☐	☐
		* 當必須作一些選擇時，善於運用策略作決定	☐	☐
		* 偶爾能預測某些行動的後果及影響	☐	☐

（續表 12-2）

教學階段	學習層次	學習特質或技巧	符合程度	
			符合	不符合
	III	* 不必提供他研究主題，即可自行找到許多題材及感興趣的問題	☐	☐
		* 喜歡自己發展學習的方向及領域	☐	☐
		* 經常對於新的主題提出問題	☐	☐
		* 由無限多選擇中建立自己喜愛的順序	☐	☐
		* 當必須作許多選擇及活動時，善於運用策略作決定	☐	☐
		* 總是能夠預測行動的後果及影響	☐	☐
評量起點行為	I	* 能從幾種必要的技巧中選擇出最重要的一環	☐	☐
		* 當告訴他要達成目標需具備一些先前的技巧時，他能了解為何這些技巧是必需的	☐	☐
		* 當教師在診斷某一領域的技能發展狀況時，他能接受它並能了解其目的	☐	☐
	II	* 當告訴他為進行某一項學習需要具備若干先前的技巧後，他能指出一些教師所未提及的條件	☐	☐
		* 能在教師協助下，指出要完成某些工作或專案研究所必備的技巧	☐	☐
		* 能就某一研究領域，討論自己技能發展的層次	☐	☐
		* 能仔細考慮完成某項工作所必需的活動細節	☐	☐
	III	* 能找出完成某件工作或研究所必備的技巧	☐	☐
		* 能將自己對於起點行為的診斷結果取之與標準化測驗或教師自編測驗的結果互相比較	☐	☐
		* 能將學習領域必備條件中教師未發現的，而個人認為是需要的技巧找出來	☐	☐
		* 能考慮到完成某一件工作或研究所必需的全部活動細節	☐	☐
進行學習活動	I	* 採用編序的工作卡片選擇學習中心的活動	☐	☐
		* 能夠連續一個星期研究自己喜歡的主題而不失去興趣	☐	☐
		* 能夠連續二個星期研究自己喜歡的主題而不失去興趣	☐	☐
		* 如果老師給予增強或鼓勵，能夠長久專注於某一主題的研究	☐	☐
		* 當提供他一些資料或訊息選擇時，能夠決定哪些是完成工作所最需要且最有價值的資料	☐	☐
		* 當告訴他完成某一件工作可能會有哪些活動時，他會選擇一些最重要而能夠發揮實際成果的活動	☐	☐
		* 當給予一些方式以完成工作時，能夠選擇最重要、最有效且最有趣的方法	☐	☐
		* 在某些時間限制或督導下，他能按時完成工作	☐	☐

（續表 12-2）

教學階段	學習層次	學習特質或技巧	符合程度	
			符合	不符合
	II	* 由教師建議的活動中，選擇學習中的活動	☐	☐
		* 選擇具有開放性的學習中心活動	☐	☐
		* 能夠連續一個月研究自己喜歡的主題而不失去興趣	☐	☐
		* 能按照合約上的活動目標、過程及日期持續研究	☐	☐
		* 能就某一主題，自己尋找資源	☐	☐
		* 當提供某些資源或訊息以完成某一項研究時，他還能指出其他必要的資源	☐	☐
		* 能將一個研究大略分成幾個重要部分，但詳細的活動過程及步驟需要他人的協助	☐	☐
		* 當給予一些方法以完成某項研究工作時，他還能再指出別的方式	☐	☐
		* 能在時間內有效完成某件工作，但結尾總是很匆促	☐	☐
	III	* 不用提示即可選擇學習中心內的活動	☐	☐
		* 發展自己的學習中心	☐	☐
		* 能夠專注於某一件研究工作直到完成為止，中途不會降低興趣	☐	☐
		* 能運用索引卡及其他方式找到研究所必要的資源	☐	☐
		* 能選擇最有價值的資源	☐	☐
		* 不需要協助即可決定研究所需要的資源	☐	☐
		* 能將一個活動細分成許多步驟	☐	☐
		* 能指出完成工作所可採用的方式	☐	☐
		* 能在時間內有效而從容地完成工作	☐	☐
評量學習結果	I	* 教師需要依據某些標準每天提供回饋，以確定工作是否順利進行	☐	☐
		* 能夠對於教師的評量做出反應（同意或不同意）	☐	☐
		* 當教師告以優缺點時，能對自己的工作結果進行檢討	☐	☐
		* 當給予不同對象所需的不同評量標準時，能了解這些標準為何是重要的	☐	☐
	II	* 工作期間需要教師的回饋以完成目標	☐	☐
		* 當教師給予評量的標準時，能夠自己再找到一些其他的標準	☐	☐
		* 能與教師討論工作進行的情況	☐	☐
		* 能指出自己的學習結果的優缺點	☐	☐
		* 當提供不同對象所需的不同評量標準時，能選擇最重要的一些	☐	☐

（續表 12-2）

教學階段	學習層次	學習特質或技巧	符合程度	
			符合	不符合
	III	* 能自行決定評量標準，僅在教師詢問時聽取老師的提示	☐	☐
		* 自評與他評的結果十分相近	☐	☐
		* 能明確指出學習結果之一般的及特殊的優缺點	☐	☐
		* 能指出不同對象在評量該成果時所可能採用的標準	☐	☐

　　了解每位學生的自我引導學習層次後，教師就要開始設計教學活動，讓每位學生能由低層次的引導學習邁向高層次的自我引導。

教學型態

　　Treffinger 和 Barton（1979）曾提供了五種教學型態給予教師作參考，這五種教學型態的發展可以協助學生，由教師引導的學習邁向自我引導的學習，如圖 12-2。

命令型態	工作型態	同儕合作型態	師生合約型態	自我引導型態
• 教師控制一切，學生僅遵照教師的指示活動。	• 教師提供學生選擇的機會，多半採用學習中心的活動。	• 教師針對某一技能發展的情況將學生配對，常採用一強一弱的方式，讓能力高者協助能力低者。在教學之初，教師占較主動的角色，其後由學生計畫自己的活動。	• 師生共同計畫學習合約。	• 學生發展自己的學習計畫，實施研究，並評量自己的學習結果。

圖 12-2　教學型態

　　雖然上述這些教學型態也許有助於教師逐步引導學生主動學習的能力，但是系統性較為不足。因此運用時，需參考前面模式中所提到的自我引導過程，才不會產生銜接不上的缺失。

自我引導學習模式之評析

SDLM 有下列的優弱勢存在（毛連塭等譯，1990；Renzulli et al., 2009）：

優勢方面

1. SDLM 顧及到資優學生的特質，並能針對其長處實施教學。
2. SDLM 可補充其他模式的不足。例如：Renzulli 的三合充實模式，教師在使用它時，最大的困擾是第三種充實型態中，未能眞有自我管理及引導的技巧。Treffinger 的自我引導層次的學習，正好可讓學生學習到自我引導的方法。
3. SDLM 提供了許多探究技巧，頗具實用價值。它引導學生控制時間、有系統安排學習活動，並運用資源，而不只是教導學生處理資訊和思考的方法而已。它強調選擇的自由，這是部分教學模式的學習過程所缺乏的。

弱勢方面

1. 缺乏實證的研究。
2. SDLM 需要具有特殊人格特質的教師，願意讓自己由一個引導者角色變爲諮詢者的角色，以使學生引導自己的學習過程。並非所有的教師都願意做這樣的改變，也並非所有的家長都願意看到教師將教學的責任丟給學生，他們往往會給教師許多負面壓力，讓教師覺得無所適從。對某些學生來說，教師很難使得他們甘受教師所引導，而對另外一些學生，教師又很難使得他們獨立、自動、自主，因此如何改變教學方式，以因應每個學生的需要，並不是一件很容易的工作。

結語

　　雖然 SDLM 的目標侷限於一個小範圍之內，不過它確能補充其他模式所未提供的學習方式。如果與其他模式結合運用，相信它必能成為有效的課程設計模式。SDLM 本身相當簡易，但要實施卻不見得簡單。此外，本模式並非為資優學生而設計，但是 Treffinger 認為資優學生往往具有較高的思考及判斷能力，較為獨立自主，較能忍耐挫折。而自我引導學習需要學生對於問題有強烈好奇心，能作抽象及概念性思考，並有興趣摸索未知及感到疑惑的事物，而使得本模式特別適合他們。

本章重點

1. 自我引導學習模式的基本目標在於發揮學生所長，讓他們參與課程設計，並按照他們的興趣教學與提高其學習動機。
2. SDLM 認為教學應依循訂定學習目標、評量起點行為、進行學習活動，以及評量學習結果等基本過程進行。
3. 在 SDLM 的學習歷程中，教師應該在每一個教學階段中提供不同程度的自我引導經驗。逐漸地由教師引導作選擇到師生共同選擇，再到學生自行決定。
4. Treffinger 將自我引導過程分為教師引導、自我引導 I、自我引導 II、自我引導 III 等四個層次。
5. 在實施 SDLM 之前，教師應該先了解自己的態度。然後，教師必須觀察並大略決定每一位學生在四個教學階段中的自我引導程度是隸屬於哪一個學習層次，同時讓他們盡可能自我選擇活動。
6. 如果學生已能夠完全進入自我引導 III，就無須讓他們重新經歷較低層次的學習方式，而要提供他們更多獨立研究的機會。
7. 教師可以運用多種方式蒐集訊息，來評量學生自我引導層次，最常用來評量學生自我引導層次的工具就是使用自評量表。

8. 了解每位學生的自我引導學習層次後，教師就要開始設計教學活動，讓每位學生能由低層次的引導學習邁向高層次的自我引導。

9. Treffinger 和 Barton 曾提供教師五種教學型態，用以協助學生由教師引導學習邁向自我引導學習。這些教學型態包含：(1) 命令型態：教師控制一切，學生僅遵照教師的指示活動。(2) 工作型態：教師提供學生選擇的機會，多半採用學習中心的活動。(3) 同儕合作型態：教師針對某一技能發展的情況將學生配對，常採用一強一弱的方式，讓能力高者協助能力低者。在教學之初，教師占較主動的角色，其後由學生計畫自己的活動。(4) 師生合約型態：師生共同計畫學習合約。(5) 自我引導型態：學生發展自己的學習計畫，實施研究，並評量自己的學習結果。

溫故知新專欄 ....

※選擇題

1. D. Treffinger 設計的增進自我指導方案，所遵循的順序為何？甲、教師指導　乙、自我指導　丙、師生共同討論　丁、同儕合作學習
   (A) 甲乙丙丁　(B) 甲丙丁乙　(C) 乙丁甲丙　(D) 丁丙甲乙
   【☆ 98 教檢，第 22 題】

2. 在 D. Treffinger 倡導的資優學生自我引導學習模式中，教師主要扮演下列哪一種角色？　(A) 負責整體學習活動　(B) 只擔任學生學習的催化者　(C) 與學生共同負責學習活動　(D) 與家長一起為學生學習負責
   【☆ 99 教檢，第 6 題】

3. 資優班陳老師以「亞運」為主題，運用自我引導學習模式進行教學，下列哪一個活動屬於自我引導學習模式中的第二個層次？
   (A) 由學生和教師一起討論，找出感興趣的運動主題與方向進行研究
   (B) 由學生自由選擇亞運相關的研究主題與學習內容，教師從旁協助
   (C) 教師列出幾項與亞運相關的研究主題，由學生從中選取進行研究
   (D) 教師請學生蒐集歷年舉重項目的相關資料，整理後進行口頭報告
   【☆ 108-1 教檢，第 9 題】

4. 資優班周老師想運用自我引導學習模式，以「節能減碳」為主題進行教學，下列何者屬於自我引導學習模式中的第三個層次？　(A) 依據學生能力指定研究主題，進行深入探究並公開研究成果　(B) 列出幾個和節能減碳有關的主題，請同學自選一個進行研究　(C) 和學生一起討論，找出較感興趣的節能主題與方向進行研究　(D) 由學生依興趣自行決定節能減碳的相關研究主題與學習內容

【◎ 109 中區縣市政府教甄國中特殊教育 - 資賦優異學科，第 9 題】

5. D. Treffinger 的資優學生自我引導學習模式（Self-directed Learning Model），下列哪些敘述較為適切？甲、自我引導學習無法提供學生人際技巧發展的機會　乙、學習環境應符合以學生為中心與高移動性的條件　丙、可結合獨立研究理念，發揮學生自主學習的能力丁、所有學生需規劃弱結構性學習計畫以展現自主性　(A) 甲乙(B) 甲丁　(C) 乙丙　(D) 丙丁　　　　　　【◆ 111 教資考，第 10 題】

※ 問答題

1. 資優班安老師運用 D. Treffinger 所提出的自我引導學習模式，指導小潔進行獨立研究，經過安老師的觀察和評估後，小潔目前在獨立研究的學習準備度，處於該模式的「自我引導層次二」。試參考自我引導學習模式的四個教學階段，說明如何引導小潔進行獨立研究。

【☆ 109 教檢，第 4 題】

※ 選擇題答案

1.(B)　2.(B)　3.(C)　4.(C)　5.(C)

☆表示教檢舊制「課程教學與評量」應試科目；◆表示教資考新制「課程教學與評量」應試科目，整理自 https://tqa.ntue.edu.tw/；◎表示各縣市教甄試題

多元智能模式

該模式由美國心理學家 Howard Gardner 在 1983 年出版的書籍《Frames of Mind》中提出。Gardner 認為所有人類擁有一系列自主智能（autonomous intelligence），並非僅有單一智能，主要是對 Spearman 於 1904 年所提出一般智能（general intelligence）理論的反動（通常稱為 g 因素）。Gardner 除了反對一般智能的理論著重在語言和邏輯智能外，更無法認同透過測驗作業即能得知整體智力因素的智力測驗，尤其測驗本身與實施方式本就有諸多限制。因為人類的大腦和心智由許多器官和智能等不同模組所構成，是高度分化的整體，各自按照自己的規則獨立運作，無法只考慮單一的心智或智能。以電腦作為比喻，人類的大腦不是一台通用的電腦，而是一組不同的電腦。藉此觀點出發並深究探討，才能對人類智能有全面性的了解。

Gardner 以生物和人類學的證據為立論基礎，像是因腦傷部位不同而區別出來的能力，以及對某種象徵系統中解碼能力的敏感度，提出八個半的獨特智能。除了當今學校教育高度重視的語言智能、邏輯數學智能、音樂智能、空間智能和身體動覺智能外，還有兩種個人形式的人際智能和內省智能。接著於 1999 年再提出自然智能作為第八種智能，而另外可能的智能形式——存在智能或者靈性智能（spiritual intelligence），因尚未能完全通過檢驗的判準，故以半個智能稱之，最後提出確認的智能種類是八又二分之一個智能。

對智能的概念

每種智能都有獨特規則的系統

Gardner 根據許多生物學的相關研究，尤其是針對大腦，提出他對智能運作的看法。像是透過電生理學和放射線學的研究，發現個別的大腦模組可能在新生兒時期就已經啟動；以及針對個人在解答智力測驗這類問題時的神經造影研究，顯示大腦運用某些特定區域。此外，Gardner 也提到智能不該與感官系統畫上等號，因為智能無法完全依賴單一感官系統，也沒有任何感官系統能夠被視為智能，智能本身就能夠經由不只一個感官系統執行任務。智能的本質就是每一種智能都各自依自己的程序作業，並且

有自己的生物基礎。所以想要比較所有個別的智能是無法進行的，每一種
智能都應該被視爲有自己獨特規則的系統。用生理學的比喻來說明，眼
睛、心臟等都是身體器官，都有自己的功能，我們無法比較這些器官。以
下爲 Gardner 對智能的基本概念：

1. 所有人都有的共同特質，每個人都有八或九種智能。
2. 每個人所擁有的智能不盡相同，即使是雙胞胎，也不會有完全一
   樣的智能組合。
3. 個人在追求目標時所採用的能力，意即某人有很高的音樂智能，
   但他的作曲方法對我不一定適用。

環境和文化的角色

　　人類生活在各種文化領域中，有音樂智能的人可能受到音樂領域吸
引，並且在音樂領域有成功表現，但音樂表現在這個領域中，除了音樂智
能之外，還需要其他像是身體動覺智能、內省智能等其他智能的融入，就
像音樂智能也可能運用在舞蹈領域上。換句話說，我們可以說沒有「純粹
的」空間智能，但是有經由兒童拼拼圖、走迷宮、堆積木或傳接球等方式
展現出來的空間智能；沒有直接表現出空間智能的成人，卻可能是西洋棋
高手、畫家或幾何學家。廣泛地說，幾乎所有領域都需要掌握一組智能，
而且任何智能都能應用在多種領域中。在社會化過程中，任何人的交際
互動主要發生在個人和文化領域，當個人能力達到某種程度時，專業現場
（field）便顯得相當重要。專業現場包含人、機構、獎勵機制，以及評估
個人表現的標準。如果專業現場判斷個人能力或表現傑出，那麼此人就是
成功者。如同對創造力而言，不是單一個人腦袋、心智或性格，而是智
能、領域（domain）和專業現場三者的交會。

　　Gardner 強調環境和文化對於多元智能理論扮演重要的角色，他認爲
多元智能成立的先決條件是能夠解決周遭問題與困難，同時在適當時機創
造有效的成果；也是尋找或創造問題的潛能，才能爲領域取得新知識並奠
下基石；而這些智能的成立需掌握人類文化所重視的各種能力範圍。

八又二分之一個智能

　　Gardner 從常態及資優個體發展、大腦損傷對於認知能力破壞的實證、天才兒童學者症候群及自閉症兒童等特殊群體的研究，提出八個半的多元智能理論，茲分述如下：

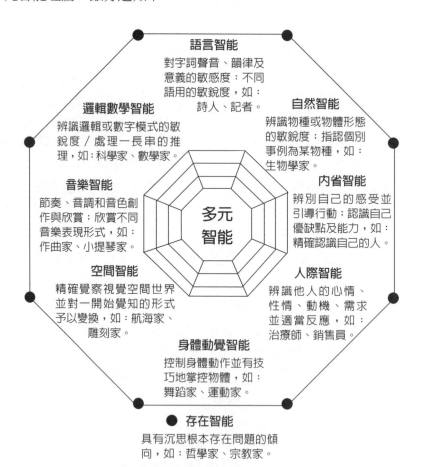

圖 13-1　Gardner 八個半的多元智能理論圖

來源：改編自 Chen & Gardner（1997）

語言智能（linguistic intelligence）

　　語言能力是人類最顯著也是研究最透澈的智能，更是人類最普遍的智能，而詩人能把一般人所掌握的能力發揮到極致。詩人有超越我們一般人的文字能力，擁有通曉詩文的文字寶庫，了解從古至今運用語言的一切知識，才能在創作時運用自己方式創造全新的世界。「詩」是語言智能的最佳例證，而詩人在展現的語言才能時，必須敏銳地的掌握字詞晦澀的意義，使用令人再三玩味的字詞，還必須確認一個詩行的字義不會和另一行、另一字的意涵相衝突，對字詞排列順序格外敏銳，能夠遵循文法規則，或是故意違反規則，尤其所有的字詞需確實地捕捉啟發創作靈感的情緒或意象。除了字詞涵義或言外之意的語意學範疇外，要成為詩人還要精通語言的其他領域。像是必須對語音有相當的感受力，也就是文字的聲音及其相互作用的音樂效果。

　　詩的另一個要素是語法，也就是安排字的順序及詞類變化等規則。最後則是語言的語用功能，包括刺激、勸服、鼓舞、傳遞訊息等，由愛的抒情詩到敘事的史詩，各有不同的語用。若從生理學的證據來看，在大腦有一個稱為布洛卡區（Broca's Area）特定區域，負責製造出符合文法的語句。在布洛卡區病變造成失語症的患者無法成為作家，但卻可能成為音樂家、藝術家或工程師的證據顯示，語言智能是一種獨立的智能。

音樂智能（musical intelligence）

　　音樂天賦是人類才能中最早出現的智能，而音樂智能的最高發展即是作曲家。作曲家腦中總有曲調，能在意識表層聽到音調、韻律和更大的音樂模型。透過不斷聆聽和修正這些模型，音樂概念越發具體，作曲的想像力也開始奔馳。接著使用刺激對照或互補的技巧，把原始想法有關的訊息放入適當的位置段落，具體來說就是以音調、韻律、整體形式和樂章決定哪些需要重複，哪些諧音、韻律或對位變奏等。作曲唯一神祕之處就是靈感的來源，當靈感來到，發展和呈現的過程就會從已具備的作曲技巧，或是多年發展而來的架構形式中自然延續。

　　有音樂才能的人可能扮演不同角色，演奏家或許比聽眾需要更多的

音樂智能，作曲家又比演奏家需要更多的音樂智能。若從生理學的證據來看，大腦的某個特定部位在知覺和音樂產出上扮演重要角色，這些區域位於右腦，但是音樂智能並非明確的集中在一起，也不像語言一般存在某個區塊上。旋律辨識障礙症（Amusia）或失去音樂能力，以及才智平庸、智能障礙、自閉症的孩子，卻很早就顯現出音樂方面的才能，都是相當有力的證據。

邏輯數學智能（logical-mathematical intelligence）

邏輯數學推理和語言能力並列為智力測驗的主要基礎，是「原始智能」（raw intelligence）或問題解決能力的原型，也可以說是橫跨所有領域的一種素質。數學智能具有發現想法的能力以及找出其意義的能力，而辨識重要問題並加以解決是數學技巧的核心。數學家熱愛抽象概念，擁有一絲不苟且永遠保持懷疑的態度，並且具有了解題目關聯本質及巧妙處理長串推理的能力，所以能由簡單背景所衍生出來的理論，應用到非常複雜的情境中。他們剛開始執行一長串推理可能是出於直覺，但早在他們詳細解決每一步驟之前就能感應到解決方法或方向，也就是說，他們解決問題的方式在解決前就已經建構完成，解決歷程可能是完全不知不覺的，即使是問題解決者自己本身。尤其解決問題的過程快速，可以處理許多變項並建立許多假設，再逐一評估作決定。

在解決複雜的問題時，可能先解決大問題下的小問題，尋找簡單成分的解決之道，再以此為基礎架構向下發展；也可以提出可能的解題方法，再倒推回去。或是先敘述解法應有的特性，再依次證實這些解法的特色。最後則是用間接證明的方式，先假設所要證明的相反是成立的，再依次證明。生物學的證據指出，在額顳葉（frontotemporal lobes）的語言區對於邏輯的教育更顯重要，而兩側腦額頂葉的視覺空間區對數字的計算更顯重要。

空間智能（spatial intelligence）

空間智能最重要在於能正確察知視覺世界的形體或物體，並且根據個人最初的察覺進行變化與修正，以及在缺乏相關感覺刺激的情況下，依然能夠重新創造個人視覺經驗的能力。空間智能可能是各種能力的混合，需

要許多相關能力的配合，例如認出同一成分範例的能力，改變或辨識出某成分變化為另一成分的能力，追憶心理形象，再轉變該形象的能力，對空間資訊產生心理圖像的能力等。這些核心能力互相獨立，可以分別發展或分解，同時也可在同一空間領域一起合作，甚至運用某一能力同時也會加強運用另一項能力。

當然，擁有越多能力的個人越有可能成功，而在其中一個領域練習，刺激相關領域技巧的發展，這也是空間智能可以獨立視為一個完整智能的原因之一。不論物體和景象是在原先或是改變後的環境中，人們會運用空間智能進行辨識，試圖從不同角度看見物體，像是航海家解決空間問題並使用各種地圖的記號系統；下棋時需要解決的空間問題；視覺藝術家在描繪圖畫或其他象徵時。

另一能力是對進入空間或視覺展示不同力量線條的敏感度，例如藝術家藉由許多大自然（如：火焰、瀑布）成分的張力與平衡，所組合創作而成的畫作或雕像。最後一項能力則是覺察不同領域相同處的譬喻能力，像是把重要的科學觀念圖像具體化。從生物學的證據來看，右腦皮質後側區域證實在空間的處理上最為重要，這個區域能幫助人們找出正確路徑、辨識面孔或景象或注意完整的細節。

身體動覺智能（bodily-kinesthetic intelligence）

擊出一顆球或者表演出默劇的肢體動作，使用身體表現情緒（如舞蹈）、參加比賽（如運動競技）或創造出一個新產品（如完成新發明）的能力，例如：舞蹈家、演員、運動員、發明家都是身體動覺智能成熟形式的表現者。身體技巧類推思想的過程，除了需要相當精良的時間感表現外（每一序列都相當巧妙且優雅地配合著時間的進行），還需要終止點、改變點、方向感、清楚目標，以及無法回頭的關鍵點。他們可以把意念轉為行動，並且知道接下來會發生什麼，除了注意環境因素的徘徊或停止的時期，還流暢地在進行過程中相互配合，使無數成分各得其所，以抽象的層面計畫行動，在行動中選擇特定表演單位，產生最順暢的行動順序，使得整體表現能夠順利進行。

身體動覺智能包含兩種核心能力：控制個人身體動作的能力和技巧

性處理物體的能力。以高度差異和技巧使用個人的身體以進行表達，如：舞者、游泳選手；或是能技巧性地處理物體，不論是個人手指和手部細微動作的能力，或是運用身體動作的能力，如工匠、球員和器樂家。這兩種核心能力可能分別存在，但在一般的情況下，為功能或表達目的而使用的身體技巧，和處理物體的身體技巧同時存在。其他與身體智能運用有關且相當重要的角色還包含發明家或演員。所有文化角色運用不只一種智能，當然沒有任何一種表演能夠只用一種智能就能成立，還需要其他智能領域所產生的貢獻。從生物學的研究顯示，身體動作的控制位於大腦的動作皮質，左右半腦各自支配或控制著對側的身體動作。另外，神經學家探討運動官能症（apraxia）這種疾病，罹患此症的患者想要以身體執行一系列運動，認知上也能了解怎麼做，但卻不能以適當的順序或方式進行。

內省和人際智能（intrapersonal & interpersonal intelligence）

內省和人際智能皆為處理訊息的能力，一個朝內，一個朝外，兩者都是與生俱來的能力，也就是了解自己和了解他人的能力。個人內省智能的起源由個體所經驗的感覺直接體驗；人際智能則由與其他個人的互動中的直接感受加以體驗。這兩種個人智能需依各個文化的個別象徵系統及經驗解釋方式而定，在象徵化和對文化的適應上具有多種形式，會影響資訊處理的方式，因此個人智能的種類更獨特也更難比較。此外，個人智能的發展和崩壞的模式，比其他智能更具變化性，尤其成熟狀態具有更為廣泛的發展範圍。

內省智能和人際智能無法像其他智能般單獨探討，除了這兩種形式都有其腦部神經代表及損壞模式外，在發展過程上相輔相成、缺一不可。個人藉由觀察別人而來的知識得以認識自己，而個人對他人的認識來自於對他人日常行為的區分。與其他智能相較而言，這兩種智能的失常結果對人們來說更為嚴重，若能善加運用則可得到更大的回饋。舉例來說，沒有運用音樂或空間智能似乎不會對人生造成太嚴重的後果，但置身社會中必須應用內省和人際智能，以改進自己的個人幸福或與群體間的關係。因此可說是更整體的智能，受文化和歷史因素的影響，是終將掌控其他「初級智能」的智能。

　　內省智能是一種個人內在層面的發展，運作的核心能力是「接觸個人自己的感情生活」，也就是個人的影響或感情範圍，懂得區分這些情感並標識它們，或是以象徵編碼，依賴它們作爲了解和引導個人行爲途徑的能力。從初始層面來看，個人內省智能區分痛苦和快樂的感受，而變得更投入或更退縮。再從進階層面來看，個人內省智能允許個人察覺複雜和高度分化的情緒，並提出這些情感的象徵。這些智能形式通常出現在能夠以內省方式描寫情感的小說家身上，在對自己的感情生活有深度了解的病人或治療師身上，以及引用自己內在豐富經驗以告誡社會成員的前輩身上。就生物學的證據而言，和人際智能一樣，額葉在人格的改變上扮演著重要的角色，額葉下方區域受損，可能導致容易興奮或生氣，上方區域受損容易變成消極、倦怠、遲緩及冷漠等的憂鬱性格。儘管演化證據難以取得，但可以推斷這種能力與超越內在驅力的滿足有關，神經結構則是作爲建構自我意識的基礎。

　　人際智能是另一種個人智慧向外發展、向他人延伸的個人生存能力，核心能力是「注意和區別其他人的能力」，特別是區別他人的情緒、性情、動機和意向。人際智能從初始層面來看，包括幼兒區別身邊個人並察覺不同情緒的能力。從進階層面來看，能了解他人的意圖和慾望，即使是被刻意隱藏的，皆能善加利用並以此能力爲個人生活做決策。例如宗教和政治領袖，或是教師與家長，以及協助他人的治療師、顧問或巫師、銷售業務人員、行銷人員等，都可以在他們身上看到人際智能的高度發展。

自然智能（naturalist intelligence）

　　自然智能像生物學家達爾文對物種的鑑識非常傑出，他在自己生態的工作上非常敏銳覺知如何辨識植物、動物、山川及雲霧的形態。雖然我們傾向於把這些能力想成視覺上的，但鳥鳴聲或鯨魚的叫聲卻是透過聽知覺的。在自然智能中的核心智能可以指認有些個別事例爲某一物種的成員，像是在演化史中，生存往往依賴辨認相同群種和避開掠食者。不過在現今社會中，Gardner 認爲自然智能受到文化非常大的影響，尤其是消費文化。在大腦損傷研究上所提供的證據指出，有些人能夠指認和命名無生物（如：礦物、水），但卻喪失辨別生物的能力；少數則遇到相反的情況，

這些人能夠指認和命名生物，但對於人造物（如：幾何學）則無法辨別。

存在智能（existential intelligence）

靈性是一些內在型的反應，例如接觸到更高存在，或者和世界合而為一的感受。Gardner 將靈性智能稱為「存在智能」，也可以說是「大哉問的智能」（the intelligence of big questions），這種智能給予人類具有沉思根本存在問題的傾向，像是哲學家、宗教領袖、最有影響力的政治家等。存在的議題普遍出現於每一個文化中，像是宗教、哲學、藝術及更為世俗的故事、小道消息和媒體展現的日常生活。目前仍缺少大腦的哪些部位和這些深層的存在議題特別相關的研究證據。因此 Gardner 保守且謹慎地將存在智能列為第八又二分之一個智能。

在教育上的啟發

早期辨識個人智能加強教育機會與選擇

為什麼人類擁有特定的智能？促使智能發展的因素是什麼？研究所得到的結果是 5 歲小孩的想法並沒有因為學校教育經驗的影響而改變，更具體地說，幼兒期結束時，幼兒對周遭世界已經有了根深柢固且難以動搖的概念。這樣的想法與學界認為智能是由遺傳而來的單一整體，或是人類的心智如一張經過訓練就可以學習任何事物的白紙，恰巧相反。人類天生擁有的多種智能並存且各自獨立，各有長處和限制，將多元智能和心靈限制放在一起討論，我們可以說，一方的限制可能是另一方的機會。多元智能讓我們有多元的教導方式，教師可以運用學生的心靈限制，採取學生最容易的學習方式來進行教學。遺傳和經驗影響著每個人在各種智能上的表現，若人們的智力成分各有不同，在課程與教學方面應納入作為設計規劃的考量。個人的智能情況或傾向應該可以從早期就辨識出來，藉此加強個人的教育機會和選擇，讓有特殊才能者接受特殊栽培，或是智能不足者獲得彌補的機會。

執行任務喚起不同智能或多種智能的組合

對智能不同的看法，在教育上也就產生不同的應用觀點。第一種智能即生物特徵（Intelligence as a Special Characteristic），一種人類能力的普遍特徵，具體來說，人類的智能是解決複雜問題、預期未來、分析各種形式或綜合種種不同訊息的能力。第二種智能即個別差異（Intelligence as a Individual Difference），是心理學家最廣爲採用的，也就是認爲智能是一種特徵，個人在這些特徵的表現或特質的整體上可以拿來與他人加以比較。第三種智能即適當執行任務（Intelligence as Fit Execution of an Assignment），即執行一項任務或作業時的方式，不同的作業會喚起不同智能或者多種智能的組合。將以上這三種對智能的觀點應用在教育上，第一種指的是天賦人權的一部分，無需進行任何特別的評量。第二種牽涉到個別潛能的判斷，以及可以如何用最有效的方式教導每一個人。第三種讓教育可以擁有最大的發揮空間，也就是讓學生透過作業目標、方式或價值的評量，得到最多的進步。

在脈絡中的評量替代標準化正式測驗

比奈的測驗型社會與制式的學校教育，將標準化正式測驗作爲唯一評量模式，已存在諸多問題。多元智能評量認爲教育工作者應該創造一個可以讓評量自然發生的環境，並且設計出可以在脈絡中評量學生的課程內容，例如：學生的學習歷程檔案。表 13-1 針對多元智能評量和傳統測驗的特質進行比較，而眞正能替代標準化正式測驗的新式評量方法，具有以下特質：

1. 重視評量而非測驗：強調獲得有關個人技能與潛能訊息的評量，以提供個人實用的回饋與社會實用的資訊。
2. 自然地成爲學習的一部分：評量在初期需要明確的說明，隨著時間過去，評量大部分會自然發生，並不需要與學習活動做分割。
3. 生態效度：當個人在眞實的工作狀態中接受評量時，能針對他們的表現做出比較好的預測。
4. 公平的智能評量工具：透過直接評量操作中的智能，避免僅使用大部分偏向語言和邏輯數學智能的測驗工具。

表 13-1　多元智能評量和傳統測驗的特質

多元智能評量	傳統測驗
• 代表全部的智能和領域 • 鑑別相關和單獨的能力 • 給予學生立即的回饋；對學生而言是有意義的；使用學生熟悉的材料 • 針對一系列的任務進行評分，並且每一種智能涵蓋不同領域 • 具有生態效度；在問題解決的情境中呈現任務；對教師是有益的	• 過度依賴語言和邏輯數學智能和測驗方式 • 關注受測者的弱勢能力 • 評量和課程活動或作業缺乏連結 • 僅從單一分數獲取學生表現 • 去脈絡化

來源：取自Chen & Gardner（1997）

5. 使用多元化的量尺：避免僅採用單一測驗造成遺珠之憾，評量時可將學生的作品、學習目標和意願、課堂中表現列入項目中。

6. 注意個別差異、發展階段與專長：教師針對特定領域和時機選擇正確的評量，藉此也可訓練教師對學生個別差異的敏感度。

多元智能的意涵在教育上的應用

打造以個人為中心的教育

　　將多元智能的意涵應用在教育上，第一重點即是打造以個人為中心的教育。教育者應該盡己所能嘗試了解每個學生的學習優勢及傾向，並且善用這些資訊，為每個學生打造最佳的教育。三種「角色」可以幫助個別化教育的達成，第一種為「**評量專家**」（assessment specialist），即蒐集每個學生的資料，如：透過評量蒐集學生的認知模式，然後用令人可以迅速了解的方式把這些資料交給教師、家長及學生。

　　第二種及第三種角色分別為「**學生及課程破冰者**」（the student-curriculum broker）與「**學校社會破冰者**」（the school community broker）。學生及課程破冰者指的是負責將學生和課程、評量相互適配，協助並建議學生依據適合的智能組型選擇課程，幫助學生在課程上找到最佳的學習或表現方式。學校社群破冰者指的是讓學生及其家長接觸社會上符合其智能組型、優勢及興趣的各行各業，使教育經驗成為有目的導向。

將教育目標排序

在意涵上的第二個重點，則是要將各種教育目標排列優先順序。

學生對學科領域的真正理解

最後一個重點也是 Gardner 最為看重的，即是學生能夠表現出在幾個主要學科領域上所得到的真正理解，這遠比文化修養或真正精熟重要許多。教育工作者應該把重點放在一些可以具體為之的重要概念上，以各種方式和情境讓學生精熟這些素材時，並且探究到某一深度時，學生才有可能真正了解，教師達到教育目標的可能性也就大為提高。具體的作為包含應用許多合理的方法讓學生學習各種主題，有的學生用語言作為學習切入點，有的用藝術或邏輯作為切入點；有的學生透過一個切入點可以在主題的學習上達到最佳成效，有的主題適合其他的切入點。透過這些多元取向的學習，可以活化個人大腦中許多神經網路。一旦大量神經網路被活化，最終產生連結時，個人對此主題將擁有一個完整且持久的心理表徵。

建議教師使用的切入點包含：敘述的切入點──以說故事的方式呈現概念；邏輯的切入點──以結構清晰的論述說明概念；數量的切入點──處理有關數字的量或數字之間的關係；根本的（或存在的）切入點──檢視概念哲學與用詞的面向；美學的切入點──強調感覺或外在的特徵，以引發偏好用藝術角度面對生活經驗的學生共鳴或注意；經驗的切入點──親自操作有關概念的材料；學生合作的切入點──可以自在與他人合作的學生，特別適合小組計畫、討論、角色扮演等學習活動。

教學兼顧個別化與多元化

使用多元智能理論的教師在教學上，應該兼顧**個別化**（individualize）與**多元化**（pluralize）。個別化指的是教師應該熟悉每位學生的智能概況，並且在教學和評量上，盡可能以激發每位學生的能力為目標。多元化指的是教師應運用多元方式進行教學，除了可藉此傳授給更多的學生外，學生亦能對所學有更好的理解。進一步地，當學生對所學的主題有透澈的了解後，能發揮多元智能以不同角度加以思考。評估每個學生不同的智能組合、如何因材施教、有特別智能的學生如何在學校以外獲得其他學習機會。教師也可以透過觀察已經熟悉這些領域並富有技巧的專家或老手，評

估他們在這方面的智能，或是把這些領域和技巧教給門外漢，觀察他們在新手階段需要什麼特別的協助或「鷹架」（scaffolding），也就是使用「學徒制」或「良師典範」的學習方式。

簡單來說，多元智能理論應用在教育現場中，教師可從：(1) 發展適合的課程目標與教材；(2) 敏銳覺察社會階級背景可能會影響孩子接觸不同教材的能力和意願；(3) 在課堂上善用多元智能教材和評量工具等三個方向做起（Gardner & Hatch, 1998）。

對資優教育的看法

不同資優概念的表現

Gardner 從表現特別傑出者的個案研究中發現，只在一個領域有卓越表現的人，和在各種認知優勢表現相對平均的人之間有所差別。對於這種集中聚焦智能如雷射一般的人，和時時警覺刻刻變化智能如探照燈一般的人，應該深入研究其中的不同，不過 Gardner 並未積極提出這些智能的來源或是測驗這些智能的方法。

Gardner 透過不同分析形式，區分資優（giftedness）、神童（prodigiousness）、專業人士（expertise）和專家（expert）、創造力及天才之間的不同（如下表 13-2）。**資優**是在一個文化的某些領域上具備早熟生物潛能的一種象徵；或是與智能有關的範疇上，在作業範圍或領域中進展快速，並得到「成功表現」的人。**神童**或稱為天才兒童、早慧兒童，是資優的一種極端形式。**專業人士和專家**比較適用於形容一個領域中努力大約十年左右的人，精通某一領域最佳表現的技能和學識，涉及卓越的技術，但未必具有原創性。**創造力**是指某些產品的特徵，被某一領域視為新穎，又能得到社群的認可接受，也就是位居領域現場的有識之士（或稱為領域守門人），才能評價產品的原創性或創造力。**天才**不僅展現出專業與創造性，同時作品或貢獻也呈現重要程度的普遍性，甚至是超越他們自己的世代，普遍的傳承下來。

表 13-2　資優概念矩陣

名詞	範圍	主要年齡層	領域／現場狀態	相關議題
智能	生物心理學	全部	—	
資優	生物心理學	青少年	前領域／現場	結晶化的經驗
天才兒童	生物心理學	青少年	現在的領域／現場	廣泛接觸及開發各種資源
專家	現在的領域／現場	壯年	接受的領域／現場	累積知識／技能
創造力	未來的領域／現場	壯年	衝擊領域／現場	充滿不同步的特質
天才	廣泛領域／現場	成年人	普遍性	與童年連結

應用在教育上的意涵

　　Gardner 使用上述概念矩陣，解釋資優及其發展的狀況，並帶到教育上的意涵。對於教育工作者而言，第一個意涵是將構成資優、專家、創造力等各種形式加以充分描述，或是把「成熟的最終狀態」加以分解，然後檢視哪些是我們所應追求的。第二個意涵是必須採納發展的取向，教育工作者需了解兒童在不同年齡或階段的不同需求，察覺他們所關注不同形式的文化資訊，以及吸收學習內容時所依據的不同動機和認知結構，教學設計時便需要將這些發展因素加以考慮。第三個意涵是兒童會從成人或教師所提供的專家、創造力、天才等角色楷模的具體表現中，蒐集到鼓勵或是反對等種種暗示或不同訊息，對於兒童的發展方向而言是深具影響力的信號，當然也包含廣大社會對於資優所傳遞的訊息。

　　多元智能理論對於教導資賦優異孩子的教師而言，決定哪些智能的切入是學生最有效的學習管道，並且藉由鑑別出學生的優勢智能，一方面給予機會充分發展該智能，另一方面作為通往弱勢領域的橋梁。

應用多元智能理論於資優課程設計之步驟

　　在資優教學現場中，可運用多元智能理論進行課程設計，建議七個步驟如下（修改自 Armstrong, 2000）：

以特定目標或主題為中心

像使用心智圖的方法，將教學目標或主題放在一張紙的中心位置上，如圖 13-2。

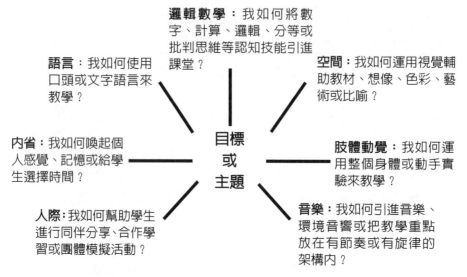

圖 13-2　多元智能課程設計組織圖

思考各種智能的主要問題

找出特定目標或主題為中心後，將七種智能作為第一層分支的關鍵字。接著思考圖 13-2 所呈現與各種智能相關的問題。

參考適合的方法與材料

可參考表 13-3 所列出各項智能的教學方法與材料。

表 13-3　各項智能的教學方法與材料

優勢智能	學習媒介	學生喜歡	教學活動	教學材料	授課方法舉例
語言智能	文字	閱讀、寫作、講故事、玩文字遊戲	講座、討論、文字遊戲、講故事、集體朗讀、寫日記	書籍、錄音機、電腦打字、成套郵票、有聲書	語言教學，如：透過講故事或在黑板寫字
邏輯數學智能	推理	實驗、提問、解決邏輯難題、計算	智力難題、解決問題、科學實驗、心算、數字遊戲、批判思維	計算機、數學習題、科學儀器、數學遊戲	批判思維，如：蘇格拉底式問答或提出邏輯反證
空間智能	意象及圖像	設計、繪圖、想像、隨手塗畫	視覺表現、藝術活動、創造遊戲、思維繪製、比喻、想像	圖表、地圖、影片、積木、美術用品、視覺幻象圖片、相機、藏畫室	統合藝術，如：繪圖或播放圖片影片
身體動覺智能	身體感覺	跳舞、跑跳、觸摸、建造、手勢	動手學習、戲劇、舞蹈、體育、觸覺活動、放鬆練習	建造工具、黏土、運動器材、操作台	動手操作，如：動作戲劇表演
音樂智能	節奏旋律	唱歌、吹口哨、哼唱、手腳打節拍、聆聽	饒舌歌、教唱	音樂播放器、樂器	暗示教學法（Suggestopedia）：如：有節奏地運用聲音進行教學
人際智能	他人回饋	領導、組織、聯繫、操作、調停、聚會	合作學習、同伴輔導、社區參與、社交聚會、模擬	桌上遊戲、表演道具	合作學習，如：轉身向你身邊的同伴交流或分享
內省智能	深入自我	設立目標、夢想、安靜、計畫	個別指導、獨立學習、課業選擇、自尊建立	自我檢查工具、日記、計畫工具	個別指導，如：閉上眼回憶某個時期或提出感覺

想出可能的具體活動

考量實際教學現場後，以第一層的各種智能為中心，往下寫出第二層分支，也就是各種智能可能成為具體活動的想法（或關鍵字）。

依據學生個別差異調整活動

可結合 Bloom（1956）認知層次的教育目標分類，或是 Maker（1986）的問題解決類型（即 DISCOVER 方案模式），調整活動以滿足個別學習需求，也可以優勢智能切入的教學，作為連結弱勢智能的橋梁。

規劃教學時間、順序及準備工作

特別需要注意到的是，對初任教師而言，多元智能有時彷彿是「各式各樣」的教學，因此教師需要充足的備課，如：蒐集和熟悉教材教具。

執行教學計畫及多元評量

在教學開始進行即可適時展開評量，如：學習歷程檔案夾、成果展現選單等。當然也可以從學生擁有不同智能的切入點作為評量輸入，再選擇各種智能相關的輸出任務作為評量（圖 13-3）。以語言、邏輯數學智能為優勢能力，以及內省、人際智能為弱勢能力的學生為例，教師可呈現某個教學目標或主題相關的書本文章或統計圖，即以學生優勢智能輸入，再透過小組分工合作繪製文章內容的心智圖、模擬團體訪談進行心得分享等任務的評量輸出，藉此提升學生的弱勢智能。

智能	輸入材料舉例		智能	輸出評量舉例
語言智能	書本文章	→	語言智能	心得報告
邏輯數學智能	統計圖		邏輯數學智能	發展假設
空間智能	電影		空間智能	畫一幅畫
身體動覺智能	實地參觀		身體動覺智能	建立模式
音樂智能	音樂		音樂智能	創作歌曲
人際智能	合作遊戲		人際智能	與人分享
內省智能	個人經歷		內省智能	自己反應

圖 13-3　各項智能的評量組合方式

　　本課程設計示例的教學主題爲「**神話故事**」，特定目標旨在藉由東西方經典文學中的神話人物角色與情節，探討不同文化的面向，以及這些故事與宗教與生活的關聯性。以下呈現腦力激盪後的課程設計組織圖（圖13-4）及規劃表（表13-4）如下：

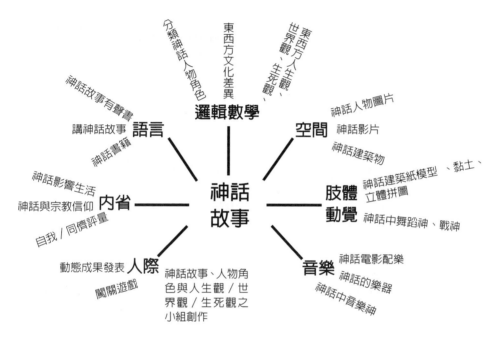

圖 13-4　多元智能課程設計組織圖示例

表 13-4　多元智能課程規劃表

節次／時間	教學目標	教學活動	多元智能
第一、二節 共 80 分鐘	能認識東方文化代表的中國神話及西方文化代表的希臘羅馬神話之故事情節。	教師介紹中國及希臘羅馬的神話故事情節。	語言智能
第三、四節 共 80 分鐘	能認識中國及希臘羅馬神話中的人物角色。	教師以影片或圖片介紹中國及希臘羅馬神話故事中的人物角色。	空間智能

（續表 13-4）

節次／時間	教學目標	教學活動	多元智能
第五、六節 共 80 分鐘	• 能認識中國及希臘羅馬神話中的音樂神或樂器。 • 能欣賞中國及希臘羅馬神話相關的樂曲。	• 教師以影片或圖片介紹中國及希臘羅馬神話故事中的音樂神或樂器。 • 教師播放神話中音樂神及樂器相關的音樂，或神話電影配樂（如：以神話人物命名之樂曲）。	音樂智能 空間智能
第七、八節 共 80 分鐘	• 能認識中國或希臘羅馬神話中的建築物。	• 教師以影片或圖片介紹神話中的建築物。 • 學生使用紙、積木或黏土仿作神話中的建築物。	空間智能 身體動覺智能
第九、十節 共 80 分鐘	• 能比較中西方神話故事展現在人生觀、世界觀及生死觀上的異同。 • 能發現中西方神話故事與宗教信仰的相關。 • 能發現中西方神話故事在生活中的應用或產生的影響。 • 能正確使用機率解決情境中的問題。	• 以小組分站學習的闖關遊戲方式進行： (1) 比較中西方神話故事在人生觀、世界觀及生死觀上的異同。 (2) 陳述中西方神話故事與宗教信仰的相關。 (3) 列出中西方神話故事在生活中的應用或產生的影響。 • 完成任務後所獲得的點數籌碼，可選擇以擲骰子或擲杯的方式與關主（教師）進行博弈對戰。	語言智能 內省智能 人際智能 邏輯數學智能
第十一、十五節 共 200 分鐘	• 能完成神話故事、人物角色圖像、建築物及人生觀／世界觀／生死觀的創作與發表。	• 學生以小組形式完成神話故事、人物角色圖像、建築物及人生觀／世界觀／生死觀的創作。 • 學生以小組形式上台進行創作發表。	語言智能 空間智能 身體動覺智能 內省智能 人際智能
第十六節 共 40 分鐘	• 能針對自己及他人的表現進行評鑑。	• 學生針對創作表現進行自我評量及同儕互評。	內省智能

多元智能理論之評析

就像其他資優教育模式一樣，多元智能理論亦有其優點與批評如下：

優點方面

1. 多元智能理論在教育工作者中享有盛譽，許多教師在教學理念中運用多元智能，並努力將 Gardner 的理論融入課堂（https://www.verywellmind.com/）。

2. 更多地了解多元智能可幫助更好地了解自己的優勢。

3. 多元智能理論最重要的教育意義可概括爲個別化和多元化。個別化假設因爲每個人都與其他人不同，所以沒有合乎邏輯的理由以相同的方式教授和評估學生；多元化即應該以不只一種方式教授主題和技能的想法，可以激活個人的多元智能。展示各種活動和學習方法有助於接觸所有學生，並鼓勵他們能從不同角度思考主題，加深他們對該主題的了解（Gardner, 2011）。

弱點方面

1. Gardner 的理論受到心理學家和教育家的批評。批評者認爲他對智能的定義過於寬泛，他的八種不同的「智能」僅代表了才能、性格特徵和能力。

2. Gardner 的理論也缺乏支持性的實證研究，沒有經驗證據證明多元智能理論的有效性（Waterhouse, 2006）。

3. 心理測量學家或心理學家認爲，智能測試支持單一通用智力「g」的概念，而不是八種不同的能力（Gottfredson, 2004）。其他研究認爲，這些 Gardner 的智能僅次於「g」因素（Marenus, 2020）。Gardner 亦承認傳統心理學家所批評的缺乏對智能的操作性定義（Davis et al., 2011）。

結語

　　有關闡述人類大腦能力的多元智能理論，以生物學的證據爲基礎，反對單一智能的觀點，相信人類有多種智能組合，並且在文化環境和領域現場中，透過問題解決或創造作品加以展現。Gardner 詳述八又二分之一個智能的運作，並舉職業角色和知名代表人物爲例，讓教育工作者能更清楚每個學生在不同智能上的表現。多元智能課程模式強調教育工作者可先作爲評量專家，蒐集各種有關學生學習的資訊，了解其優勢智能及學習管道。接著了解各種資優高度發展形式，適切排序教育目標及教材後，發展以個人爲學習中心的教育，兼顧個別化的學習及多元化的教學。作爲連結學生與課程的破冰者角色，教育工作者透過不同方式的切入點，達到學生理解的教學目標。最後作爲學生與社會的破冰者，掌握學生在文化環境脈絡下的學習與表現，透過諸如角色楷模或良師典範等學徒制學習，避免讓學生與未來生活產生脫節。

本章重點

1. 人類的大腦和心智由許多器官和智能等不同模組所構成，是高度分化的整體，而每種智能都有獨特規則的系統，各自依自己的程序作業，並且有自己的生物基礎。
2. 每個人都有八或九種智能，是一種共同特質，但是每個人所擁有的智能及智能組合，以及應用在追求目標時，可說是不盡相同。
3. 沒有任何感官系統能夠被視爲智能，每種智能在執行任務時，通常不只使用一個感官系統；並且沒有任何一種純粹的智能，幾乎所有領域都需要掌握多種智能的組合，並且每一種智能都能應用在不同領域中。
4. 多元智能強調作爲先決條件的環境與文化，像是智能需解決周遭問題和創造成果、爲領域取得新知識、獲得專業現場（field）的認同等，並且是人類文化所重視的能力。

5. 從智能是「適當執行任務」的觀點來看，不同的任務會喚起學生不同智能或者智能的組合，透過任務目標、方式或價值的評量，學生能從中得到最多的進步。

6. 多元智能理論應用在教育上的重點：(1) 打造以個人為中心的教育；(2) 將各種教育目標排列優先順序；(3) 讓學生對學科領域有真正理解。

7. 教師達成個別化教育的三種角色：(1) 評量專家—蒐集學生的認知模式（或智能表現概況）；(2) 學生及課程破冰者—協助學生依據適合的智能組型選擇課程、學習及表現方式；(3) 學校社會破冰者—協助學生接觸社會上符合其智能組型、優勢及興趣的各行各業。

8. 個別化是教師熟悉每位學生的智能概況，在教學和評量上激發學生能力；多元化是教師運用多元方式教學，讓學生有更好的理解，以及發揮多元智能用不同角度思考。

9. 教師應用多元智能理論教導資優學生時，決定哪些智能的切入是學生最有效的學習管道，並且藉由發展優勢智能作為通往弱勢領域的橋梁。

10.在資優教學現場中，可運用多元智能理論進行課程設計，其步驟包含：(1) 以特定目標或主題為中心；(2) 思考各種智能的主要問題；(3) 參考適合的方法與材料；(4) 想出可能的具體活動；(5) 依據學生個別差異調整活動；(6) 規劃教學時間、順序及準備工作；(7) 執行教學計畫及多元評量。

溫故知新專欄

※選擇題

1. 有關多元智能模式的資優課程教學與評量，下列哪一選項較為適切？甲、引導學生了解自己多元智能的優勢　乙、多元智能教學重視去脈絡化的評量方式　丙、透過多元表徵符號和各種類比事例，協助學生有效學習　丁、依據學生多元智能側面圖，找出最佳切入點設計適切的教材　(A) 甲乙丙　(B) 甲乙丁　(C) 甲丙丁　(D) 乙丙丁
【☆ 102 教檢，第 25 題】

2. 有關 H. Gardner 多元智能理論的敘述，下列哪些較為適切？甲、每個人至少具備八種智能　乙、各種智能各自獨立，無法以統整方式進行運作　丙、每個人在八種智能的優弱勢分布上具有獨特性丁、智能可以被教導，只要提供學生適當學習環境，均可獲得啟發 (A)甲乙丙　(B)甲乙丁　(C)甲丙丁　(D)乙丙丁

【☆ 106 教檢，第 2 題】

3. 資優班林老師以「孔子」為主題進行教學，為讓不同優勢的學生有所展現，期末主題報告時，有的學生分享孔子周遊列國所走的距離與所花的時間；有的學生探討論語的內容與現代生活的關聯；有的學生蒐集孔子塑像的圖片，並設計 Q 版公仔。這樣的設計，較符合下列哪些模式的理念？甲、C. Taylor 的多元才能模式　乙、G. Betts 的自主學習者模式　丙、J. Renzulli 的多元菜單模式　丁、H. Gardner 的多元智能模式　(A)甲乙　(B)甲丙　(C)乙丁　(D)丙丁

【☆ 108-1 教檢，第 28 題】

4. 林老師設計了一個「綠色能源」的教學單元，他先安排資優學生觀賞各國綠能發展之影片，再請學生蒐集相關資料，討論「綠色能源的優點及限制」，並以「綠能應用」為主題進行小組口頭報告，最後說明空間設計概念讓學生完成「綠建築模型」。林老師的教學設計較能達成下列哪些資優教育模式的目標？甲、三合充實模式乙、多元智能教學模式　丙、自我引導學習模式　丁、創造性問題解決模式　(A)甲乙　(B)甲丙　(C)乙丁　(D)丙丁

【☆ 108-2 教檢，第 25 題】

※ 選擇題答案

1.(C)　2.(C)　3.(C)　4.(A)

☆表示教檢舊制「課程教學與評量」應試科目，整理自 https://tqa.ntue.edu.tw/

參考文獻

中文部分

方德隆（2005）。**課程理論與實務**。麗文。

毛連塭等譯（1990）。**資優教育教學模式**。心理。

王敏（2017）。**DFC 教學方案應用於發展國小學童減量使用一次性產品環境素養之研究**（碩士論文）。取自 https://hdl.handle.net/11296/386bcr

王榮暖（2018）。**Design for Change：全球孩童創意行動」融入社會領域之行動研究—以國小三年級學童為例**（碩士論文）。取自 https://hdl.handle.net/11296/ nu5py2

任恩儀（2011）。以大學為基礎的週六資優教育充實方案：以美國普度大學資優中心為例。**資優教育季刊，119**，9-16。

牟嘉瑩（2016）。以「Design for Change：全球孩童創意行動挑戰」提升國小五年級學童心理資本之行動研究。

李佩芬（2010）。印度河濱小學校長吉蘭－瑟西：別小看孩子的力量親子。**天下雜誌，19**。2017 年 6 月 2 日，取自 https://www.parenting.com.tw/article/5020061

林詩敏（2018）。素養導向課程與教學的實踐～以竹北國小探索外來種入侵 DFC 創意行動為例。**新竹縣教育研究集刊，18**，89-130。

林琇曼（2016）。**穿越「石」空見藍天—以 DFC 教學策略應用於國中環境教育之行動研究**。國立臺南大學。

洪涼絹（2015）。**DFC 課程運用在綜合活動領域以提升學生自我概念之行動研究**。國立新竹教育大學。

許芯瑋（2012）。**給孩子改變世界的機會**。凱信企管。

郭靜姿（2013）。如何實施資優學生的區分性教學？**優教育季刊，127**，1-11。

張世彗（2018）。**創造力—理論、教育與技法**（第三版）。五南。

資優教育。取自 https://en.wikipedia.org

模式。取自 https://en.wikipedia.org

黃政傑（2014）。**課程設計**。東華。

黃曉薇（2016）。DFC 行動方案融入綜合活動學習領域之行動研究。

蔡典謨（1995）。**資賦優異兒童教育改進計畫：東師週末班之規劃發展**。教育部教育研究委員會專題研究計畫。

蔡清田（2000）。**教育大辭書**。

臺灣童心創意協會（2017）。2017 年 7 月 5 日，取自 https://www.dfctaiwan.org/

鄭綺雯（2011）。**運用創造思考教學於綜合活動領域教學之行動研究：以「孩子行動，世界大不同」教學方案為例**。國立臺北教育大學。

豐佳燕、劉雅鳳、周鈞儀、徐靜儀（2014）。**DFC 創意行動教學方案對國小資優生創造力與利社會行為表現之影響**。臺北市教師研習中心。

顏佩如、陳滋珩（2021）。國小專家教師 DFC 課程發展與教學實施之個案研究。**臺灣教育評論月刊，10**(2)，148-157。

英文部分

Anderson, L. W. (1999). *Rethinking Bloom's Taxonomy: Implications for testing and assessment*. ED 435630.

Armstrong, T. (2000). *Multiple Intelligences in the Classroom* (2rd ed.). Alexandria, VA: Association for Supervision & Curriculum Development.

Assouline, S. G., Blando, C. A., Croft, L. J., Baldus, C. M., & Colangelo, N. (2009). Promoting excellence: Acceleration through enrichment. In J. S. Renzulli, E. J. Gubbins, K. S. McMillen, R. D. Eckert, & C. A. Little (Eds.), *Systems & models for developing programs for the gifted & talented* (pp. 105-118). Mansfield Center, CT: Creative Learning Press.

Ausubel, D. P. (1968). *Educational psychology: A cognitive view.* New York, NY: Holt, Rinehart and Winston.

Anderson, L. W., & Bourke, S. F. (2000). *Assessing affective characteristics in the schools* (2nd ed.). Hillsdale, NJ: Lawrence Erlbaum.

Anderson, W., & Krathwohl. D. R. (2001). *A taxonomy for learning teaching. and assessing: A revision of Bloom's educational objectives.* NY: Longman.

Bangel, N., & Moon, S. M. (Eds.) (2004). A *teacher's guide to the Purdue Three-Stage Model.* Indianapolis, IN: Indiana Department of Education.

Barell, J. (2007). *Problem-based learning: An inquiry approach* (2nd ed.). Arlington Heights, IL: Skylight.

Barrows, H. S. (1985). *How to design problem-based curriculum for the preclinical years.* NY: Springer.

Barrows, H. (1988). *The tutorial process.* Springfield: Southern Illnois University School of Medicine.

Barrows, H. S. (1996). Problem-based learning in medicine and beyond: A brief overview. *New Directions for Teaching and Learning,* 3-12.

Baum, S. (1987). An enrichment program for the gifted learning disabled student. *Gifted Child Quarterly, 32*(1), 226-230.

Baum, S. M. (2009). Talent centered model for twice exceptional students. In J. S. Renzulli, E. J. Gubbins, K. S. McMillen, R. D. Eckert, & C. A. Little (Eds.), *Systems & models for developing programs for the gifted & talented* (pp. 17-47). Mansfield Center, CT: Creative Learning Press.

Betts, G. T. (1985). *The autonomous learner model: For the gifted and talented.* Greeley, CO: ALPS Publishing.

Betts, G. T., & Kercher, J. K. (1999). *The autonomous learner model: Optimizing ability.* Greeley, CO: ALPS Publishing.

Betts, G. (2016). The autonomous learning model for high school programming. Retrieved from https://www.nagc.org/sites/default/files/ALM_Insider_March2016.pdf

Betts, G. T., & Neihart, M. (1986). Implementing self-directed learning models for the gifted and talented. *Gifted Child Quarterly, 30*(4), 174-177.

Bloom, B. S. (Ed.) (1954). *Taxonomy of educational objectives. Handbook 1: Cog-*

nitive domain. New York, NY: Longman.

Bloom, B. S. (1956). *Taxonomy of Educational Objectives: The classification of educational goals. Handbook I: Cognitive domain.* NY: Longmans, Green.

Borland, J. H. (2009). Gifted education without gifted programs or gifted students: An anti-model. In J. S. Renzulli, E. J. Gubbins, K. S. McMillen, R. D. Eckert, & C. A. Little (Eds.), *Systems & models for developing programs for the gifted & talented* (pp. 105-118). Mansfield Center, CT: Creative Learning Press.

Boud, D., & Feletti, G. (1991). Introduction. In D. Boud & G. Feletti (Eds.), *The challenge of problem based learning.* New York: St. Martin's Press.

Bruner, J. S. (1960). *The process of education.* Cambridge, MA: Harvard University Press.

Bruner, J. S. (1966). *Toward a theory of instruction.* Cambridge, MA: Harvard University Press.

Burns, D. (1993). A s*ix-phase model for the explicit teaching of thinking skills.* Storrs, CT: University of Connecticut, National Research Center on the Gifted and Talented.

Callahan, C. M. (2009). Evaluation for decision-making: The practitioner's guide to program evaluation. In J. S. Renzulli, E. J. Gubbins, K. S. McMillen, R. D. Eckert, & C. A. Little (Eds.), *Systems & models for developing programs for the gifted & talented* (pp. 119-142). Mansfield Center, CT: Creative Learning Press.

Chamberlin, S. A., & Moon, S. M. (2005). Model Eliciting Activities as a tool to develop and identify creatively gifted mathematician*s. The Journal of Secondary Gifted Education, 17*, 37-47.

Chen, J.-Q., & Gardner, H. (1997). Assessment based on multiple-intelligences theory. In D. P. Flanagan & P. L. Harrison (Eds.), *Contemporary intellectual assessment: Theories, tests, & issues* (pp. 77-102). New York, NY: Guilford Press.

Clark, B. (2009). Integrative education model. In J. S. Renzulli, E. J. Gubbins, K. S.

McMillen, R. D. Eckert, & C. A. Little (Eds.), *Systems & models for develop-ing programs for the gifted & talented* (pp. 143-163). Mansfield Center, CT: Creative Learning Press.

De Bono, E. (1972). *Children solve problems.* London: The Penguin Press.

Delcourt, M. A. B. (1993). Creative productivity among secondary school students: Combining energy, interest, and imagination. *Gifted Child Quarterly, 37,* 23-31.

Dixon, F. A. (2005). Critical thinking: A foundation for challenging content. In F. A. Dixon & S. M. Moon (Eds.), *The handbook of secondary gifted education* (pp. 323-341). Waco, TX: Prufrock Press.

Dochy, F., Segers, M., Van den Bossche, P., & Gijbels, D. (2003). Effects of prob-lem-based learning: A meta-analysis. *Learning and instruction, 13*(5), 533-568.

Eberle, R. F. (1997). *SCAMPER.* Waco, TX: Prufrock Press.

Ertmer, P. A., & Simons, K. D. (2006). Jumping the PBL implementation hurdle: Supporting the efforts of K–12 teachers. *Interdisciplinary Journal of Problem-based Learning, 1*(1), 5.

Feldhusen, J. F. (1980). *The three-stage model of course design.* Englewood Cliffs, NJ: Educational Technology.

Feldhusen, J. F., Hoover, S. M., & Sayler, M. F. (1990). *Identifying and educating gifted students at the secondary level.* Monroe, NY: Trillium Press.

Feldhusen, J. F., & Kolloff, M. B. (1979). An approach to career education for the gifted. *Roeper Review, 2,* 13-17.

Feldhusen, J. F., Kolloff, M. B., Cole, S., & Moon, S. M. (1988). A three-stage model for gifted ducation: 1988 update. *Gifted Child Today, 11*(1), 63-67.

Feldhusen, J. F., & Kolloff, P. B. (2009). The Purdue Three-Stage Enrichment Model at the elementary level. In J. S. Renzulli, S*ystems and models for de-veloping programs for the gifted and talented* (pp. 126-152). Mansfield Cen-ter, CT: Creative Learning Press.

Feldhusen, J. F., & Reilly, P. (1983). The Purdue Secondary Model for gifted education: A multi-service program. *Journal for the Education of the Gified*, *6*, 230-244.

Feldhusen, J. F., & Robinson-Wyman, A. (1980). Super Saturday: Design and implementation of Purdue's special program for gifted children. *Gifted Child Quarterly*, *24*, 15-21.

Feldhusen, J. F., & Robinson, A. (1986). The Purdue Secondary Model for gifted and talented education. In J. S. Renzulli (Ed.), *Systems and models for developing programs for the gifted and talented* (pp. 153-179). Mansfield Center, CT: Creative Learning Press.

Feldhusen, J. F., & Treffinger, D. J. (1985). *Creative thinking and problem solving in gifted education*. Dubuque, IA: Kendall/Hunt.

Fenton, E., & Kohlberg, L. (1976a). *Teacher training in values education: A workshop*. Pleasantville, N. J.: Guidance Associates Filmstrips.

Fenton, E., & Kohlberg, L. (1976b). *The values in a democracy series*. Pleasantville, N. J.: Guidance Associated Filmstrips.

Flack, J. D. (1983). Future studies in the curricular framework of the Purdue Three-Stage Model. *Gifted Child Today*, *6*(27), 2-9.

Gagné, R. M., & Briggs, L. J. (1979). *Principles of instructional design* (2nd ed.). New York, NY: Holt, Rinehart, and Winston.

Gagné, F. (2009). Debating giftedness: Pronat vs. Antinat. In L. V. Shavinina (Ed.), *International Handbook on Giftedness* (pp. 155-198). Dordrecht, The Netherlands: Springer.

Gallagher, S. A., Sher, B. T., Stepien, W. J., & Workman, D. (1995). Integrating Problem Based Learning into the science classroom. *School Science and Mathematics*, *95*, 135-146.

Gallagher, J. J. (1996). *The effect of Problem Based Learning on complex thought*. Presentation at the annual meeting of the National Association for Gifted Children, Indianapolis.

Gallagher, S. A., & Stepien, W. J. (1996). Content acquisition in Problem Based Learning: Depth versus breadth in American Studies. *Journal of Education for the Gifted, 19*, 257-275.

Gallagher, J. J. (1997). Problem Based Learning: Where did it come from, what does it do, & where is it going? *Journal for the Education of the Gifted, 20*, 332-362.

Gallagher, J. J. (2009). Problem Based Learning. In J. S. Renzulli, E. J. Gubbins, K. S. McMillen, R. D. Eckert, & C. A. Little (Eds.), *Systems and Models for Developing Programs for the Gifted and Talented*, 2nd ed. (pp. 193-211). Mansfield Center, CT: Creative Learning Press.

Gardner, H. (1983). *Frames of mind: the theory of multiple intelligences*. New York: Basic Books.

Gardner, H., & Hatch, T. (1998). Multiple intelligences go to school: Educational implications of the theory of multiple intelligences. *Educational Researcher, 18*, 4-9.

Gardner, H. (2006). *Multiple intelligences: New horizons* (Completely rev. and updated.). New York: Basic Books.

Gardner, H. (2011). The Theory of Multiple Intelligences: As Psychology, As Education, As Social Science. Address delivered at José Cela University on October, 29, 2011.

Gay, G. (1985). Curriculum development. In T. Husen and T. N. Postlethwaite (Eds.), *The international Encyclopedia of education* (pp. 1170-1179). Oxford: Pergamon Press.

Genareo, V. R., & Lyons, R. (2015). Problem-Based Learning: Six Steps to Design, Implement, and Assess, Retrieved from:https://www.facultyfocus.com/articles/course-design-ideas/problem-based-learning-six-steps-to-design-implement-and-assess/

Gentry, M., & MacDougall, J. (2009). Total school cluster grouping: Model, research, and practice. In J. S. Renzulli, E. J. Gubbins, K. S. McMillen, R. D.

Eckert, & C. A. Little (Eds.), *Systems and Models for Developing Programs for the Gifted and Talented*, 2nd ed. (pp. 211-234). Mansfield Center, CT: Creative Learning Press.

Gijbels, D., Dochy, F., Van den Bossche, P., & Segers, M. (2005). Effects of problem-based learning: A meta-analysis from the angle of assessment. *Review of Educational Research, 75*(1), 27-61.

Gordon, W. J. J., & Poze, T. (1979). *The metaphorical way of learning and knowing*. Cambridge, MA: SES Associates.

Gottfredson, L. S. (2004). Schools and the g factor. *The Wilson Quarterly* (1976-), *28*(3), 35-45.

Guilford, J. P. (1967). *The nature of human intelligence*. NY: McGraw-Hill, Inc.

Guilford, J. P. (1986). *Creative talents: Their nature, uses and development*. Buffalo, NY: Bearly.

Gutek, G. L. (2009). *New Perspectives on Philosophy and Education*. Hoboken, NJ: Pearson.

Hanninen, G, E. (1998). A study of teacher training in gifted education. *Roeper Review, 10*, 139-144.

Harshorne, J., & May, M. (1930). A summary of the work of the character inquiry. *Religious Education, 25*, 607-619.

Hébert, T. P. (1993). Reflections at graduation: The long-term impact of elementary school experiences in creative. *Roeper Review, 16*, 22-38. doi:10.1080/0278 3199309553529

Hmelo, C. E., & Ferrari, M. (1997). The problem-based learning tutorial: Cultivating higher-order thinking skills. *Journal for the Education of the Gifted, 20*, 401-422.

Howe, R. (1997). Creative problem solving approaches processes for teaching and doing creative activity. Handbook of seminar on instruction for creative thinking. Taipei: National Taiwan Normal University.

Howley, A., Howley, B., & Pendarvis, E. D. (1986). *Teaching gifted children: Prin-*

*ciples & strategie*s.　Boston: Little, Brown & Company.

Isaksen, S. G., & Treffinger, D. J. (1985). *Creative problem solving: The basic cour*se. Buffalo, NY: Bearly Limited.

Jonassen, D. H. (2000). Toward a design theory of problem solving. *Educational Technology Research & Development, 48*(4), 63-85.

Kaplan, S. N. (1986). The Grid: A model to construct differentiated curriculum for the gifted. In J. S. Renzulli (Ed.), *Systems and models for developing programs for the gifted and talented* (pp. 180-193). Mansfield Center, CT: Creative Learning Press.

Karnes, F. A., & Bean, S. M. (2009). *Methods and Materials for Teaching the Gifted*. Waco, TX: Prufrock Press.

Klein, M. F. (1985). Curriculum Design. In T. Husen & T. N. Postlethwaite (Eds.), *The International Encyclopedia of Education* (pp. 1163-1170). Oxford: Pergamon.

Kohlberg, L. (1966). *Moral education in the schools:A developmental view. The School Review, 74*, 1-29.

Kohlberg, L. (1971). Stages of moral development as the basis for moral education. In C. M. Beck, B. S. Crittenden, & E. V. Sullivan, *Moral Education: Interdisciplinary approaches* (pp. 23-92). NY: Newman Press.

Kohlberg, L. (1981). *The philosophy of moral development*. NY: Harper & Row.

Kolloff, M. B., & Feldhusen, J. F. (1981). PACE (Program for Academic and Creative Enrichment): An application of the Three-Stage Model. *Gifted Child Today, 4*(18), 47-50.

Krathwohl, D. R., Bloom, B. S., & Masia, B. B. (1964). *Taxonomy of Educational Objectives: Educational goals. Handbook II: Affective domain.* NY: David Mckay.

Mackinnon, D. W. (1965). Personality and the realization of creative potential. *American Psychologist, 20*, 273-281.

Maehr, M. L. (1976). Continuing motivation: An analysis of a seldom considered educational outcome. *Review of Educational Research, 46*, 443-462.

Maker, J. C. (1986). The discovery assessment & curriculum development model. In J. S. Renzulli, E. J. Gubbins, K. S. McMillen, R. D. Eckert, & C. A. Little (Eds.), *Systems and Models for Developing Programs for the Gifted and Talented*, 2nd ed. (pp. 253-288). Mansfield Center, CT: Creative Learning Press.

Maker, C. J., & Schiever, S. W. (2005). *Teaching models in education of the gifted*. Austin, Texas: Pro-Ed.

Marenus, M. (2020). *Gardner's theory of multiple intelligencesy*. Simply Psychology. www.simplypsychology.org/multiple-intelligences.html

Maslow, A. H. (1954). *Motivation and personality*. NY: Harper.

McCombs, B. L. (2010). Motivation and Lifelong Learning. *Educational Psychologist, 26*(2), 117-127.

Meyer, B., Haywood, N., Sachdev, D., & Faraday, S. (2008). *What is independent learning and what are the benefits for students?* (Rep.). London: Department for Children, Schools and Families Research Report 051.

Moon, S. M., Feldhusen, J. F., & Kelly, K. W. (1991). Identification procedures: Bridging theory and practice. *Gifted Child Today, 14*(1), 30-36.

Moon, S. M., Feldhusen, J. F., Powley, S., Nidiffer, L., & Whitman, M. (1993). Secondary applications of the Purdue Three-Stage Model. *Gifted Child Today, 16*(3), 2-9.

Moon, S. M., & Feldhusen, J. F. (1994). Program for Academic and Creative Enrichment (PACE): A follow-up study ten years later. In R. F. Subotnik & K. D. Arnold (Eds.), *Beyond Terman: Contemporary longitudinal studies of giftedness and talent* (pp. 375-400). Norwood, NJ: Ablex.

Moon, S. M., Feldhusen, J. F., & Dillon, D. R. (1994). Long-term effects of an enrichment program based on the Purdue Three-Stage Model. *Gifted Child Quarterly, 38*, 38-48.

Moon, S. M. (1993a). Accomplishments and future plans of high school seniors who participated in an elementary enrichment program. *Roeper Review, 15*,

176-178.

Moon, S. M. (1993b). Using the Purdue Three Stage Model: Developing talent at the secondary level. *The Journal of Secondary Gifted Education*, *5*, 31-35.

Moon, S. M. (1995). The effects of an enrichment program on the families of participants: A multiple-case study. *Gifted Child Quarterly*, *39*, 198-208.

Moon, S. M. (2003). Personal talent. *High Ability Studies*, *14*, 5-21.

Moon, S. M. (2004). *Using the Purdue Three-Stage Model to develop talent in science and technology.* Paper presented at the 8th Asia Pacific Conference on Giftedness, Daejeon, Korea.

Moon, S. M., Kolloff, P., Robinson, A., Dixon, F. & Feldhusen, J. F. (2009). The purdue three stage model. In J. S. Renzulli et.al (Eds.), *Sytems & Models for Developing Programs for the Gifted & Talented*, 2nd. Ed. (pp. 289-321), Mansfield Center, C.T. Creative Learning Press.

Mourad, S. A., & Torrance, E. P. (1979). Construct validity of the Self- Directed Learning Readiness Scale. *Journal for the Education of the Gifted*, *3*, 93-104.

National Association for Gifted Children (2002). Reprinted from *The Parallel Curriculum* by Tomlinson et al. Published by Corwin Press, Inc.

Nidiffer, L, G., & Moon, S. M. (1994). Middle school seminars. *Gifted Child Today*, *17*(2), 24-27, 39-41.

Noller, R., Parnes, S. J., & Biondi, A. (1977). *Creative action book*. NY: Scribner's.

Norman, G. R., & Schmidt, H. G. (1992). The psychological basis of problem-based learning: A review of the evidence. *Academic Medicine*, *67*(9), 557-565.

Orico, M. M., & Feldhusen, J. F. (1979). Career education for the gifted, creative, and talented. *Gifed Child Today*, *2*(10), 37-40.

Oliva, P. F., Gordon, W., & Taylor, R. T. (2019). *Developing the Curriculum* (9th ed.). Hoboken, NJ: Pearson.

Parnes, S. J. (1966). *Programming creative behavior.* Buffalo, NY: State University of New York at Buffalo.

Parnes, S. J. (1967). *Creative potential and the education experience.* Buffalo, NY: Creative Education Foundation.

Passow, A. H. (1982). *Differentiated curricula for the gifted/talented.* Ventura, CA: Leadership Training Institute on the Gifted and Talented.

Patel, V. K., Groen, G. J., & Norman, G. R. (1991). Effects of conventional and problem-based medical curricula on problem solving. *Academic Medicine, 66,* 380-389.

Phenix, P. H. (1964). *Realms of meaning.* New York, NY: McGraw-Hill.

Powley, S. A., & Moon, S. M. (1993). Secondary English theme units: A pragmatic approach. *Gifted Child Today, 16*(4), 52-61.

Purcell, J. H., Burns, D. E., & Leppien, J. (2002). The Parallel Curriculum Model (PCM): The Whole Story. *National Association for Gifted Children, 4*(1), 1-4.

Reis, S. M., & Renzulli, J. S. (2009). The schoolwide enrichment model: A focus on student strengths & interests. In J. S. Renzulli, E. J. Gubbins, K. S. McMillen, R. D. Eckert, & C. A. Little (Eds.), *Systems and models for developing programs for the gifted and talented,* 2nd ed. (pp. 323-352). Waco, TX: Prufrock Press.

Renzulli, J. S. (1977). *The enrichment triad model: A guide for developing defensible programs for the gifted and talented.* CT: Creative Learning Press.

Renzulli, J. S. (1978). What makes giftedness? *Phi Delta Kappan, 60,* 180-184.

Renzulli, J. S. (1980). Will the gifted child movement be alive and well in 1990? *Gifted Child Quarterly, 24,* 3-9.

Renzulli, J. S., Reis, S. M., & Smith, L. H. (1981). *The revolving door identification model.* Mansfield Center, CT: Creative Learning Press.

Renzulli, J. S. (1988). A decade of dialogue on the three-ring conception of giftedness. *Roeper Review, 11*(1), 18-25.

Renzulli, J. S. (1994). New directions for the Schoolwide Enrichment Model. *Gifted Education International, 10,* 33-36.

Renzulli, J. S. (2000). The identification and development of giftedness as a paradigm for school reform. *Journal of Science Education and Technology, 9*(2), 95-114.

Renzulli, J., Leppien, J., & Hays, T. (2000). *The Multiple Menu Model: A Practical Guide for Developing Differentiated Curriculum.* In University of Connecticut: The National Research Center on the Gifted and Talented. Retrieved from http://www.gifted.uconn.edu/mmm/mmmart01.html.

Renzulli, J. S., Smith, L. H., White, A. J., Callahan, C. M., Hartman, R. K., & Westberg, K. L. (2002). *Scales for rating the behavioral characteristics of superior students.* Mansfield Center, CT: Creative Learning Press.

Renzulli, J. S., Gubbins, E. J., & McMillen, K. S. (2009). *Systems and models for developing programs for the gifted and talented* (2nd ed.). Mansfield, CT: Creative Learning Press.

Rimm, S. (2009). The trifocal model for preventing & reversing underachievement. In J. S. Renzulli, E. J. Gubbins, K. S. McMillen, R. D. Eckert, & C. A. Little (Eds.), *Systems and models for developing programs for the gifted and talented*, 2nd ed. (pp. 383-412). Waco, TX: Prufrock Press.

Robinson, A., & Kolloff, P. B. (2006). Preparing teachers to work with high-ability youth at the secondary level: Issues and implications for licensure. In F. A. Dixon & S. M. Moon (Eds.), *The handbook of secondary gifted education* (pp. 581-610). Waco, TX: Prufrock Press.

Robinson, A., Cotabish, A., Wood, B., & Biggers, A. (2009). The Arkansas evaluation initiative in Gifted education. In J. S. Renzulli, E. J. Gubbins, K. S. McMillen, R. D. Eckert, & C. A. Little (Eds.), *Systems and models for developing programs for the gifted and talented*, 2nd ed. (pp. 413-432). Waco, TX: Prufrock Press.

Savery, J. (2006). Overview of PBL: Definitions and distintions. Interdisciplinary. *Journal of Problem-Based Learning, 1*(1), 9-21.

Schlichter, C. J. (2009). Talents unlimited: Thinking skills instruction for all students. In J. S. Renzulli, E. J. Gubbins, K. S. McMillen, R. D. Eckert, & C. A. Little (Eds.), *Systems and models for developing programs for the gifted and talented*, 2nd ed. (pp. 433-455). Waco, TX: Prufrock Press.

Sethi, K. B. (2013). *Design thinking guide: Teacher guide. DFC world: Design for change*. Retrieved from https://dtg.dfcworld.com

Slade, M. (2009). The catalyst model: Resource consultation & collaboration in gifted education. In J. S. Renzulli, E. J. Gubbins, K. S. McMillen, R. D. Eckert, & C. A. Little (Eds.), *Systems and models for developing programs for the gifted and talented*, 2nd ed. (pp. 457-475). Waco, TX: Prufrock Press.

Starko, A. J. (1988). The effects of the revolving door identification model on creative productivity and self-efficacy. *Gifted Child Quarterly, 32*, 291-297.

Stepien, W. J., Gallagher, S. A., & Workman, D. (1993). Problem Based Learning for traditional and interdisciplinary classrooms. *Journal for the Education of the Gifted, 16*, 338-357.

Stepien, W. J., & Pyke, S. L. (1997). Designing problem-based units. *Journal for the Education of the Gifted, 20*, 380-400.

Stepien, W. J., & Stepien, W. C. (2005). Pulling the cat's tale in social studies and history classrooms. In F. A. Dixon & S. M. Moon (Eds.), *Handbook of secondary gifted education* (pp. 383-426). Waco, TX: Prufrock Press.

Sternberg, R. J., Ferrari, M., Clinkenbeard, P., & Grigorenko, E. L. (1996). Identification, instruction, and assessment of gifted children: A construct validation of a triarchic model. *Gifted Child Quarterly, 40*, 129-137.

Sternberg, R. J. (2003). WICS as a model of giftedness. *High ability Studies, 14*(2), 109-137.

Taba, H. (1966). *Teaching strategies and cognitive functioning in elementary school children*. San Francisco: San Francisco State College.

Taba, H. (1967). *Teacher's handbook for elementary school social studies*. Reading, Mass.: Addison-Wesley.

Tannenbaum, A. (2009). Enrichment matrix model：Defining, determining, discovering & developing excellence. In J. S. Renzulli, E. J. Gubbins, K. S. Mc-Millen, R. D. Eckert, & C. A. Little (Eds.), *Systems and models for developing programs for the gifted and talented*, 2nd ed. Waco, TX: Prufrock Press.

Terman, L. M. (1959). *Genetic studies of genius: Vol. 1. Mental and physical traits of a thousand gifted children.* Palo Alto, CA:Stanford University Press.

The Virginia Initiative for Science Teaching and Achievement (2004). http://vista.gmu.edu/

Tieso, C. L. (2008). An Introduction and Overview of the Parallel Curriculum Model. Retrieved from http://people.wm.edu/~clties/PCM_Shelby_short.pdf

Tomlinson, C. A., Kaplan, S. N., Renzulli, J. S., Purcell, J. H., Leppien, J., & Burns, D. E. (2002). *The Parallel Curriculum: A Design to Develop High Potential and Challenge High Ability Learners.* Thousand Oaks, CA: Corwin Press Inc.

Tomlinson, C. A., Kaplan, S. N., Purcell, J., Leppien, J., Burns, D. E., & Strickland, C. A. (2006). *The parallel curriculum in the classroom, Book 1: Essays for application across the content areas, K–12.* Thousand Oaks, CA: Corwin.

Tomlinson, C. A. & Jarvis, J. M. (2009). Differentiation: Making curriculum work for all students through responsive planning & instruction. In J. S. Renzulli, E. J. Gubbins, K. S. McMillen, R. D. Eckert, & C. A. Little (Eds.), *Systems and models for developing programs for the gifted and talented*, 2nd ed. (pp. 599-628). Waco, TX: Prufrock Press.

Tomlinson, C. A. (2016). *The Differentiated Classroom: Responding to the Needs of All Learners* (2nd ed.). Hoboken, NJ: Pearson.

Torrance, E. P. (1974). *Torrance tests of creative thinking.* Princeton: Personnel Press.

Treffinger, D. J., & Barton, B. L. (1979). Fostering independent learning. *Gifted Child Today*, *7*(3), 3-6.

Treffinger, D. J. (1988). A model of learning: 1988 update. *Creative Behavior Today*, *3*(2), 4-6.

Treffinger, D. J., Isaksen, S. G., & Dorval, K. B. (2000). *Creative Problem Solving: An introduction* (3rd ed.). Waco, TX:Prufrock Press.

Treffinger, D. J. & Selby, E. C. (2009). Levels of service: A contemporary approach to programmingfor talent development. In J. S. Renzulli, E. J. Gubbins, K. S. McMillen, R. D. Eckert, & C. A. Little (Eds.), *Systems and models for developing programs for the gifted and talented*, 2nd ed. (pp. 629-654).Waco, TX: Prufrock Press.

Tyler, R. (1949). *Basic principles of curriculum and instruction*. Chicago, IL: University of Chicago Press.

VanTassel-Baska, J. (1994). *Comprehensive curriculum for gifted learner* (2nd ed.). Boston, MA: Allyn Bacon.

VanTassel-Baska, J. & Wood, S. (2009). Integrated Curriculum Model. In J. S. Renzulli, E. J. Gubbins, K. S. McMillen, R. D. Eckert, & C. A. Little (Eds.), *Systems and models for developing programs for the gifted and talented*, 2nd ed. Waco, TX: Prufrock Press.

Vaughn, V. L., Feldhusen, J. F., & Asher, J. W. (1991). Meta-analyses and review of research on pull-out programs in gifted education. *Gifted Child Quarterly*, *35*(2), 92-98.

Visser, B. A., Ashton, M. C., & Vernon, P. A. (2006). Beyond g: Putting multiple intelligences theory to the test. *Intelligence*, *34*(5), 487-502.

Wai, J., Lubinski, D., & Benbow, C. P. (2009). Aligning potential & passion for promise: A model for educating intellectually talented youth. In J. S. Renzulli, E. J. Gubbins, K. S. McMillen, R. D. Eckert, & C. A. Little (Eds.), *Systems and models for developing programs for the gifted and talented*, 2nd ed. (pp. 699-716). Waco, TX: Prufrock Press.

Ward, V. S. (1961). *Educating the gifted: An axiomatic approach*. Columbus, OH: Merrill.

Waterhouse, L. (2006). Inadequate Evidence for Multiple Intelligences, Mozart Effect, and Emotional Intelligence Theories. *Educational psychologist*, *41*(4),

247-255.

Westberg, K. L. (2010). Young creative producers: Twenty-five years later. *Gifted Education International*, *26*, 261-270.

Whitman, M. W., & Moon, S. M. (1993). Bridge Building: Conducting scientific research redefines the roles of teacher and student. *Gifted Child Today*, *16*(5), 47-50.

國家圖書館出版品預行編目資料

資優教育與課程設計模式／張世彗，林業盈
著. ――初版. ――臺北市：五南圖書出版
股份有限公司, 2022.08
　　面；　公分
ISBN 978-626-343-121-8（平裝）

1.CST: 資優教育　2.CST: 課程規劃設計
3.CST: 教學設計

529.61　　　　　　　　　111011635

1I5T

資優教育與課程設計模式

作　　者 ― 張世彗、林業盈

發 行 人 ― 楊榮川

總 經 理 ― 楊士清

總 編 輯 ― 楊秀麗

副總編輯 ― 黃文瓊

責任編輯 ― 李敏華

封面設計 ― 王麗娟

出 版 者 ― 五南圖書出版股份有限公司

地　　址：106台北市大安區和平東路二段339號4樓

電　　話：(02)2705-5066　　傳　真：(02)2706-6100

網　　址：https://www.wunan.com.tw

電子郵件：wunan@wunan.com.tw

劃撥帳號：01068953

戶　　名：五南圖書出版股份有限公司

法律顧問　林勝安律師事務所　林勝安律師

出版日期　2022年8月初版一刷

定　　價　新臺幣500元